Who 被谁围困？ Why 为何围困？ How 如何突围？

中国式突围

[全球金融危机与中国机遇]

陈勇 © 著

CHINA'S
STYLE BREAKTHROUGH

中国经济再造黄金30年的劝世良言

国家行政学院出版社

图书在版编目（CIP）数据

中国式突围：全球金融危机与中国机遇 / 陈勇著. —北京：国家行政学院出版社,2009.4

ISBN 978-7-80140-760-3

Ⅰ.中… Ⅱ.陈… Ⅲ.①金融危机－研究－世界②经济发展－研究－中国 Ⅳ.F831.59 F124

中国版本图书馆 CIP 数据核字（2009）第 049047 号

书　　名	中国式突围：全球金融危机与中国机遇	
作　　者	陈　勇	
责任编辑	任　燕　刘韫劼	
出版发行	国家行政学院出版社	
	（北京市海淀区长春桥路 6 号　100089）	
电　　话	（010）68920640　68929037	
编 辑 部	（010）68929095	
经　　销	新华书店	
印　　刷	北京市后沙峪印刷厂	
版　　次	2009 年 4 月北京第 1 版	
印　　次	2009 年 4 月北京第 1 次印刷	
开　　本	787 毫米×1092 毫米　1/16 开	
印　　张	15.5	
字　　数	210 千字	
书　　号	ISBN 978-7-80140-760-3/F·61	
定　　价	36.00 元	

前　言

　　肇始于 2007 年的美国次贷风波，已经于 2008 年演变成一场全面的金融风暴。这场风暴突如其来，其影响至为深远。现有数据和经济现象已经越来越多地显现，这将会是工业革命以来，对人类经济生活影响最为深刻的一次金融危机。全球经济将经历一场繁荣与萧条的更替，经历一场冰与火的考验。

　　以美国、欧盟为代表的西方发达国家市场出现了流动性骤然消失、重量级银行接连倒闭、商业信贷繁荣一去不返、企业大规模裁员、股市和房地产等资本市场急剧下挫、社会保障体系岌岌可危的糟糕境地。由此触发的世界贸易保护主义风潮，又迅速将中东欧、南美、东南亚等新兴市场经济国家推入深渊。2009 年以来，外贸依赖型市场主体经济数据出现较大的变化，日本经济第一个月份外贸出口重挫 45.7%，韩国重挫 32.8%，中国台湾地区重挫近 44.1%，就连 30 年来飞速增长的中国大陆经济也出现了首度回调。源于虚拟经济领域的金融风暴正迅速地向实体经济渗透，其持续时间和持续强度都远远超过人们的预期。美国最富影响力的三大汽车公司和曾经最受人尊重的通用电气公司，都被曝出陷入了财务窘境。这无疑是对全球制造业的一场新的重创。而曾经风靡全球、笑傲群雄的日本电子制造业也陷入了总体性的恐慌，亏损金额数以千亿日元计，让人感到曾经的繁荣已是明日黄花。

在全球经济一片萧条的气氛中，信心变得弥足珍贵。而信心不是海市蜃楼，它必须建在坚实的物质基础之上。此时此刻，只有太平洋西岸的中国，因为其独特的政府主导型经济运行模式和强有力的社会动员能力，敢于在一片萧条声中提出保持经济增长率在8%以上的雄心壮志，才给了悲惨凄凉的世界经济版图一线希望和暖意。中国经济的独特之处在于，它尊重市场经济的基本游戏规则，同时以政府为主导，将全社会资源动员起来，确保经济整体框架的良性运作和经济总体走势的积极状态，以此来稳定住世界上最大的制造中心，稳定住世界经济的基本供给。并且通过内部需求的调动，快速消化因为西方发达国家市场出现回调而出现的需求真空，追求亚洲地区供给与需求的总体均衡。正是因为中国经济独特的运营理念和实施体制，使人们看到了社会主义制度的优越性：集中力量办大事，凝聚人心渡难关。

2008年以来，中国经济运行的总体状况值得赞扬，中国政府对经济的管理能力在全球范围内堪称出类拔萃。中央政府、地方政府和企业界、民众一道齐心协力应对经济征途中的艰难险阻，不断地推出保增长、促发展的新举措。4万亿人民币的经济刺激方案中包括进一步加大对公路、铁路、基本建设的重点投资，以确保经济总量得以持续增长。中央政府和地方政府联手推出教育、医疗、社会保障等民生方面的投资，使社会中下层人民群众基本生活得到更有效的保障。各区域、地方政府积极推进本区域的产业结构调整和产业升级，促使区域经济在新一轮的全球产业分工中获取更有利的位置，推动本地区产业的成功升级。各级党委、政府与企业一起共克时艰，努力调整分配结构，在实现基本保障的同时，让无业者有业，让有业者乐业，并且敢于出手消费，推动内部需求的迅速升温，拉动经济真正走向可持续的成长之路。

沧海横流，方显出英雄本色。中国政府和中国人民在这样一场经济灾难面前所展现出来的自信、沉着、力量和有序，足以让世人看到未来经济的希望在东方。这是一场危机，但对于中国来讲，已经把它看做是一个机遇。战胜所有的危难之后，留下的一定是历史性的机遇。中国的区域经济、中国的企业已经做好了越冬的准备，也已经呼吸到春天的气息。上下齐心，合力共进，中国经济必然迎来新的辉煌。

30年后人们会发现，2008年，也就是中国的奥运之年，将以中国元年的姿态载入世界经济史册，而2009年则是中国又一个黄金30年的起点。东方这片古老的土地，正在全球经济版图的战略性重组中发挥着空前积极和良性的作用。30年后我们将会看到，正是因为有了昂扬向上、信心满怀的中国人民和中国经济，全球经济才得以平稳地渡过这场浩劫。也正是有了充满智慧的中国式社会主义发展路径和求真务实的区域经济调整之道，世界经济才会找到新的出路，实现更高层面上的发展与和谐。我们都站在历史的十字路口，我们注定要奔向更好的未来，但我们也注定要面对前所未有的挑战。

全球经济始于20世纪的产业分工调整将迎来新的一幕。这可能是人类有史以来最壮观的一次产业结构调整和产业资源全球再配置。这是中国的历史性机会，中国必须用一贯的理性和冷静汲取那些跌倒者的教训，反思自身发展中的不足与问题，扬起勇气的风帆，站到产业分工更有利的制高点来维护这个年轻现代化国家的利益，维系这一古老文明的生存空间，也帮助处于十字路口的全人类寻找到走向美好生活的中国式答案。

本书第一部分"全球困局"探讨汹涌而至的美国次贷危机和金融危机的形成机制，了解金融危机的来龙去脉和它演进到今天的背后推手，并且关注这场金融危机下一步的走向和持续的深度；提出在危机背景下中国经济版图未来走向；探讨中国经济在全球分工体系中所可能争取的有利地位和达到这一位置的可选路径。

任何的危机都必须在危险中寻找到机遇，并且在矛盾的转化中让积极的因素占据主动地位。中国已经用自己的行动告诉世人，中国将在危机中保持足够的自信和勇气，用 30 年改革开放累积的实力和国人信心来实现中国在全球产业分工的布局中谋取新的一席之地的雄心壮志，推进亚洲、尤其是东亚地区的一体化进程，进而促成世界经济版图中的北美、西欧和亚洲三极并存的世界经济政策格局。中国无疑要发挥这一格局的主导作用，进而成为亚洲一极的主导力量。

第二部分"中国机遇"探讨实现中国利益最大化的中央经济政策和区域经济政策的选择，明确中国经济在危机中所遇到的产业升级机会和世界经济金融体系中话语权的获取路径，并且通过对东部沿海地区、中部地区、西部地区、东北地区等区域经济升级、转型、承接产业等多种经济发展模式的选择，提出区域经济的应对之道，帮助读者理解区域经济的变迁背景、变迁方向和实施步骤，更清晰地判断未来中国的经济板块和商业机会。

第三部分"中国企业突围"帮助处于经济漩涡之中的中国企业拨开征程中的迷雾，看清未来产业的方向和商机所在，抓住历史性的机会，既不为外部的动荡波折所困惑，又能驾驭好自身的经营航船，内外双修，在风暴中集聚力量，在黎明中看到曙光。帮助成长中的中国企业恪守卓越企业所应秉承的金科玉律，坚持世界级企业公民的梦想，沉着冷静地面对可能的暗礁和诱惑，把握好机会，把握好自己，与中国经济共同实现新一轮的腾飞。

全球金融危机爆发至今已历时近一年，世界经济会走向进一步衰退还是即将触底反弹，目前很难说得清。本书希望能够抛砖引玉，给那些关心中国企业如何在金融风暴中求生存、谋发展，中国经济如何在全球产业分工调整中实现升级的人们一些启迪，为中国经济再创新的辉煌贡献自己一份微薄力量。

陈　勇

目 录/MULU

第一部分
全球困局

第一部分

全球困局

探讨汹涌而至的美国次贷危机和金融危机的形成机制,了解金融危机的来龙去脉和它演进到今天的背后推手,并且关注这场金融危机下一步的走向和持续的深度;提出在危机背景下中国经济版图未来走向;探讨中国经济在全球分工体系中所可能争取的有利地位和达到这一位置的可选路径。

第一章　引爆危机，美国身陷囹圄

一、次贷危机：繁荣与灾难之间只有一步之遥

爆发于 2007 年的美国次贷危机，准确地讲，是由以次贷为基础的资产抵押债券出现严重缩水而引起的金融危机。它的具体表现形式为：美国金融市场由一年前严重的流动性泛滥，迅速转化为一年后的市场流动性冻结，金融系统内部因为缺乏流动性而引发恐慌情绪。这种恐慌情绪迅速地在资本市场和实体经济中蔓延，进而引起以美国为首的全世界经济深度调整。

当这场全球性金融风暴不期而至，我们不禁要思考这样的问题：为什么会爆发次贷危机？次贷危机又为什么迅速演变成为全球性的金融风暴？寻根究底，我们不能不联系到自二战以来，由美国主导、广泛覆盖的经济全球化过程。

二战结束以后，美国以其强大的经济实力和政治上的影响力，推动了新

一轮的经济全球化。这一轮全球化的典型特征在于：美国、欧盟和日本的主要跨国公司，加大对海外直接投资和营建生产商业网络的投资；以制造业为中心的主要产业，加速向海外新兴市场的扩张；通过保留具有优势的金融产业和高技术研发产业，支撑主导产业向全球的扩张。

在这种模式下，按照经济全球化设计者的理想思路，以美国为首的西方国家，应该保留在资金融通和技术研发领域的巨大优势，并以这种巨大优势作为原动力，推动跨国公司在全球范围内寻找新的生产基地、制造基地和倾销市场。在这一过程中，美国等西方国家不断地发现和培育出具有地租优势、劳动力成本优势和环境成本优势的新兴市场，使之成为产业承接者和商品承接者。

从 1945 年第二次世界大战结束到 20 世纪 70 年代，整个经济全球化过程进行得不紧不慢，其中最具典型的成果是 20 世纪 50 年代至 60 年代以美国马歇尔计划为牵引的欧洲复兴。欧洲复兴从本质上讲，是美国企业向欧洲渗透与欧洲本土企业复苏的过程。在这一过程中，美元的国际货币地位逐步强化，并且在 1971 年美国总统尼克松声明美国不再承担美元兑黄金的责任，宣告布雷顿森林体系崩溃、美元与黄金脱钩之后，继续承担着世界性货币的历史使命。

20 世纪 70 年代末，中国开始实行对外开放政策，加入全球产业分工体系。此后，经济全球化进程出现了明显加速。自 20 世纪 70 年代以来，新兴市场，以史无前例的迅猛速度加入到全球经济一体化过程中。世界经济体系中，出现了前所未有的低地租、低劳动力成本和低环境成本的承接体。

以美国为首的西方资本主义经济体发现了这个天赐良机。因此，一方面，在进一步强化自身金融和技术中心地位的基础上，它们开始把制造产业以高效率的方式复制到新兴市场，使产品在新兴市场本地倾销之余能够源源不断地回流到美国市场；另一方面，在保持金融体系高效率的前提下，跨国公司在全球获得的收益，能够以某种快捷的方式加速回流到美国的资本市场，再以此为圆心，渗透到不断扩大规模的产业中去。与此同时，新技术的不断研发又使得迅速回流的资本能够按照技术进步的轨迹投入到再生产过程中间，支撑主导产业的全球化过程。

20 世纪 80 年代以后，在新一轮经济全球化加速的背景下，全球的生产空前繁荣，发达国家的富裕程度得到极大提高。同时，新兴市场的国民生产总值、人民平均生活水平、进出口贸易总额和外汇储备数量也出现几何级数的增长。可以说，新一轮经济全球化所带来的是人类历史上亘古未有、几乎人人有份的巨大繁荣。

但是，正是这场全世界范围内经济的巨大繁荣，埋下了今天我们所看到的次贷危机的祸根。如前文所述，加速的经济全球化的基础，是产业扩张——资本回流——投入技术研发——进一步支撑产业扩张这样一个按照理想状态设计的逻辑循环。但不幸的是，现在这个循环被打破了。这个逻辑循环破裂的关键在于，以美国为首的发达国家资本市场，并不仅仅满足于从投资技术研发和投资产业中获取利益，而是衍生出了一种畸形的金融投机产业，通过对金融产业自身的炒作，来满足金融寡头对超额利润的追求。

美国资本市场正是金融投机产业快速扩张的典型代表。近年来，美国的资本市场由过去以股票交易市场为中心，迅速演化为债券市场、股票市场、房地产市场、汇率市场和期货市场齐头并进。例如，截至 2007 年 1 季度末，美国债市的总规模约达 28~1 万亿美元。推动资本市场迅速发展的正是美国从 20 世纪 80 年代以来，为了刺激经济而持续不断地下调基本利率和存款准备金率的货币政策。该政策的直接后果是导致市场出现巨大的流动性过剩。当这种流动性过剩无法寻找到与之相匹配的技术进步和产业扩张规模时，便不得不被金融本身所吸收。于是，以美国为首的西方发达资本主义国家出现了一个非常奇特的现象：金融产业成为这些国家最核心的主导产业，其产值远远超越了制造业、一般服务业和贸易的进步水平。

支撑这种金融市场畸形裂变的最重要原因，目前看来是金融创新。所谓金融创新，就是不断推出外行人难以理解的、以高深的数学模型为基础的金融产品，通过巨大的资金流入，不断把金融交易产品、衍生金融交易产品的价格从一个高点推向另一个高点。在这种虚无的交易过程中拉高金融资产价格，同时获取巨大的金融账面收益，进而通过对金融账面收益的分配，制造出数以万计的亿万富翁。这种财富分配的格局激起了精英人士，特别是金融界从业人员对财富和一夜暴富的渴望，整个社会的资源，从人力资源到技术资源，都迅速地向金融产业汇集。

在实现经济全球化的过程中，美国并不是没有防火墙。从1933年到1999年的60多年间，美国一直实行《格拉斯—斯蒂格尔法案》，这个法案是1933年大危机之后提出的，基本思想是分业经营、分业监管，它要求商业银行业、证券业和投资银行之间建立隔离带，禁止混业经营。《格拉斯—斯蒂格尔法案》就像套在华尔街头上的紧箍咒，60年来从未被突破。然而，金融界的贪婪还是战胜了监管者的理性。1999年，美国国会通过了《金融服务现代化法案》取代了它。十年不到，惊人的悲剧按照剧情毫无意外地上演了。

以美国为首的西方发达资本主义国家，还为支撑整个经济全球化进程设计了成套的管理框架，其中包括世界贸易组织、国际清算银行、国际货币基金组织以及世界银行。但是，这种传统意义上的监管机构无法在高度信息化的现代经济环境中发挥作用。过去的监管结构，从某种意义上讲，是以主权国家为基础，对公募基金投资各种金融产品的监管。但随着金融市场的繁荣，大量的私募基金突然涌现。私募基金不同于公募基金，其最大的特点在于，它的投资者以机构投资者为主，而不是那些不精于资本市场和金融之道的中小散户。因此，监管部门有理由认为，私募基金的投资者拥有足够多的专业知识和足够谨慎的判断力，无需进行也难以进行以政府为主导的替代性监管。一边是不断涌入资本市场的无穷资金，另一边是极具专业程度的私募基金投资者。政府的监管职能已经从一般意义上的守夜人退化为市场的旁观者。然而，这一过程恰恰埋下了次贷危机最重要的祸根，即金融产品，或者衍生金融产品的设计、交易和结算过程严重缺乏有效的监管和控制。

与此同时，在这一轮经济全球化过程中，新兴市场经济国家通过投入低成本的土地、劳动力和环境资源等生产要素，在短时间内积聚了巨大的生产能力，也积攒了巨大的国民财富。这些庞大的国民财富在从事本国的基础建设和维持再生产之余，出现了巨大的富余。由于新兴国家自身缺少足够的投资产品，这些富余的财富反向涌入发达国家的金融体系，与发达国家原有资本一起，追逐巨大的金融投机暴利，或者寻求庞大外汇储备本身的安全性。这一过程更加剧了以美国为首的西方金融市场的流动性泛滥，不断推动金融市场迈向新的风险极限。

所以，次贷危机的出现，与其说是一种偶然，不如说是一种必然。次贷危机最深刻的根源在于，美国主导的新一轮经济全球化过程，缺乏与之相配套的有效经济监督与管理体制，使得资本不能服务于促进供给与需求的平衡，不能维护全球范围内生产能力迅速扩张与基本消费持续扩张的平衡，而是集中投入到金融的投机领域。因此，我们可以说，次贷危机在本质上是一场繁荣造就的灾难。

要真正走出次贷危机，最关键的问题，首先在于为现有庞大的生产能力找到与之相适应的需求；其次则是在控制住流动性泛滥的同时给金融市场注入信心，使得全球经济一体化的过程重新回到健康运行的轨道上来。换句话说，就是使得出现急剧收缩的世界金融体系能够迅速恢复信心，重新有序地投入技术研发和产业升级，把相对过剩的产能引导到有序升级和满足新出现的需求上来。

从这个意义上看，次贷危机很有可能成为一个显著的分水岭，它在考验着经济全球化进程将会前进还是后退。如果因为次贷危机中断这一轮经济全球化的进程，后果将是灾难性的。因为，一旦金融危机蔓延到实体经济领域，人们缺乏对未来的信心而引起消费能力的迅速萎缩，这将导致全世界范围内的生产过剩。而生产过剩所涉及的是数以十亿计的劳动就业人口和数以万亿美元计的国民生产总值。一旦出现这种全球范围内的供需不平衡，对目前世界经济体系内的每一个供给者来讲，都将是一场空前的灭顶之灾。

相反，如果经济全球化要继续前行，则需要重新调整现有的世界经济秩序，变革现有的世界经济监管体系。首先，遏制住过于自私和贪婪的金融投机资本用欺骗的手段追逐金融投机暴利；其次，建立能够更有效地监管各类投资基金、资本市场产品和交易过程的监管机制；最后，让处在世界产业分工链底层的新兴市场国家不再仅仅扮演生产供给者的角色，而是平等地参与世界经济规则的制定，更加透明和公正地分配世界经济主导权和监管权。

因此，从这个意义上讲，次贷危机不仅仅是一场灾难，它更是一个经济全球化演进过程中的必经之坎。迈过这个坎，经济全球化将给人类带来更多的福祉，也将惠及更多的地域、国家、种族和人口。所以，次贷危机既是繁荣造就的灾难，又是通往新的繁荣的必由之路。实际上，全球经济体系的参与者别无选择，更无退路，只有勇敢地往前迈进，在金融、虚拟经济和实体经济之间去寻求更有效率的供需平衡，寻求更有效率的运作逻辑和推进手段。

二、房地美、房利美："二房"的尴尬

从源头来看，本次美国次贷危机是由房地产市场出现萎缩而引发的。实际上，美国在 2000 年左右经历过一次高科技泡沫的破灭。当时，由于科技企业技术研发的力度不足，无法吸引资金持续进场，美国的科技股出现了暴跌。为了缓解当时的股票市场萎缩和科技泡沫的破灭，美联储采取了持续降息的应对策略，2001 年至 2002 年间联邦基准利率从 3~5% 降至 1%，通过向金融体系注入资金来缓解金融市场的压力。大量进入金融体系的资金开始寻找新的投资领域，房地产繁荣应运而生，成为新一轮金融资本涌入的主要产业。因此，从 2002 年开始，美国房地产市场出现持续升温，这一过程一直延续到 2006 年。但是，这种房地产行业的持续升温并不是有效需求不断放大后的供需两旺，而是由金融企业制造出来的房地产行业繁荣。

在美国购房，很少有人使用现金或者存款购买，大多数人都是通过向抵押贷款公司借款来完成交易。这种借款大致可以分为三类：第一类称为优质贷款，指的是借款人具有良好资信，并且具有房屋以外可抵押的资产，以及稳定的、未来可预期的现金收入；第二类贷款称为次优贷款，指的是贷款人

没有房地产以外可以作为抵押的资产，但是拥有稳定的职业和可以预期的未来现金收入；第三类贷款简单称为次级贷，指的是贷款人既没有可以用于抵押的房产以外的资产，也没有稳定的职业，缺乏可以预期的稳健的现金流。因此，对于次级贷来讲，借款人除了所购买的房屋作为抵押以外，别无他物。

可是，抵押贷款公司为什么要向这一类人投放贷款呢？这里有一个重要的金融学概念，那就是一项金融资产是否有价值，在于这项金融资产本身的估值水平，在于这项金融资产能不能在未来可以预期的时间内，带来可持续增长的现金流。金融系统之所以敢向没有资产、没有固定职业、也没有稳定收入的贷款人提供贷款，最重要的原因就是：房地产市场在持续升温，房屋价格在持续走高。在这一过程中，金融机构在收取极其少量的首付款甚至零首付的前提下，帮助借款人获得房屋的居住权，并且将房屋抵押给银行，再由抵押贷款公司等金融机构委托中介机构，分时段，比如以年度或季度为单位，对抵押的房屋进行再估值。然后，抵押贷款公司通过在估值过程中房地产价格上升所带来的增值部分到银行做转按揭，进而用银行转按揭而获得的新增贷款，来支付购房者在以后时段内的房屋按揭款。

从表面上看，抵押贷款公司是在做一个亏本买卖：不仅不收取借款人的任何首付款，还用转按揭所获得的增值部分向抵押贷款公司自身做贷款，把贷出来的款项继续给购房者用以偿还按揭利息和本金——这等于抵押贷款公司把自己的钱从一个口袋放到了另一个口袋。但实际上，在这个过程中，金融系统制造了一种金融产品。这种产品因为房地产价格的持续升高可以不断地被高估值；因为可以不断地被高估值，所以有不断地转按揭的能力；因为可以不断地转按揭，所以可以带来持续的现金流。

于是，次级贷款本身成为了一种具有可预期的现金流入的金融产品。假如房地产市场能够保持持续繁荣，房屋价格可以持续不断地上扬，这场游戏就可以持续地做下去。只要拥有不间断的现金流流入，次贷这种金融产品就具有估值的空间。事实上，抵押贷款公司并不打算从次贷的购房者手中获取利息和本金的回报，它们的目的在于把这一类次贷产品通过证券化的方式打包，然后转售给庞大的美国债券市场。美国债券市场接手这一类资产包以后，将它做成复杂的衍生金融产品，细分切片以后，以证券的方式在债券市场上进行兜售。

那么，为什么这一类产品能够得到债券市场投资者的青睐呢？原因就在于，抵押贷款公司和投资银行通过资信评估与投保的双保险策略，为债券市场投资者们注入了一剂强心针。一方面，主导发行次贷债券的投资银行通过与资产资信评估公司做充分的沟通，让资产评级机构给予这一类债券以足够优质的评级。例如，美国著名的房地美（Freddie Mac）、房利美（Fannie Mae）公司的债券都具有相当高水平的评级，几乎可以视作美国的国债等级，因此吸引了大量的私募基金，甚至海外主权基金的投资。另一方面，为了确保这一类次贷资产证券产品对投资者的吸引力，或者为投资者提供足够的安全感，债券公司同时还向保险公司进行投保。保险公司为了获取巨额保费，在看到该产品获得评级公司的高信用等级评估之后，毫不犹豫地承接了次贷资产的投保。保险公司的担保行为，进一步解除了投资者的疑惑，使得更多的资金涌入债券市场。而这些债券市场的投资者主要是大型的基金，包括养老基金、社保基金、教育基金、甚至海外的主权基金。

这里呈现出来的似乎是一个完美的组合：购房者用几乎无偿的条件获得了居住权，并且在可以预见的将来无需偿还房款；抵押贷款公司虽然没有获得购房者提供的本金和利息，但却获得了一项可以进行估值的金融资产；评级公司获得了他们应有的高额评级资金；保险公司获得了超级的保费；投资人也获得了足够的安全承诺和保险公司的担保书，获得了一项安全和高收益的金融投资产品。整个过程，所有参与者几乎都是皆大欢喜。

然而，美国的房地产市场并没有像人们所预计的那样永远繁荣下去。2004 年至 2006 年，美联储为防止经济过热连续 17 次加息，美国的房地产市场就开始出现局部萎缩。2005 年 6 月，卡特里娜飓风使得新奥尔良地区几乎被夷为平地，数以万计的无家可归者聚集街头和体育馆中。他们的房屋被风灾无情地摧毁，更为糟糕的是，这些被摧毁或损坏严重的房屋，无法再获得房屋评估机构高增值的房屋评估价，这也就意味着抵押贷款公司无法再对这一类房屋进行转按揭的融资还款支持。因此，在风灾中失去亲人和工作的人们，不得不同时面对自己还款的沉重负担。许多人选择放弃还款，让房屋被收走进行拍卖。收屋拍卖行为进一步导致房地产市场价格的回调和下降，引发区域性的房地产市场出现萎缩。

区域性的房地产市场萎缩所带来的结果是无力还款者增加，同时，一部分贷款者被迫用信用卡支付还款。但是，当信用卡的透支期到来之后，所有的支付手段都失去了。这源于局部的房屋价格下跌迅速在更大面积、更大区域中蔓延开来。房地产价格的下跌似乎没有止境。继中低收入聚居区的房地产价格持续下跌以后，高档社区也出现房地产市场的萎缩。新进入市场的购房者开始持谨慎态度，不再追逐高价格的房屋，房地产市场的需求出现萎缩。需求的萎缩导致整个房地产市场价格的进一步下挫，这种下挫再在更大面积的区域导致原先贷款购房价值的缩水。更多的人放弃按期还款，银行收房与拍卖房屋的数量增加，带动房地产价格不断下跌。如此恶性循环所带来的直接结果，就是房屋价格出现大幅度的回调，房屋贷款的违约率出现大幅度的上升，以房屋贷款本金和利息偿还为基础的次贷债券，因为失去现金流的预期，所以出现了严重的价格下挫，跌幅高达90%。

如今，债券市场出现严重下挫所带来的灾难性后果已经一览无余：债券市场的严重萎缩，大量投资人出现账面上的利润浮亏；为这些高风险的房屋抵押债券承担担保风险的保险公司，出现了严重的资金紧张局面；参与到债券市场投资的基金，包括公募基金、私募基金以及主权基金都出现了巨大的风险。

我们看到的现实情况是：先是专注于债券市场投资的贝尔斯登基金出现严重的亏损和赎回，紧接着贝尔斯登公司倒闭；房屋中介公司也大量倒闭；债券市场上的领军者——雷曼兄弟公司因为过度投资于次贷债券，被摩根士丹利公司要求追加补偿金，并且随后申请破产保护；雷曼兄弟公司破产的第二天，美林公司被美国银行收购；然后是美国国际集团（AIG公司）——全球最大的保险机构之一出现了严重的经营风险，资金出现不足；紧接着，若干大银行在账面上报出严重亏损，无法保证足够的资本金；以投资债券市场为中心的美国投资银行也接连爆出了流动性不足的丑闻，大量资金被赎回。半年之内，美国五大投资银行倒闭三家（贝尔斯登公司、雷曼兄弟公司和美林公司），仅剩的高盛集团和摩根士丹利公司两家也紧急宣布从投资银行转为商业银行，可谓名存实亡。

在这一连串的打击之下，美国的整个市场失去了信心，投资者纷纷赎回自己的资金。银行系统为了保证足够的安全性，恪守国际清算银行推行的巴塞尔协定所规定的 8% 的本金需求率①，不得不减少对外贷款以控制坏账率，保证自有资本的安全性。全球范围内的大型商业企业，很多都卷入到债券市场的投资中去，因此出现巨大的账面亏损，出现了流动资本金的严重不足。一方面是产业需要更多的资本来进行弥补；另一方面是银行界出于自身安全的考虑，拒绝提供更多的流动性。于是，美国市场出现了前所未见的流动性紧缩，或者叫流动性短缺。

在这种情况下，作为整个经济活动的心脏，美国的金融系统出现了骤停，无法再向实体经济和其他虚拟经济领域提供足够的信用和金融支持，所有的商业活动立即开始萎缩。大型企业无法获得足够资金用于扩张；中小企业则由于大型企业的终止投资而陷入困境。当中小企业出现困境的时候，大量人员面临失业、减薪的命运，这又引起消费市场的恐慌。当消费市场出现问题，有效需求变得不足，导致大型企业被迫削减供应量，这又进一步加剧其投资的严重不足，使得经济在整体上陷入恶性循环之中。

以上就是房屋贷款引发金融海啸的全部过程。最初，人们认为次贷危机的影响范围只会限于金融领域，或者金融投机领域。但是，现实证明，这样的观点是错误的。次贷危机所造成的影响，已经不仅限于金融投机领域，而是迅速地向生产性服务行业延伸，进而又迅速向实体经济蔓延。所以，从太

---

① 按照巴塞尔协定的规定，金融系统，特别是商业银行，必须保证自有资本占到总资产的 8%。如果自有资本低于总资产的 8%，则该银行就面临被清算的风险。

平洋的东岸到西岸，大西洋的西岸到东岸刮起了一阵阵寒冷的风暴，全球经济处于一片低迷之中。根据近期公布的数据显示，2009年1月份，巴西日均出口额同比下降22.8%，德国出口同比下降20.7%，越南出口额同比下降24.2%，日本下降45.7%，韩国下降32.8%，中国台湾地区下降44.1%，均创历史最高跌幅。以实体经济为主的中国，出口额也出现17.5%的下滑，这是继2008年11月份中国出口额出现七年以来首次负增长之后，连续三个月增速下跌。

三、美国经济的阿喀琉斯之踵：债务与养老

我们已经看到，新一轮经济全球化背景下，生产能力的迅速扩张与有效需求之间，金融产业的畸形发展与科技进步和产业扩张之间都出现巨大的不平衡。这种不平衡正是导致次贷危机爆发的内在根源。

但是，为什么次贷危机会爆发在西方资本主义头号强国——美国？为什么这场危机是在21世纪的第一个十年爆发？要探索这个问题，我们必须首先探讨一下美国当前的人口与债务问题。

美国人口出生率中有一个非常重要的现象，那就是所谓的婴儿潮一代。最早的婴儿潮一代是从1946年开始算起，他们在2008年达到了62岁，这正是许多人开始领取社会保障退休金的年纪。在100年前，1900年时，美国人口的年龄分布大致与人类过去的历史时期相似，大约只有4%的人口是在65岁以上。而到了2000年，美国人口分布的形态已经有了很大不同，65岁以上人口的比例达到了12.4%。根据美国人口学家的预测，到2030年，美国65岁以上人口的比例将达到19.4%，也就是说，在未来20年时间里，65岁以上人口的比例将增加几乎一倍。[①]

美国这个曾经无比年轻和充满活力的国家，正在不可避免地步入它的老

---

① ［美］劳伦斯·丁·克特里考夫，斯科特·伯恩斯著，《即将到来的世代风暴——美国经济的未来》，东北财经大学出版社，2007年版，第4页。

龄化阶段。而且，美国社会的老龄化不是暂时的现象，而是一个永久、不可逆转的漫长过程。在2000年，美国有3 550万65岁以上的人口。到2030年，预计老年人口将增加到6 940万人。这30年间，抚养比率，也就是65岁以上老年人口与20到64岁青壮年人口的比率，将从21.1%上升到35.5%。而且这种趋势并没有终结。按照美国人口学家的预测，这一增加的趋势将一直延续下去，如果不发生大的意外，到2080年，这一比率将高达43.2%。[①]

美国人口年龄分布的变化，直接导致社会保障体系的压力。1950年，美国每个社会保障福利的受益人有16.5个就业人口支持，而到了2000年，这个比例下降到3.4。往后预测，到2030年，我们不可避免还会看到另一波巨浪——婴儿潮一代的退休。到那个时候，工作人口与领取社会保障退休金人口的比例将降到2，换句话说，支持每个退休职工的劳动人数将从16人降为2人。这种变化将严重打击人们对社会保障体系的信心。[②]

与此同时我们清楚地看到，在2000年时，美国的联邦债务总额为3.5万亿美元，到了2008年，美国联邦债务总额已经突破10万亿美元。换句话说，每一个美国人的人均负债从2000年的1.4万美元，已经达到目前的接近4万美元。如此高昂的负债率却没有终止的迹象。1997年，美国医疗保险计划的理事会预测，到2030年，医疗保险的支出将相当于美国GDP的7.1%。而实际上在2004年，全美医疗保险计划支出只占到美国GDP的2.6%。

美国正不得不面对这样一副让人很不情愿看到的图景：美国社会在逐步老龄化的同时，却承担着越来越重的国家债务和民间债务，同时，背负的医疗和社会保障负担也越来越沉重。

在多重压力的迫使下，美国的金融系统开始充当一个不光彩的角色：说得好听一点，它可以叫做市商；说得不好听一点，它的本质就是市场的操纵者。因为，随着人口老龄化过程的演进，数以万计的退休人员不断地涌现，

---

① [美] 劳伦斯·丁·克特里考夫，斯科特·伯恩斯著，《即将到来的世代风暴——美国经济的未来》，东北财经大学出版社，2007年版，第7页。

② 同上，第6页。

对社会保障和医疗保障的资金需求在逐渐加深，财政资金的缺口将越来越大。这些资金并不会凭空产生，如何使得社会保险账户和医疗基金能够不断地增长，以满足这种不断上升的退休人员的需要？除了金融市场似乎没有更好的方法。

于是，以社保基金、医疗基金和退休基金为代表的基金大量进入美国的资本市场。美国的资本市场则利用复杂的衍生金融工具，创造出来一个又一个外行人无法看懂的、充满着数学公式的金融衍生产品。这些产品的设计过程、定价过程以及交易过程都是不透明的，因此，它具有很强的可操纵性。资本市场在操纵这些衍生金融产品的过程中，通过不断吸引更多的投资来拉高它的价格，进而用拉高的价格给进入资本市场的各种投资，包括社保基金、医疗基金和养老基金以足够多的账面回报利润，并且转化为基金账户上的增加值。基金账户的增值让人们感到乐观，让新增的退休人员产生安全感，也使得人们相信，只要金融市场是繁荣的，整个国家不管老年人增加多少，不管新增退休人员有多少，也不管财政是否保持赤字，一切都将安然无恙。这是一个神话，就像皇帝的新装，人人都明白真相，却无人愿意戳穿。

不幸的是，支撑这个神话的基础坍塌了。当次贷危机发生，当房屋价格下挫，当所有的 CDS（信用违约掉期）、CDO（担保债权凭证）、MBS（住房抵押贷款证券）这些资产抵押债券的价格一夜之间灰飞烟灭的时候，梦想也破灭了。我们可以认为，整个次贷危机的本质在于：随着美国社会的老龄化，它的庞大的医疗社会保障缺口需要用金融的方式来弥补，而这一方式又催生出了一系列容易被市场操纵的金融衍生产品。这些金融衍生产品恰恰是建立在沙滩上的帝国。所谓的沙滩，正是基于次贷的资产抵押债券。

然而，对于美国来讲，最大的损失并不仅仅是金融市场的损失，真正可怕的是人们失去了对未来的安全感和信心。这种安全感和信心一旦失去，将严重影响到现实社会中的消费，也将引起这个社会的严重动荡和不安。

因此，美国政府目前需要弥补的、最紧急的事情，是首先稳定住现有的就业人员，使得更多的人能够参与到为现在和即将退休人员支付医疗社会保障资金的队伍中来。同时，想方设法用更多的债务的方式，来弥补当前所有医疗社保和退休人员所需资金的缺口，使这个迅速恶化的环境稳定下来，进而通过现有的技术和科技优势，推动产业在新的技术领域里面获得快速的成长。筹集新的资金，或者变卖现有资产，出让或者让渡美国在现有世界经济秩序中的权力和地位，来换取世界经济体系中其他有实力的国家对它进行实际意义上的支持。

如果看不到美国的人口和债务危机，我们便很难理解这场金融危机的本质；如果不能够缓解美国当前已经出现的人口和债务危机，这场金融危机就远远不能结束。而实际上，人口和债务危机很难得到根本上的解决。因此，即使我们能够在短期内控制住金融危机的蔓延趋势，当前世界所依赖的经济秩序也依然非常脆弱，并不稳定。

当前的世界经济秩序急需要进行一场外科手术式的行动。中国是全球范围内拥有足够实体经济、生产能力、资源条件以及外汇储备的不多的主体之一。因此，这场行动对于中国来说，毫无疑问是个历史性机遇。但同时我们还应该看到，美国次贷危机向我们发出的警示——中国也在步入老龄化社会，也将面临同样的难题：如何寻求现有生产力跟老龄退休人口之间经济上的平衡；如何进行有效的分配；如何使得我们的社会保障体系和医疗保障体系更加有效率，避免重蹈美国覆辙；与此同时，如何为整个世界经济秩序的重建做出这个民族应有的贡献，等等，这些都是必须破解的难题，但正是这些难题使我们充满希望地去迎接新的挑战。

四、保尔森的下跪：拿什么拯救华尔街

从 2007 年美国次贷危机肇始以来，一连串的巨型金融企业陷入困境和破产，仿佛是一场大戏令人目瞪口呆。其中最为惊险的环节，也就是整个多米诺骨牌倒塌的关键——雷曼兄弟公司的破产。

雷曼兄弟公司是美国第四大投资银行，美国最大的债券交易商，拥有长

达 158 年的光辉历史，历经美国南北战争、两次世界大战、1929 年的经济大萧条、上世纪 70 年代能源危机、"9·11" 袭击等重大变故，演绎了不倒的神话。可以说，雷曼兄弟参与创造了华尔街。然而，这个被誉为拥有 "19 条命的猫"，最终却毁在了一手打造的华尔街规则之下。当雷曼兄弟遇到困境的时候，美国财政部并没有伸出救援之手。理由很简单，因为美国奉行的是自由经济原则，不能冒道德风险去鼓励那些因为自己的错误而陷入危机的企业。但事实上，更加真切的原因是，雷曼兄弟在前一轮经济危机中拒绝了美国财政部提议的救市联合行动，没有对陷入困境的商业银行施以援手。所以，当它自己遇到困难的时候，那些原先对它满怀怨气的管理者们采取了落井下石的办法。

因为没有能够保全雷曼兄弟的存在，使得整个多米诺骨牌无法挽回地破裂。正是因为雷曼兄弟的倒下，导致美国债券市场的崩溃，因此引发保险公司、投资基金以及债券投资者严重的损失和财富缩水，进一步拉低房价，降低资本市场投资价值。最终，金融危机开始变得不可收拾。这也是后来为什么美国财政部去竭尽全力地注资房地美和房利美公司，并且试图接管 AIG 公司的主要原因。因为人们再也承受不起这些巨无霸企业的倒塌。他们一旦倒下，会使得人们原本已经脆弱的心灵变得更加绝望。

当时的美国财政部长保尔森为了不让雷曼兄弟事件再度发生，选择了救市。他提出的 7 000 亿美元的救市计划在 2008 年 9 月 29 日第一轮众议院投票中便遭到否决。在此之前，保尔森甚至跪在美国众议院议长民主党人佩罗西的脚下，请求她的党派不要撤销对该法案的支持。面对此种情形，这位美国政坛上著名的女强人说："我并不知道你是天主教徒。我想要告诉你的是，不是我，而是共和党在阻止通过金融救援计划。"

佩罗西是对的。在众议院中投否决票的大多数是共和党议员，而不是佩罗西所在的民主党。共和党人相信彻头彻尾的自由主义，相信古典市场经济。在共和党的执政理念和经济管理理念里，美国经济奉行自由经济，政府不应该涉入任何经济问题，亦不应该参与对经济的施救。因为，在古典自由经济奉行者的眼里，政府是没有权利干预经济的，政府的干预只会导致市场混乱，使市场这只看不见的手失去调控的作用。因此，任何政府的试图国有化或者是对市场竞争者施以援手的行为，都将被视为对市场的破坏。同时，共和党人又坚定地维护跨国公司、大型企业和资本家的利益。他们相信，只要美国有一个不受侵犯的自由经济，这些跨国公司、大型企业就会拥有足够的力量从金融危机中走出来，不管这个时间有多长。但是他们一旦走出来就会变得更加有竞争力。所以，市场无需保护也无法保护。

而民主党恰恰相反。民主党人认为经济是可以被政府所影响的，政府在关键时刻通过影响经济，特别是通过拯救那些限于灾难中的人们和家庭、拯救中小企业、提高就业率，便可以避免经济陷入进一步的衰退。即使这些行为可能损害一些大企业的利益，政府也应该将就业率放在拯救经济的第一位置。

因此，就救市而言，即使是要救市，如共和党人保尔森，他选择的救市方向也一定是大型的金融机构或者大型的跨国公司。他试图用政府的资金来帮助这些企业度过难关，增加流动性，避免他们的破产。而民主党的救市政策则恰恰相反。他们更多地会选择直接减税、增加对低收入人群的补贴以及帮助中小企业恢复生机，而不是把这些巨额的纳税人筹集的资金投放到大型金融企业去给那些糟糕透顶的金融企业的执行官们发放年终奖。

所以，保尔森的建议在众议院被否决主要是因为共和党的议员们不愿意放弃经济自由主义的信仰，也并不希望看到政府用纳税人的钱，在并不能确保情况能好转的前提下，去尝试拯救陷入泥潭的经济。但是，保尔森最后还是成功了。他对议员们提出了警告：如果你们把这7 000亿美元给我，我并不能保证事情会变得更好；但是如果你们不给我，事情一定会变得更糟糕。没有人敢拿美国的经济命运和前途打赌，因此他的提议最终获得通过。

那么到底如何使用这笔救市资金呢？保尔森主要是用它们来拯救集中于华尔街的大型金融机构。华尔街真的能够被救赎吗？按照共和党的逻辑，要避免美国的经济危机，只能保证美国的金融体系能够继续按照现有的逻辑运作下去，而非终止和崩溃。所以，必须把现在处于困境的金融系统打捞上来，让他们恢复对经济的信心，进而恢复市场的流动性，也就是使得市场现存的金融机构，特别是商业银行，能够继续启动对企业的贷款。银行不再捂住钱袋子，不再因为害怕自己的资产出现更大的坏账，以致无法满足资本充足率的要求而对贷款格外谨慎。因为这种谨慎的态度会使大量企业无法获得经营中所需要的足够流动资金，从而导致整个经济的萎缩和冻结，促使经济更加迅速地降温。

但是问题在于，美国的经济从 20 世纪 90 年代以来，一直出现巨大的空心化过程。伴随着这一轮全球化的不断升温，美国的大型跨国公司已经把主要的产业，特别是制造和加工环节不断向中国等新兴市场经济国家进行转移。在美国国内，真正支撑整个经济的主要是东海岸的金融业和西海岸的高科技产业，另外包括一部分中部的农业和基础制造业。

因此，坦率地讲，美国要恢复市场的流动性，一个重大的问题就在于美国的制造业和中小企业还有没有那么强烈的资金需求。也就是说，美国本土的制造业和中小企业实际上已经缺少足够的生命力，也缺少足够的投资冲动进行扩张。如果仅仅是银行方面愿意开放借款的流动性，愿意提供贷款，美国经济并不能马上好转。重要的是美国的传统产业、制造业，特别是制造业和中小企业能不能真的有意愿进行扩张，这才是问题的本质。如果企业不再有意愿进行扩张，即使银行提供流动性，也无法盘活整个经济。

那么，企业为什么不愿意扩张呢？

实际上，对企业而言，扩张的唯一动力在于市场。如果不能够保证内需市场和海外消费市场的稳定，企业的扩张是没有动力的。美国恰恰陷入到这样一个循环中去。因此，单独拯救华尔街是没有出路的。要拯救华尔街，只能先保住消费市场，有了消费市场的稳定，才可能有企业投资的稳定，才可能有就业的稳定；有了企业投资的冲动，才可能有银行贷款的投放；有了银行贷款的投放，流动性才能够被盘活；流动性被盘活，华尔街才能够得到救赎，才能够得到喘息的机会。因此，直接救援金融企业只能解决短时的饥渴，对整个局势的好转并没有根本性的帮助。

在这样的背景下，奥巴马政府上台。奥巴马在竞选过程中，就一直对华尔街文化大为不满。在他的评论中，华尔街是一条贪婪的街，是资本主义阴暗面的集中体现。他曾经在他的胜选感言中激动地说道：我们的经济政策不仅是为了华尔街，我们还要为大众。因此，奥巴马的上台意味着白宫在使用财政政策挽救经济危机方面进行的改弦易辙。2009 年 2 月 12 日，美国国会和政府刚刚就总额为 7 870 亿美元的经济刺激计划达成协议。这笔资金中的 35%将用于减税和中低收入家庭的补贴，65%则用于增加政府投资。对新任总统奥巴马来讲，拯救金融危机的第一任务是增加就业率。他承诺，在未来两年内创造或保有超过 350 万个工作机会，他将把更多的政府资金投入到公共领域以拉动就业率，同时努力稳定和刺激消费，特别是对美国本土产品的消费。

2009 年 2 月 18 日，奥巴马在美国凤凰城又宣布了一项总额高达 2 750 亿美元的住房救助计划。该计划共分为三个部分：第一部分针对仍在还贷、但承受高额利息的买房者，这批人群约有 400 万~500 万人，政府将帮助他们再融资、修改购房合同；第二部分针对无力还贷、已经或即将被查封房屋的买房者，约有 300 万~400 万人，政府设立一个 750 亿美元的基金，鼓励金融机构降低利率，使每月还款额占购房者月收入的比例不超过 31%，同时还对按时还款的购房者发放 1 000 美元的奖金；第三部分对房地美和房利美追加注资 2 000 亿美元，以便为所有住房贷款提供担保。

从拯救美国经济的角度来讲，奥巴马的做法是对的。但美国目前所面对的危机，绝不是华尔街自身可以克服的。只有建立一个更加健康、更加平顺的产业结构和产业体系，重新确立脚踏实地的产业发展方式，美国经济才能再回到健康的轨道上来，才能迎来更大的发展。

但是，在这个过程中，奥巴马的政策极有可能导致贸易保护主义的趋势。美国政府的资金会越来越多地补贴给美国企业，美国政府的市场会越来越多地向美国企业开放，限制甚至禁止外国投资者和生产厂商进入。这一过程，将给以美国为主要出口市场的中国等新兴市场国家带来严峻的挑战。

事实也证明了这一点。奥巴马上台以后，首先是新任财政部长盖特纳指责中国政府在操纵人民币汇率。紧接着，美国的贸易代表在世界贸易组织起诉中国对知识产权保护和海关政策的不恰当，并且在一定程度上，赢得世界贸易组织有利于美国的裁决。进而，在此次经济振兴方案中，已经有条款明确要求获得振兴款的公共工程，只能使用美国制造的钢铁和照顾美国企业产品的销售。

美国政府的所有行为都在给人们强烈的信号：美国的贸易保护主义可能会抬头。这对于全世界的贸易发展和经济一体化进程将会是一个严重的阻碍。贸易保护主义既无助于从本质上解决美国的问题，还会给其他贸易伙伴或者竞争对手带来糟糕的示范效应。一旦这种效应蔓延开来，几十年来全球一体化的成果可能就会被严重削弱，甚至导致区域一体化和全球一体化进程的终止。这对于整个世界经济体系的建设，世界范围内的每个经济体，尤其中国，都将成为最大的威胁。

因此，作为世界主要的发展中国家和主要的新兴市场，中国有必要挺身而出，为抵制贸易保护主义的重新抬头而做努力。必须让美国清楚地认识到，美国的问题不可能只在华尔街解决，美国的贸易保护政策更无助于自身和世界问题的解决。美国应该用世界的眼光，在全球范围内考虑金融危机的解法，用全世界的智慧和力量来拯救华尔街。通过世界主要经济体——美国、中国、欧盟、日本和新兴市场经济国家的合作，重新理顺美国的经济体系，让产业的不均衡状态得以调整，让金融体系重新回到帮助和扶持第一、第二产业的发展中来，而不是贪婪地去获取那些根本无法实现的利润，以欺诈的方法来实现抱负。通过这样的方式，尽早地用尽可能小的代价结束华尔街不断蔓延的金融危机。

全球需要一个务实的华尔街，而不是浮躁的华尔街；全球不仅需要华尔街，还需要更多的金融中心。因此，华尔街必须从一个欺诈的、虚伪的、贪婪的、不负责任的金融暴利获取者回归到有利于产业的、务实的、获取平均收益的、与产业共同成长的金融中心。同时华尔街过多地垄断了世界金融的权利，它的功能和作用必须在一定程度上被分散和转移。

因此，美国需要跟世界上其他地区的经济合作者谈判，在让别人承担成本的同时也获得相应的权益。全面改组国际清算银行，国际货币基金组织和世界银行，增加新兴市场国家，特别是那些能够帮助美国走出金融危机、具有投资能力的国家，诸如中国的市场话语权。同时，更加尊重世界贸易组织的地位和作用，使世界贸易组织的决议更加具有权威性。更重要的是永远不要摒弃自由贸易的精神，停止一切用行政手段给予本国企业特权的做法，继续保持美国经济和全球经济的开放性，保证全球一体化进程不被中断。

整个过程注定是痛苦的，但是，历史的方向别无选择。如果能够走出这一困境，美国经济依然会是全球最强大的经济体，也依然能够带动其他地区经济发展，依然能够解决人类渴望了千年的、更大范围的脱离贫困和实现自由与繁荣的经济社会发展。反之，如果开倒车，走回头路，回归贸易保护主义，或者放任美元贬值，恶意地让全世界来分担美国金融危机造成的损失，结果只能是美国经济难以真正复苏，而世界经济陷入更深的泥潭。

五、虚拟经济与实体经济"同床异梦"

我们已经看到，美国的金融危机最初源于虚拟经济，进而从虚拟经济向实体经济领域蔓延。那么，什么是虚拟经济，什么又是实体经济呢？

所谓实体经济，指的是传统意义上的第一产业、第二产业和为消费者服务的第三产业。这些产业，通常都要通过拥有物化形式的土地、机械、工具、场所，来提供商品和服务，并且以此获得的收益来维持经营运转。实体经济的主要盈利模式在于，优化产品或服务的质量以及扩展产品和服务的数量，从而获得更多的营业收入，获取更大的利润。

虚拟经济指的是生产性服务业和非生产性服务业。其中，生产性服务业指的是为第一、第二和第三产业中的消费者服务业提供配套服务的相关产业，比如传统的商业银行金融、市场中介公司、物流公司、设计和品牌管理公司、会计师事务所、律师事务所等等。而非生产性服务业，是指不与生产系统发生直接关系的金融产业，特指以证券为主要投资对象，特别是以衍生金融工具为投资对象的高端金融业。这些产业的发展已经与实体经济渐行渐远，它们的扩张已经不再需要以实体经济作为支撑，而是通过大量地设计外行难以看懂的数学模型，并且通过对未来现金流量贴现的证券化来对衍生金融产品，也就是未来的收益进行交易。所有的这些交易产品或者行为都是靠大量的、复杂的数学公式来支持。但是，因为这种工具的衍生性特别强，金融机构，其中包括银行和大型企业的金融部门，往往在这些产品的投资领域里给予很高的杠杆融资率。换句话说，投资人只需要用很少的本金就可以从银行和大型企业的金融部门获得足够多倍数的贷款并将这些贷款投入到对金融衍生工具的博弈中去。一旦获利，由于产品具有巨大的杠杆效益，投资人的收益将极为巨大；但是，一旦出现亏损，投资人的损失也同样是成倍增加的。

冷战结束以后，美国失去了主要对手前苏联的威胁，大量地将本土制造业向海外转移。从美国的产业结构设计逻辑来看，在整个世界分工体系中，美国总是处于产业链的高端位置，而将产业的终端和下游分包给世界各个主要制造基地。美国人通过对产业高端的控制，掌握金融经济命脉和技术的输出，同时控制全世界最大的消费市场，以此来维系美国在产业链中的高端位置，并在产业链中获得最大利润的地位。

于是，世界产业分工体系呈现出这样的局面：一方面，以中国为代表的新兴市场国家不得不以强化自身的劳动力提供者、土地提供者、自然资源的消耗者和自然环境的破坏者这样的角色来换取属于自己的国际产业分工链中的一席之地，并通过不断强化自身的资源优势生产出更大量的产品来满足美国终端市场的需要；另一方面，美国通过不断地做多资本市场，获得越来越高的杠杆化率和越来越高的衍生金融工具收益，以维系整个资本市场的繁荣，保证资金源源不断地流入美国市场，再从美国市场输入新兴市场经济国家，使其生产得以延续，使其产品不断地回流美国，满足消费者的需要。

可是现在，突如其来的金融风暴打破了这个局面。可以说，美国的房地产价格大幅下挫，债券公司、投资银行和基金公司出现严重亏损，这些都只是金融风暴的外在表现。最核心的问题在于美国的金融系统失去了再贷款的信心。这是整个美国金融系统出现多米诺骨牌效应的关键原因。

目前，支撑整个西方金融体系的，有两个非常致命的法则：第一个是银行的法定资本金率，也就是按照巴塞尔协定的规定，金融系统特别是商业银行必须保证自有资本高于总资产的8%，否则将面临被清算的风险。第二个是会计准则里的公允价值，即按照国际通行会计准则，金融机构对外进行的证券类投资，必须以公允价值进行核算，而不是采用历史成本法。因此，当美国的大型金融机构投资的证券市场出现严重萎缩的时候，这些投资产品必须按照公允价格核算。一旦投资产品的账面价值大量缩水，亏损部分必须用银行的自有资本来冲销，使得银行必须承担自有资本低于8%的风险。

一方面，因为不再能够承担任何一点本金的减少所带来的风险，避免进一步的倒闭性的灾难，银行条件反射式地采用减少贷款的方式，从而导致实体经济的流动性的严重收缩。而实体经济的流动性收缩，又意味着处于农业、工业等生产制造型产业的众多企业难以获得足够的流动性资金的支持，这些企业的用工人数开始减少，社会失业人员持续攀升，进而导致消费信心的不足；另一方面，由于无法正常地偿还房屋贷款、汽车信贷、消费信贷等一系列已经发生的债务，导致商品市场的萎缩。商品和一般性消费市场的萎缩，又直接引起第三产业中，以消费者为中心的服务业出现供给过剩，进而进入一种恶性循环。供应超过了需求而需求不振，导致生产经营活动难以持续，加重银行的惜贷心理；而银行无法推动流动性的输出，进而导致产业的进一步萎缩。整个经济进入下行轨道，进入到衰退的轨道之中。

因此，对于美国而言，要想走出金融危机，必须做好两方面的工作。第一是能够使得虚拟经济能够迅速见底，恢复信心。第二是必须使得实体经济进入正常的周转轨道，以获得其所需要的基本的流动性。

但是现在，美国的奥巴马政府上台之后，遇到了一个两难困境。前任布什政府一直竭力用纳税人的资金去挽救虚拟经济，试图通过拯救华尔街的大型金融机构使之避免破产的厄运来稳定经济，推动金融机构向实体经济提供流动性。但是问题在于，这些处于泥潭中的大型金融企业到底遭受了多少损失？这些已经遭受的损失应该如何估值？也就是说，即使美国政府拿出1万亿美元来救市，可是要把这些资金给哪些金融机构才能救市？政府需要用多高的价格来买下这些金融机构所有的坏账？如果给出的价格过低，将无助于这些金融机构走出泥潭；而如果给出的价格过高，政府又无法对纳税人交代，反而是鼓励了金融机构的不道德行为。

奥巴马的选择，是更大力度地去推动实体经济的成长，而不是去单纯地拯救金融机构。奥巴马政府提出的7 870亿美元的救市资金里面，有35%将直接用于减税，每个纳税人将获得400美元的减税；另外65%用于增加政府投资，其中有1 500亿美元将用于基础设施建设。因此，如果说美国前总统布什的主要策略是先救虚拟经济，然后通过虚拟经济的复苏来推动实体经济的话，现任总统奥巴马则走的是另外一条道路。奥巴马希望双管齐下，首先稳定住实体经济，使得实体经济能够走上一个良性循环，同时，准确地估算出金融机构损失的程度，用尽可能小的代价，来收购这些金融机构所持有的有毒资产，帮助它们卸掉这个包袱，如设立坏账银行。使金融机构从非生产性服务业转移到生产性服务业，或者做一个有效的切割，把生产性服务业保存下来，维持其运转；与此同时，把非生产性服务业的损失降到最低，将来再逐步进行清算。

表面上看，奥巴马的这一策略是比较理性的。但是实际上，这个策略的成功概率并不大。因为首先，金融机构（包括银行类的金融机构、大型公司所持有的金融部门）已经很难做出生产性服务业和非生产性服务业的切割。其次，对于金融机构本身来讲，既然有美国政府的资助，它们也绝不会低估非生产性服务业的损失。相反，他们会尽可能地高估这种损失，以获取更多的联邦资助。

因此，从这个意义上来讲，奥巴马的策略可能会遇到很大的挑战。他真正应该做的是发行特种债券，来充实只提供基本信贷服务的金融系统，保证生产性服务业能够保持平静和稳定，不再出现大规模的破产，恢复向实体经济提供更多资金血液的勇气。而同时，采用更严格的法案，对各大金融机构所持有的非生产性服务业投资做严格的切割。首先对投资做价格的冻结，然后对此进行估值，尽可能把这一类有毒资产中跟房地产相关的优质贷款和次优类贷款保留下来，把次级贷以及跟房地产行业无法直接挂钩的债券总体进行剥离和冲销。也许这笔负担会很大，但是至少能够止住经济系统中流血的创口，把腐烂的部分切除掉，从而带来新生的机会。否则，将很难有更理想的路径来解决美国的金融危机。

中国的情况与美国恰恰相反。中国不存在银行系统的巨大包袱，因此，中国的救市基金绝大部分是投入到实体经济的。中国面临的最大问题，是外部市场的突然萎缩，导致实体经济出现需求不足的麻烦，即供给过剩，或者产能过剩。

要想解决中国的问题，有两个思路。第一，是在目前比较低迷的海外市场中，继续寻求更大的市场份额，以此来弥补和减少绝对值的损失。但是，这种做法很可能会引发更加激烈的贸易纠纷，也可能激化全球其他地区产生对中国具有敌意的贸易保护主义。第二，是增加国内的需求。但是，国内需求缺乏有效性，并不是缺乏对物质的需求，而是缺乏支付能力。这里一方面是绝对支付能力的缺乏；另一方面是相对支付能力的缺乏，也就是对未来消费的信心不足。

因此，对中国政府来讲，不仅不应该遏制虚拟经济的扩张，还应该加大对虚拟经济的刺激，加大虚拟经济中的生产性服务业以及个人消费信贷的鼓励。鼓励大家在足够安全的条件下尽可能多地使用消费信贷的方式进行住房和汽车等耐用消费品的消费；鼓励大家通过贷款接受更好的教育；鼓励大家通过贷款的方式来拉动和刺激内部需求和消费。在这个过程中间，政府刺激内需的计划应该包含增加居民收入、刺激居民使用消费信贷的意愿、刺激银行对外发放消费信贷以及提供更有效的消费保障等。

　　美国金融危机虽然给中国带来很大威胁，但同时也是一种机遇。一方面，它促使中国更好地培育虚拟经济来服务于日益壮大的实体经济。这两者的匹配与平衡发育，对于整个经济的运行具有至关重要的作用。另一方面，它还有助于推动中国加强个人信用体系的建设和整个社会保障体系与医疗教育等社会事业发展的建设，使得中国能够更加趋向于自己所设定的目标，在中国共产党成立100周年，即2020年前后，建设一个能够惠及十多亿人口的全面小康社会。

　　中国经济自身发展的轨迹和外部环境给予的压力恰恰推动了中国经济走上了一条已经设计好的成长轨道。只要中国有一个强大的中央政权和有力的地方政府，能够保证社会不至于陷入到混乱和大规模的战争中，那么，就很难有一种外部因素能够改变中国的发展轨迹。从这个角度上来讲，美国引发的金融危机是带给中国的一个重要成长契机，不是使它的经济规模更大，而是使它的经济质量更高，使得社会运行成本更低，使得整个社会更趋向于成为中国设想的和谐社会。

第二章　中国乘势 "全球定位"

一、中国能充当救世主吗——解读两万亿美元外汇储备

美国金融危机发生以来，围绕中美关系和中国在解决这场危机中的作用一直存在两种不同的观点。第一种观点认为，中国现在手握着全世界最多的外汇储备，而且其中大部分资产是以美元计价，因此，只有中国才有能力在美国急需外部支持的时候购买美国国债，帮助美国疏难解困。而另一种观点则认为，美国金融危机已经由虚拟经济向实体经济领域扩散，中国将面对严重的社会问题和经济衰退，自身难保，因此不可能施以援手。

到目前为止，中国是全世界持有以美元计价的外汇储备最多的国家。到2008年底，中国的外汇储备达到了1.95万亿美元，其中美元资产高达1.7万亿。2009年这一数字已经突破2万亿。根据美国 "外交关系协会" 发布的报告，到2008年底，中国国家外汇管理局所管理的外币资产接近2.1万亿美元，

中国官方银行及"中国投资公司"有2 500亿美元。总值2.35万亿美元的外币资产，相当于中国国内生产总值的50%，按人口平均每人约2 000美元。中国政府在美国政府债券方面的投资总值接近9 000亿美元，在房地美和房利美等政府相关金融机构的债券投资在5 500亿美元到6 000亿美元之间，企业债券投资估计有1 500亿美元，美国股票投资有400亿美元，短期存款有400亿美元。同时，据美国的统计数字显示，截至2008年11月份，中国持有的美国债券总额达6 819亿美元，并自2008年8月以后一直在增持美国国债。虽然，温家宝总理在瑞士达沃斯世界经济论坛上指出，中国是否有意愿继续增持美国国债，以及增持多少，取决于美国国债是否具有投资和保值的价值。但是目前，中国已经成为了美国最大的债主。

中国所拥有的空前的外汇储备实际上只是一种符号。因为，中国政府采用的是外汇管制制度，个人和企业不经审批难以获得相应的外汇资源。国家在经营过程中将外汇资源集中管理，通过发行相应的人民币以及采取对冲措施来控制外汇的储存和使用。因此，严格来讲，外汇储备的所有权并不属于中国政府，中国政府只是代持这些外汇储备。一旦人民币出现了大幅度币值的变化，外汇储备很有可能遭受巨大损失。因此，对政府而言，对外汇储备的使用和投资必须非常谨慎，也必须非常果断。

一个国家外汇储备的底线是一个国家进出口总额所需要的一个季度的结算货币。以中国经济总量为例，中国的进出口总额在2008年达到了2.56万亿美元，一个季度就是6 400亿美元结算金额。因此，中国这样一个庞大的对外经济体所需要的外汇储备的底线，首先是一个季度进出口贸易所需要的6 400亿美元资金，同时还要支付当期到期的对外负债。按照新华社2008年10月7日公布的数据，中国的对外负债总额为4 274.3亿美元。因此，对于中国这样一个庞大的经济体，其所持有的正常的外汇储备下限应该在7 000亿美元左右。以中国政府实际控制的2.1万亿美元外币资产为例子，除去支付日常经营活动所需和偿付到期外债所需的资金，能够用于机动支出的资金实际部分是1.1万亿美元左右，其中包括已经明确持有6 819亿美元美国债券，持有两房债券 3 750 亿美元。因此从这个角度来看，即使中国手里剩下的都是美元计价资产，其能够使用作为未来投资到美国国债市场中的机动资金也只 3 000 亿美元左右的总体规模。

理性地讲，在这场危机面前，中国似乎处于一种两难的地位。一方面，中国需要有一种安全的投资方式来保全自己来之不易的外汇资产。实际上，从 2008 年 10 月以后，尽管美国发生了严重的金融动荡，但是美元价值不仅没有出现迅速地贬值，而且相对于其他主要货币出现了持续地攀升。也就是说，客观上讲，2008 年下半年到 2009 年第一季度，中国外汇储备结构，因为美元资产占据绝大部分比例，所以得到了很大程度上的保全。如果不是购买以美元计价的资产，而是换作其他货币，比如欧元、英镑、加元乃至澳元，中国外汇储备的缩水程度远远甚于现在。因此，对于中国投资当局来讲，支持美元的强势是保全自我资产的一种重要方式。

另一方面，如果中国持续购买美元，必然会形成一种新的套牢局势。由于美国通过不断地发行国债来吸引外部投资，弥补现有金融系统中的大窟窿，但是却没有人知道这个窟窿到底有多大。因此，美国发行国债的空间还有很大，到目前为止，美国国债已经注定要超过 10 万亿美元。如此庞大的国债发行量几乎不可避免地会在某一个时点出现美元的急剧掉头贬值。而一旦出现这种贬值过程，中国以美元计价的资产便有可能遭受巨大的损失。

从投资的角度分析，在过去的 6 个月中，中国持有美元资产是一种非常明智的选择。但是再往以后，持有美元资产将越来越接近风险的临爆点。所以，站在自身利益的角度，中国外汇储备政策应该减持美元资产，转而投资具有更大程度保值功能和货币储备功能的海外矿产资源、能源以及黄金等硬通货资产。

实际上，中国和美国的经济已经非常紧密地联系在一起了。2008 年，中国出口美国的商品总额为 2640 亿美元，占总出口额的 20%。可以说，中美之间是全球范围内最大的贸易往来体之一，而中国经济能否保持繁荣，很大程度上也取决于美国经济能否走强，是否能够带动美国的消费市场持续扩大，从而不断地消化中国庞大的生产能力制造出来的巨量商品。因此，美国在本次金融危机中能够稳定下来并趋于稳定后的繁荣，最符合中国的利益。

从这个角度来讲，中国当然应该对美国的自救行为施以援手。但是，这种施以援手是有前提条件的。首先，中国不应该再轻易地涉入美国的问题金融业，因为在这个产业里，充满了太多的不透明和看不见的陷阱，贸然进入，进行收购或者债券投资，都有可能导致灭顶之灾。中国的投资决策者应该谨慎地绕过这些陷阱，直接进入到美国的生产性服务业和消费性服务业以及它的制造产业甚至农业，对那些急需要资金的实体经济和生产性服务业经济提供力所能及的支持；或者成立联合的财团，对这一类企业的发展以及它的临时周转提供支持。这其中，可以以这些企业的股权作为质押，也可以用参股、入股或者控股作为交换条件换得对美国这一类型企业的注资权。

其次，为了避免类似全球金融风险的再度蔓延，中国应该与美国建立更加紧密的双边协调机制，不仅对美国国内经济予以关注，还应该对美国所引导的现行世界金融和经济体制提出更符合中国利益的建议。一方面，继续维持现有主要的世界金融经济管理框架，例如现有的国际清算银行、国际货币基金组织、世界银行和世界贸易组织，并且帮助美国维持在这些机构中的主导地位；另一方面，中国应该争取在这些现有管理框架中的更多话语权。除此以外，中国需要努力与美国协商，成立以中美两国协商为主导的新的多变协商机制，例如成立全球经济安全理事会、全球气候问题应对委员会、全球资源管理委员会等等。将美国过去坚持的达尔文式的纯自由市场经济与中国小心翼翼推行的以人为本的市场经济实行一定程度的调和。在全世界范围内做出有效的供给与需求规划，对资源、能源、气候、粮食等关系到人类福祉的重大命题，进行统筹规划和提高其利用率，从而帮助美国经济尽快从危机中解脱，也帮助美国所引导的现行国际经济秩序，从困顿走向平稳和繁荣。

二、中国的海外投资：资本撒向何方？

中国所拥有的超过 2 万亿美元的外汇储备，对于中国政府来讲，既是经济运行中的压力和挑战，也是一种机会：如果妥善使用这 2 万亿美元外汇储备，中国将可能获得更大的发展优势。

实际上，外汇储备资金投往的方向，通常有三个：第一是投资于金融业；第二是投资于产业；第三是投资于海外资源的并购。

首先以投资金融业为例。在美国金融危机的高峰期，代表中国政府对外进行投资的主权基金——中国投资公司，曾经投资美国摩根士丹利公司，和美国百事通基金公司的股票。尽管这些投资在目前来看都出现了账面上的浮亏，但这毕竟给了中国金融管理当局一个试错的机会，让管理者们体会到投资的过程、风险控制和成果评估是何等的不易。

与此同时，中国民间的金融投资也一样遭遇到滑铁卢。以中国平安保险为例，从 A 股市场增发的股票获取的资金投资到欧洲比利时的富通集团，结果出现了重大的账面损失。因此，我们有理由认为，中国还没有足够的优势沿着产业链进入到欧美的传统优势地区，也就是金融和技术的高端领域。如果贸然进入，等待我们的将是巨大的陷阱。换句话说，中国直接进入到海外金融领域的投资目前不是一个可取的方式。即使要对海外金融企业进行收购或者投资，也一定要慎而又慎，要以投入生产性服务业的金融领域为主，坚决杜绝非生产性服务业金融领域的投资，避免海外投资的重大损失。

其次是进行产业投资，也就是在欧美等西方发达国家，或者新兴市场经济国家中，对那些已经存在的、相对成熟的产业和大型企业进行投资，获得其控股权，同时获得其市场渠道和技术储备。对海外的产业投资，有助于帮助中国企业打通海外销售管道，获得更大的市场份额；或者获取更有利的技术竞争地位，在产品的制造和服务上，获得超越以往的竞争优势。

但是，产业投资依然有巨大的风险。由于中国企业的传统市场主要在国内，但在中国对外贸易中承担主体地位的，实际上是来自欧美的跨国公司。因此目前，除去跨国公司之间的并购，中国本土企业对海外进行并购的成功案例屈指可数。以近五年来众所周知的并购案例来讲，TCL 并购汤姆逊公司，联想集团并购 IBM 的笔记本事业部，以及海尔集团试图并购美国最大的家电零售商——美泰公司等等，这些案例都很难让人觉得是完全的成功。

以联想为例。联想收购 IBM 的笔记本事业部曾经显赫一时，让人们感觉到中国人是在全世界范围内攫取皇冠上的明珠。但是事实证明，IBM 只是在做它的战略转型，它需要把更多的资源和精力投入到软件管理、信息集成和系统服务上去，是人为地把制造作为包袱一样甩走的。而联想只是承接了一个巨大的包袱。因为事件定性和芯片行业的巨大变革，未来联想所承接的到底是一个巨大的生产能力，还是一个无法转身的巨大压力，目前还不能下结论。

除此之外，2008 年中国平安并购比利时富通集团的案例最发人深省。继2007 年末，在二级市场巨资购入富通集团 4.12% 的股份之后，2008 年 6 月，中国平安再次将持股比例提高至 4.99%，合计投资成本达到了 238.38 亿元人民币。然而，在金融危机的影响之下，富通集团爆发财务危机导致股价暴挫，中国平安账面亏损额超过 200 亿元人民币，亏损幅度达到 95%。这直接导致10 月份，中国平安终止了在 4 月份达成的以约 215 亿元人民币收购富通资产管理公司 50% 股权的协议。中国平安为此次并购付出了沉重代价，也为我国企业海外并购提出了风险警示。

坦率地讲，中国企业对外并购鲜有佳绩，也充分说明在未来很长时间里，中国的海外投资恐怕还不能够完全以产业并购为中心。实际上，如果可能，中国企业对海外投资应该更多地采取联盟的方式，而不是并购。中国应该利用现有庞大的外汇储备资金帮助中国在各个领域里面领先的企业，与世界范围内顶级的合作伙伴建立起来联盟关系，例如合作、联营、合资或者共同开发产品。这是一种新的思路来理解中国对欧美国家以及新兴市场国家产业的渗透。这种新的渗透活动并不是传统意义上的为了夺取市场、夺取资本、或者夺取人力资源的优势，而是获取国际化的捷径。因为，真正意义上的国际化并不是在不同的国家生产或者销售；真正意义上的国际化应该是在本企业所处的产业中与世界级的专业产品和服务的提供商进行合作，进而形成自己在这个领域里整合世界资源的能力。把这种能力转化为企业的国际竞争力则是国际化的必由之路。

中国海外投资的第三个选择是对矿业资源或能源资源进行必要的收购。整个世界经济发生危机的过程中，资源价格呈直线下落，资源的市场估值出现重大回调。在这个过程中，利用手里现有的外汇储备进行必要的资源收购将是一个比较理想的选择。这种投资方式既受到资源国的热烈欢迎，同时也能稳定住中国未来经济成长所需要的战略资源，确保中国经济成长不受供给瓶颈的约束。

中国中铝公司入股澳洲力拓矿业公司的过程也是波澜四起。在历经艰难获得澳洲政府审批以后，中铝公司成功地获得了澳洲力拓公司 19% 的股份，成为单一大股东。然而，随着能源资源价格的快速回落，全球经济的迅速降温，中铝公司的这笔投资已经造成了巨大的账面损失。但中国没有因此退却，中铝斥资 195 亿美元控股力拓，如果能获得澳大利亚政府批准，这将是中国企业对发达国家资源类企业最大金额的股权性投资。

实际上，按照目前的产业分工而言，金融产业主要集中在美国、英国、德国、日本、新加坡等少数较发达的经济体当中；就制造业、现代农业和现代服务业等产业分布而言，主要集中分布在欧美发达资本主义国家；资源产业则恰恰相反，主要分布在经济欠发达地区，比如中东、非洲西海岸、拉丁美洲等相对落后地区。中国与这些国家和地区一直保持着较好的传统友谊，中国模式对这些地区也有较强的吸引力。因此，当务之急是集中精力利用现有外汇资源，用合适的方式为中国的经济发展稳住一批战略资源。同时，利用我们在各个产业中的龙头企业为突破口，尽可能以中国的民间资本或者股份公司为主导，加快对海外重要产业具有国际水准的合作伙伴的协调与联系，形成更多的产业联盟、更有利的产业发展态势。这才应该是海外投资或者资源投放的主要方向。

三、外资扬言"抄底"：正在发酵的投资热潮

美国次贷危机仿佛在一夜之间就席卷全球，在全球媒体的推波助澜之下，

令人感到草木皆兵，风声鹤唳。

但是，抛开全球金融危机这个客观存在现实地审视一下 2006 年以后外资企业在中国的并购案例，我们会惊讶地发现，2006 年几乎成为一个分水岭。2006 年以后，大量的外资通过并购的方式进入中国产业。大家耳熟能详的并购案例就包括：可口可乐公司试图收购汇源股份公司的股权，进入中国的果汁饮料行业，获得垄断地位；娃哈哈集团被法国达能公司收购主要股权，并且因为双方对知识产权的认识存在巨大差异，导致了引人注目的"达娃之争"；卡特彼勒公司（Caterpillar）透过黑石公司等产业基金，试图收购中国的重要的机械工业制造基地——徐工集团，尽管因为商务部的审批原因，最后没有能够实现成功收购，但是这一计划本身却是罕见的外国企业对中国经营状况良好的重点产业基地以收购方式进行渗透的案例。

2008 年 7 月，就在美国次贷危机已经蔓延开来，整个金融界恐慌不安的同时，美国第三大股份公司，也是最大的饼干类企业——家乐氏公司（Kellogg's），通过收购资产的方式，一举获得中国青岛正航食品股份有限公司 70%的控股权。同时，更加不能让人忽视的是境外大型商业销售类企业纷纷进入中国市场，悄无声息地展开了产业布局。以沃尔玛为例，截至 2008 年底，沃尔玛已经在中国 64 个城市建立了超过 117 个大型门店。在中国的现代商业销售网络中外资几乎占据了绝对控制地位。而在 2009 年初，当全球经济处在一片萧条和紧张之中，外资企业在春节过后立即用价格战的方式开始剿杀中国的同行。沃尔玛平均降价 20%，甚至部分产品降到了 54%的前所未有的惊人幅度。这些大型外资企业具有庞大的资金采购能力，采购数量惊人，并且仓储管理水平较高，所以它们具有足够的盈利空间拿出来让利。但是，这一举措必然导致中国中小型超市面对生存的危机，整个行业面临洗牌的风险。一旦完成了对中国中小型超市的洗牌，外资便彻底控制了中国的现代流通体系的零售终端，并且通过收购成熟的产业链中的主导企业，比如前文提到的娃哈哈集团、正航食品集团以及徐工集团，不仅攫取这些企业的生产能力，更重要的是获得这些企业上游零部件供应商的控制权，获得这些企业已经发育起来的研发设计能力以及这些企业满足中国消费品市场的产品结构和品牌宣传、品牌定位能力。更进一步，外资企业很快会通过这些产品渗透到它们过去难以控制的二三线城市以及中国传统的分销渠道，也就是众多的遍布城乡的经贸市场中间。通过这种方式控制住中国的主要竞争对手，并且利用主要竞争对手的销售网络，使得这些跨国公司已经具有的产品研发、设计和创新能力迅速和本地的市场覆盖能力相结合，抢占中国市场。

这种类型的并购近年来已经屡见不鲜。它说明什么问题呢？首先，它说明中国已经不单是大型跨国公司的一个纯粹的生产基地。跨国公司所看中的已经不再仅仅是中国便宜的劳动力，或者较为低廉的能源、资源、环境成本，而是越来越多的在中国透过收购本地成熟的产业和企业进入到分销和终端市场。它们所看重的已不再是用中国廉价产能生产出来的低价格产品来返销海外市场，而是已经越来越重视中国这个日渐成熟、潜力巨大、未来足以影响世界的庞大的消费市场。

在过去的很多年里，我们都在说以市场换技术。实际上这个逻辑并不成立。因为我国人均消费能力太弱，总体市场容量偏小，即使我们获得了西方的技术，所生产的产品还是供应海外市场。改革开放30年来，中国的市场并没有形成引人注目的规模。按照国际流行的统计指标，美国3亿人口年消费产品的总额达到8万亿美元，而中国超过13亿人口的总规模，年消费产品的规模仅仅为1.5万亿美元。如此悬殊的差距，很难让海外投资者把中国市场视为一个值得垂涎的市场。

但是，这几年外资并购的趋势让人越来越明晰地认识到，中国市场已经不再是一个低端市场，或者小容量市场。它的增幅、增长潜力和未来规模都将是惊人和巨大的。因此，外资企业已经透过收购中国产业内已有的企业以及进行现代、传统零售网络与终端的布局，从前期的准备到现在的图穷匕见，正在全面渗透中国的消费市场。外资企业通过在中国消费市场上倾销其跨国生产的产品来获得超额利润。而这种超额利润的获取不仅在生产环节，更多的是通过分销环节。一旦外资分销巨头控制了整个现代和传统的分销网络，它将有能力向上游遏制生产厂家的供货价，向下游拉高价格，攫取市场的最高利润。

其次，外商投资企业在这样一个阶段进入中国，以并购的方式对中国的主流企业进行收购，也充分说明中国企业的发育越来越成熟，达到了足够被国际市场认可、能够进行有效估值、能够吸引外资投资或者进行股权交易的成熟度。在过去30年里，中国的本土企业大多是以车间的面貌出现，特别是民营企业，其最初的原型都是乡镇企业等作坊式企业。作为车间和作坊式企业，是不太可能进行股权交易的，充其量也只能说按照设备价格来估值，以收购设备和生产产能的方式进行并购。但是现在我们看到，几乎所有外资并购案中，中资企业都是以企业总体品牌估值，或者以企业未来的现金流量估值，而很少见到企业以资产负债表类的固定资产价格作价来进行企业的并购或出售。这也充分说明，中国本土的一批企业正逐渐成长起来，更加说明中国本土的一批企业家已经崭露头角，并且开始进入到了世界并购的舞台。虽然其中有些企业家创业成功了，有些企业家把企业出售了，但是他们本身的存在和他们所影响到的群体，是中国经济，特别是民间经济最大的希望。

由此，我们应该清醒地认识到，在世界金融危机肆虐和爆发的时候，对中国而言，机会不仅仅在于对海外市场的扩张，不仅仅在于从海外已经衰弱的消费市场中分得更多的一杯羹。因为那样做，即使可以继续扩大出口能力，可以继续拯救出口导向型企业，却不可避免地将会产生更多的贸易摩擦，面对更多的贸易保护主义的威胁，甚至引起现行世界贸易秩序的崩塌。对于中国企业而言，在海外拓展的同时，非常有必要关注被跨国巨头们垂涎的、越来越成熟和快速扩张的国内消费市场。应该有计划地从单纯面向海外市场转移到以国内市场为中心，研发适合中国消费者需求的产品，在工艺、设计、物流、配送、服务、分销、零售终端等各个环节，按照中国消费者现有的特点和消费能力加大产品的演进过程。在壮大中国消费市场的同时提升企业竞争力，获得国内市场上立足之地，以便在中国这个世界上未来为数不多的、可能迅速增长的消费市场上占有一席之地。

　　除此以外，我们得到的重要启示还有：为什么那么多的制造业企业都热衷于对海外供货，而不愿意对近在咫尺的中国本地市场供货呢？这除了消费市场的能力不足外，消费市场的管理也依然存在许许多多的问题。例如，要进入到内销市场，需要建立分销网络和销售终端。但是，国内现有市场秩序的不完善，市场经济体系的不完整，导致除了中心和重点城市以外，二三线城市还存在许多市场管理的空白。企业与商户之间的往来款的结算安全问题、信用问题、市场运营中间的安全度问题以及在市场运行中，各个地方政府的管理水平和经营负担问题，知识产权的保护问题，假冒伪劣产品的冲击问题，消费者购买商品后售后服务能力的构建问题，消费者遇到消费困难或者消费麻烦时的保险问题、投诉问题、仲裁问题和法律纠纷处理问题等等，所有这些问题都需要一一完善。

　　因此，细数中国在本轮世界金融危机中急需做的事情，以下几点是不可回避的。首先，中国的外向型企业在努力保持海外市场份额的同时必须投注必要精力关注国内市场的培育和发展。其次，这些外向型的制造类企业，或者原本面向国内市场的企业不能停下国际化的步伐。所谓的国际化步伐，是指追求跟全球范围内自己所处产业各个环节的企业合作的步伐，必须加速用更好的技术、更好的产品、更好的品牌营销方式、更好的服务能力，来满足中国消费者不断增长的需求，尤其满足中国中产阶级消费者不断增长的需求。第三，在企业关注国内市场并且利用现有资源由国外市场向国内市场回游和转身的时候，中央政府职能部门和各地方政府的市场管理部门必须创造最好的条件，减低企业的交易成本，降低其税赋环境，减少企业在生产经营销售服务过程中间不必要的麻烦；帮助市场建立消费者与企业的良性互动关系，有效地监管知识产权以及信用体系；确保中国的消费者与新进入中国市场的、原有的外向型企业之间尽快形成供应者与需求方之间的默契衔接。只有做到这几点，才能够真正做大中国消费市场，做强中国的本土企业，也使得中国经济消费能力成为与投资水平与海外市场扩展真正的三驾马车之一。

四、从大西洋到太平洋：嗅到了世界经济新规则的"中国味"

自工业革命以来，世界经济的中心一直是在大西洋的周边。17世纪开始，西欧国家先后出现了西班牙、葡萄牙这样的海上霸主，荷兰这样的"海上马车夫"，也出现了像英国这样影响百年的日不落帝国，进而还涌现出德国、法国等世界超一流强国。

但是，此后的300多年中，世界经济中心的格局逐渐发生了演变。首先，第二次世界大战结束以后，美国以其强大的工业生产能力和对欧洲国家的马歇尔计划，一举夺得世界工业头号强国的地位，把日不落帝国的经济控制权从大西洋的东岸转到了大西洋的西岸。美国利用其强大的工业生产能力迅速建立起完整的工业体系，并且逐渐把美国东部变成金融中心，把西部变成技术中心，在美国的中、东部建立起庞大的工业生产体系，汽车、飞机、轮船、机械、一般制造业、农业都跃居世界首位。这一时段，大西洋的东西两侧，以西欧和北美为代表，交相辉映，二者的经济总量占到全球经济规模总量的70%以上，其互相之间的贸易水平更是达到全球贸易的80%。

进入20世纪60年代以后，在美苏冷战的夹缝中，东亚的日本开始崛起。不到20年的时间，日本迅速跃升为全球第二号经济强国，人均国民生产总值甚至一度超过美国，达到4万美元，国民生产总值也超过4万亿美元。在这一过程中，日本以世界最进取的技术强国著称，其海外出口能力和国内市场发育程度都堪称奇迹。并且，日本在扩充制造业的同时还创造了一个庞大的金融体系，在诸多工业领域里足以跟美国进行激烈的竞争。例如，在汽车工业里，日本丰田公司在2008年已经正式跃升为全球产量第一的汽车公司，一举压倒了著名的美国通用公司、福特公司和克莱斯勒公司。而日本在微电子技术、计算机领域的研发水平以及在芯片和电子领域的研发水平，都毫不逊色于美国的同行业。与此同时，日本因为推行合作式的运作模式，金融机构在背后强力推动本国企业跨出国门，并且用超低的银行利率以及货币的迅速贬值，来推动本土企业的海外化进程。到 20 世纪 90 年代，日本企业的跨国公司已经占到世界 500 强的近 1/3，其大型的跨国公司及大型银行都足以影响到产业的兴衰。一时之间，日本风头无两，曾经有人写下《日本可以说不》，仿佛日本即将超越美国。此外，日本还表现出强劲的收购势头，甚至将美国引以为标志的洛克菲勒大厦以及好莱坞著名的哥伦比亚电影公司收入囊中，不仅在生产制造领域全面超越美国，甚至在文化思想领域也有后来者居上的趋势。

但是，从 1990 年开始一直到 2000 年，这十年被世人称之为日本"失去的十年"。美国利用 1985 年的广场协议，迫使日元在不得已的情况下 100%地升值，导致日本持续十年出现国民经济总值的零增长。在这一过程中，日本企业曾经拥有的产业优势逐渐被美国夺去。在 20 世纪最后十年里，美国利用硅谷为中心大量进行互联网和 IT 技术的研发，使得美国在以信息技术为中心的产业现代化竞赛中再次远远地把日本抛在身后。以 IT 技术为中心，加上东部庞大的华尔街为支撑的金融运作体系，美国的股市开始出现持续的繁荣，从 1980 年的 2 300 多点的道琼斯指数到 2000 年超过 13 000 点，甚至达到 2 万点的高度，只不过短短 20 年时间。对于美国来讲，仿佛只要拥有了西海岸的高科技产业，持续给出新的概念和新的产业发展方向，并且通过东部的华尔街，为这些高科技产业提供持续的融资，整个经济就可以不断繁荣下去。传统制造业和加工业已经变得无足轻重，在整个国民生产总值中所占的比例也越来越小，其存在的意义最多是解决部分美国人的就业问题。

在这种背景下，从 20 世纪 80 年代开始，美国开始大规模地向海外转移生产制造产业。其中最主要的承接对象是以中国为代表的东亚新兴市场经济国家和地区，包括韩国、新加坡、中国香港、中国台湾、东南亚国家以及部分拉美国家，如墨西哥、加勒比海地区等等。在这一进程中，中国的表现尤为突出。20 世纪 70 年代末实行对外开放以后，中国历经了汇率的波动、美国及西方国家的封锁以及东南亚金融风暴。由于中国自身谨慎小心的经济运行方式以及货币不可自由兑换的特征，加上较高的居民储蓄率，中国经济始终能够保持稳健的成长。并且，中国有强有力的行政管理体制，能够迅速地把全国资源集中起来推进基础设施的建设。这一有效的优势使得中国在较短的时间里，拥有了高效的基础设施，包括物流运输、IT通信，包括受过基本教育、具有良好纪律的劳务功能以及一支庞大的、具有基本技术储备和知识素养的技术工人和科学家。拉开历史的长镜头，日本的异军突起只是以中国为主力的东亚地区战略崛起的预演和序幕。于是，生产制造业的转移过程毫无悬念地从美国和日本，包括过去的亚洲四小龙（韩国、中国香港、新加坡、中国台湾），迅速地向中国沿海地区转移，并且透过中国沿海地区向中国的东北和内陆地区辐射。

这一过程持续了20年，到今天也依然没有结束。这一进程的最大特点在于，20年前的东亚地区，是以日本为领袖的雁型经济序列，也就是日本是领头雁，随后紧跟的是过去的亚洲四小龙，最后才是中国大陆和东南亚等相对落后的国家与地区；20年后，东亚地区的经济格局变成了龙型矩阵，中国已经成为整个东亚地区发展的龙头，它承载着周边诸多国家的希望。因此可以说，世界经济的中心正逐步地从过去以大西洋为中心，转移到以太平洋为中心；或者说不再只有大西洋一个中心，而是逐渐形成两个中心：一个是大西洋沿岸，一个是太平洋沿岸。在西欧和北美之间保持紧密的贸易往来、技术、资本、人员交流的同时，以东亚和北美之间，东亚和西欧之间进行持续的资金、技术、人才和企业的交流，将形成一个新的热点。

可以预计，世界经济中心的新格局将较大程度地改变原有世界经济秩序。如果说原有的世界经济秩序的最大特点在于西欧和北美国家完全掌控产业的高端位置，比如技术的供给、研发部门的高效能、产品的创新、资金的融通、高等级人才的培养和教育等。那么，在新的世界经济秩序中，东亚在实体经济领域中逐渐占据越来越多的优势，变得开始可以跟西欧和北美分庭抗礼了。正是中国的崛起，推动了东亚地区的繁荣，创造出了巨大的消费市场，也创造出训练有素、具有良好科学素养的一大批新兴科学技术人员。与此同时，中国、日本、韩国构成的东亚核心，不断从制造业的中下游和低端产品，向中高端产品渗透、扩张，甚至不惜收购技术和获得有影响的原创性开发，从而形成自给自足、不完全依赖于外部资金供给的体系。尽管在某些局部领域北美和西欧的技术与资金支持还必不可少，但在更多的产业和领域中已经足以完成全系列的开发、设计与分销活动。在世界经济秩序的变迁过程中，东亚地位不可避免地抬升，对北美和西欧造成无形的压力与威胁。

虽然中国正在崛起，东亚经济开始腾飞，但是，争夺全球经济霸主的地位绝对不是发展的最终目的。在全球经济秩序变迁的过程中，中国的利益诉求在于，维持现有的世界经济总体格局不变的前提下，能够在东亚地区乃至全球经济体系中获得更大的发言权，能够获得更多的技术、资金、人才的投入，以帮助中国解决庞大的就业压力，解决 30 年发展所造成的严重的环境污染和资源消耗，使得世界各国共同营造一个和谐、低耗能、高效率和更加均富的产业生态环境，帮助世界范围内更多地区的人口摆脱贫困，寻求世界经济的更大繁荣。中国并没有试图彻底改变现有的国际经济秩序，中国带领东亚走向繁荣是为了使东亚地区能够为全球经济做出更大贡献，也使得中国自身在东亚地区发生更大的作用。

五、发展模式之争：古典自由主义、凯恩斯主义与中国模式

改革开放 30 年以来，中国的经济学家们几乎一直在用来自西方的经典经济学理论进行说教。过去，美国可以当之无愧地做中国的老师，可以在任何时候对中国的经济政策指手画脚。但现在，源于美国、泛滥于欧洲的这一轮危机却使学生看了老师的笑话，开始质疑老师的权威。实际上，应该承认西欧、北美和中国的经济发展阶段并不一致，发展模式也不尽相同。我们不能因为次贷危机的发生，就完全否定美国和欧洲国家所走过的市场经济发展之路。更重要的是我们要从中吸取足够的经验和教训，避免前人走过的陷阱。

美国经济所奉行的发展模式可以简单称为自由主义的资本主义发展模式，其核心思想包括：反对征税、反对监管、反对投资公共产品，推崇不受管制

的金融市场、劳动力市场和自由修复市场。该理念认为，市场经济不需要政府干预，政府最大的作用就在于不作为；经济的管理自有其内在的法律法规体系来支撑；经济组织之间的交易和行为是由市场来进行判断的。只要有完善的法律体系、足够充分的市场保障、完好的定价机制，政府便不需要在经济方面做更多的工作，只需要做好"守夜人"的角色。对政府而言，没有监督就是最好的监督。

自由主义经济理念背后的哲学是达尔文主义思想：市场经济是自由经济，自由经济则要优胜劣汰。尽管经济会有波峰和波谷，甚至会有经济的灾难，但是不能轻易地试图用政府的手去干涉经济，而要通过市场经济中看不见的手来帮助经济从不平衡走向平衡。这中间也许会出现大量的企业破产、人员失业、甚至社会动荡，但是基于优胜劣汰的法则，只有将弱者淘汰了，产业才能升级，强者才能够更强，美国经济的竞争能力才能够展现出来，并把最强的基因流传下去。从这个角度来讲，共和党政府是这一精神理念的坚定支持者，也就是所谓的保守派。

相反，美国的民主党则表现得有所不同。民主党人更加主张在遇到经济危机的时候，通过政府的紧急干预，来改变经济运行的下行趋势，使之回到正确的轨道。而在正常的经济运行时期，则要减少政府的干预，此时政府更多的应该是通过货币政策改变资金的流动性以及通过减税，或者税收的政策调整来改变贫富分化不均的现状。民主党的这一发展思路背后所隐藏的是著名的凯恩斯主义思想。

凯恩斯主义又称为凯恩斯主义经济学，是由英国著名经济学家约翰·梅纳德·凯恩斯（1883~1946 年）创立的。凯恩斯是英国在 20 世纪初期的财政大臣，他是一位经济学天才，同时又擅长钢琴和交谊舞。凯恩斯在其经典著作《就业、利息和货币通论》一书中指出，"社会需求不足将导致经济大萧条"，认为"政府需要调控经济"。凯恩斯主义认为，当资本主义经济遇到危机时，坐视不管并不是高明之见，真正需要做的是通过政府行为扩大内需，加强基础设施的建设，使得资本主义危机的本质——过剩的供给能够寻求到与之相匹配的需求。通过供给与需求的调节来使得经济重新回到正确的轨道。

尽管凯恩斯主义遇到很多非议，但是，在美国遭遇 1929 年著名的经济危机时，罗斯福总统采取的便是基于凯恩斯精神的新政政策，且获得了巨大的成功。当然，这中间有部分原因在于美国所处的时代正赶上第二次世界大战的酝酿和爆发。所以，欧洲以及世界其他地区对军事工业产品的需求，以及日用消费品的需求大大地刺激了美国经济，使得美国经济坐收了世界大战的渔利。

对于自由主义经济和凯恩斯主义经济而言，中国都并不陌生。但是，中国并没有完全照搬这些老路，而是在改革开放 30 年的过程中积累了相当的经验，创造出一条可以称之为"中国模式"的发展道路。

首先，中国经济认为，要走出一条具有本国特色的社会主义市场经济之路，必须基于市场经济的基础，将市场作为资源配置的主要手段。但是，如果放任市场自由发展，只会导致对生产力的破坏。因此，不能把市场当做资源配置的唯一手段。

其次，中国经济发展过程中，经济学研究者提出著名的"鸟笼经济"理论。在"鸟笼经济"理论中，市场经济被比作一只漂亮的小鸟，但是必须安放在笼子里。这个笼子就是对整个国民经济中重要资源的产量、供给量以及价格进行调节，使得市场经济本身所固有的波峰和波谷能够延缓出现，不至于出现突然的崩溃，导致巨大损失。

最后，因为对价格的管制有其自身的弊端，中国政府并不是单纯地进行价格管制，对经济的调控手段更多的还是采取财政政策和货币政策双管齐下的方式。通过国有企业的运行来调控价格，对经济施加重要影响；通过财政政策与货币政策，来改变投资方向和货币的价值；尽可能谨慎地采取货币自由化的策略，不急于使人民币可自由兑换。与此同时，保有较高的储蓄率，使得国民经济能够具有足够的投资动能，以这种强大的投资动能创造巨大的产能，来持续地满足海外市场的需要，从而获得本国的收益，使得国民收入和国家财富得以积累。这种积累再通过高储蓄率演化成强大的、有效率的基础设施，进一步支撑本国经济的发展。

可以说，中国模式有其历史的特征和中国自身特色的原因，并不容易复制。但是未来，发展中国家如何获得繁荣，如何走出一条解决贫困和共同富裕之路，中国模式将越来越多地成为一种选择。

六、大中华经济共同体：人民币的美誉度正在上升

早在 1998 年东南亚金融危机阶段，中、日、韩三国就曾经进行过民间磋商，要求成立三国之间的共同互助基金。这个价值 800 亿美元的互助基金后来却了无下文，原因就在于，美国并不希望在国际货币基金组织之外，还存在众多区域型的金融拯救机构，也完全不希望东亚三国走得太近，使得三国经济越来越一体化，甚至出现像欧元这样的东亚元。

然而时过十年，在 2008 年又一轮经济危机席卷而来的时候，为了解决自身的困境和解决周边国家的经济问题，中、日、韩三国又走到了一起，并且正式成立了东亚互助基金。金额非常巧合，正好是 800 亿美元。与此同时，2008 年 12 月 12 日，中国人民银行和韩国央行还正式签署了双边货币互换协议。尽管中国的人民币不是自由兑换货币，不能够作为别国的外汇储备货币，但是，这个举动却给人发出一种信号：人民币将越来越多地成为国家与国家之间的结算货币。随着东亚地区乃至亚洲地区国家之间贸易往来继续增多，如果逐步地使用区域性的货币来取代美元作为结算货币，这将是对美元全球结算货币地位的又一重大挑战。

东亚地区有独特的经济禀赋。其中，日本是重要的金融中心，也是重要的技术研发中心。日本还具有很成熟的生产技术和完整的科学研发体系，对整个东亚地区 30 年来的经济发展起了很大的推动作用。并且，日本拥有比较强大的环境保护技术的储备，也是世界上人多、地少、紧凑型发展的典范。

韩国的特点则在于具有一大批成熟的生产制造技术，在诸多产业里具

有很强的生产与消费的衔接能力，并且拥有一定的技术开发水平，整个社会治理结构也较为成熟。与日本相似，韩国也是人口密集型经济发达体的典范。

韩国和日本均背靠中国腹地。作为东亚最大的国家，中国在产业链的上游承接日本和韩国，充分利用日本和韩国的资金、技术优势以及人才优势，发育产业的高端领域。同时，中国利用自身的特点——制造业门类较为齐全，资源能源价格较低，劳动力素质较高而成本较低的优势，大力地发展中低端制造业，使得中国在短短的 30 年中，已经迅速成为全世界范围内制造加工的中心基地。中国的成功也使得周边以东盟为代表的国家，以及南亚国家纷纷以中国为中心进行出口的配套。因此，中国不仅是一个向欧美市场出口的大国，而且是大量从日韩进口技术、人才、输入资金，获取更多生产制造能力的进口国，还是东南亚地区零部件生产、组合件生产、中低端产品、初始产品和矿产资源产品的重要进口国。

以东亚国家的支撑为中心，中国源源不断地从欧美国家获取国际投资和技术投入，制造出大量质优价廉的中国造产品，反馈到欧美市场，形成一个完整的产业链。同时，用不断获得的巨大的贸易顺差，投资欧美特别是美国的债券市场，使得美国有足够的透支未来的消费能力，帮助美国人提前过上了好日子。

但是，美国经济一旦出现问题，中国将不得不更多地转向内需市场的调动。从目前来看，中国自身的内需市场在 1.5 万亿美元左右，日本接近 2.5 万亿美元，港台地区在 6 000 亿美元，韩国和东南亚地区大约在 1 万亿美元左右。也就是整个东亚地区，含东南亚部分，目前所具有的内需市场大概为 5 万亿美元左右。这一市场已经接近美国的一半和欧洲地区的 2/3。因此，如果能够以中国为中心，逐渐辐射到周边地区，比如韩国、日本、新加坡、中国台湾、香港地区、澳门地区，东盟国家以及巴基斯坦和中亚国家，则完全有可能在未来不长的时间里，营造出一个人口约为 20 亿左右，消费市场能够超过 10 万亿美元的庞大的内需市场。这个市场一旦形成，足以使得本地区的生产能力有更多的需求与之配比，将不再完全依赖于欧美的市场需求，可以形成更加完善和自我运行的经济体。大中华经济圈一旦确立，整个世界经济秩序也就出现了西欧、北美和大中华这样三足鼎立的趋势。这种经济格局对于中国经济的发展和东亚地区的发展都将有所裨益。

第三章　金融风暴中的中国经济下行风险

一、保卫香港——中国金融的桥头堡

由美国次贷危机所引发的金融风暴，本质上讲，是美国的金融市场缺乏监管和金融从业人员过度贪婪，过于追求暴利而导致的一场灾难。它对中国影响，实际上有一个传导的过程。美国的金融风暴首先从虚拟经济中产生，进而传导到实体经济当中，再通过实体经济引起失业率的上升，使得人们缺少消费的信心，进而迫使流动性出现冻结。一方面是银行惜贷；另一方面是人们没有消费的意愿，或者没有消费的勇气。当消费出现下降的时候，才影响到欧美主要国家对海外的进口。通过这种进口的萎缩，导致中国外向型企业出口总量的降低，使得这一类型企业出现供应过剩，不得已进行裁员或者减薪，以维持企业的基本运行。于是，大量的农民工失业或者城市人员失业，传导出一种悲观情绪，进而也降低中国本土的消费水平，甚至可能导致社会动荡。

但是严格地讲，这种传导过程其实非常漫长，传导的机理和效应并不清晰。相反，只要人们的消费信心能够重新拾起，停止对消费市场的无限制的恐慌，增加库存，增加消费，则实体经济所受到的影响将会是比较有限的。由于中国的人民币不可自由兑换，中国的银行又主要以存贷差为利润来源，中间业务收入较少，对海外的金融投资也受到政府的严格管制，因此，中国在这场金融风暴中并没有多少直接损失。对于中国和中国周边地区来讲，真正值得关注的、很可能出现重大金融损失的是香港。

香港的重要性主要体现多个方面。首先，如果香港出现问题，而香港政府本身或者中央政府不能及时施以援手，问题将会是灾难性的。因为香港早已经出现产业的空心化，本地经济发展非常局限，金融业是香港的支柱产业。金融业的从业人员和创造价值都在本岛地区排名靠前。一旦出现大面积的银行投资亏损或者破产，将严重打击港民的社会信心和消费信心。

其次，香港并不是孤立存在，它是中国通向世界的重要门户。在中国改革开放之前，香港是中国最重要的贸易转口城市和资金来源地。即使在改革开放 30 年以后，香港依然扮演着非常重要的中国内地和西方的中间人角色。内地企业从这里获得大量的资金，引进人才，获得技术的吸收；海外资金技术和人才通过这里源源不断地向内地输送。但是，自香港 1997 年回归以来，由于地理和区位的原因，在经济发展上受到了珠三角地区的强劲挑战。而香港自身也缺乏足够的调整和适应能力，因此导致香港本岛的产业发展呈日渐萎缩的态势。

但是中国，特别是大中华经济圈的发展需要一个繁荣的香港。这个繁荣的香港的主要产业应该是生产性服务业，也就是发挥包括金融、人才培养、技术创新和西方先进技术人才的引进，这样一种中介媒质的作用。因为，人民币在短期内难以成为一种自由兑换的货币，香港最重要的功能就是做人民币的离岸交易中心。香港可以在人民币的国际化和区域自由化的过程中间扮演重要角色，帮助人民币从区域性不可兑换货币，逐渐演变成区域内可接受的结算货币，甚至变成未来国际可自由兑换货币，乃至成为能够与欧元、美元并驾齐驱的国际结算货币。

正是有了香港的存在，中国经济才会变得格外的游刃有余。进，可以通过香港对欧美国家进行投资；退，可以通过香港作为一扇防火墙，将海外的资金冲击在香港化为无形，保住大陆的实体经济不受到严重的冲击。因此，香港从战略上讲，对中国政府的经济决策有重要的影响作用。中国政府不能让香港垮掉，甚至不能让香港沉默，而必须让香港的主导产业，特别是金融业、高技术和人才培养为中国乃至大中华圈的繁荣发挥其应有的历史性作用。从现在起，再有二三十年时间，以中国内地为依托的大中华经济圈将不可避免地成为世界经济超级发达地区。而这一过程中，香港利用自身的金融技术和人才培养优势将会大受其益。

但是，内地和香港之间也必须规划好谨慎发展双向经济关系的路线图，不能再随意地提出一些对双方都有损害，或者只有短期收益却有长期危害的政策方案。例如在2007年曾经喧嚣一时的港股直通车。由于人民币不能自由兑换，而港元可以在全球范围内自由兑换，香港市场进出自由，因此，2007年有人提出由中国内地银行提供港股直通车业务，内地居民可以直接到银行用人民币换取港币，直接向香港股市投资。殊不知这样的投资一旦达成，意味着人民币将间接地变成可自由兑换货币，这些可自由兑换货币所兑换出来的港币一旦直接进入香港市场，顿时会泥牛入海，无法再控制人民币的瞬间流出，也无法防止境外资金利用香港港股直通车作为平台在中国大陆快进快出，将严重干扰资本市场和实体经济的正常运行。

从这个意义上讲，大中华经济圈必须以香港作为金融桥头堡，使得香港具有更强大的功能。第一，可以承担对欧美发达市场的投资任务，但这种投资更多的限于产业金融方向，也就是帮助中国有实力的国有企业以及股份公司进行海外并购，进行产业整合提供必需的生产性服务业支持。第二，继续不遗余力地吸引海外资金、技术和人才，通过香港这个中转站服务于内地的虚拟经济和产业经济。第三，则是更加勇敢地承担起人民币海外结算中心这样的历史使命，帮助人民币走向国际化和自由化，在这个过程中间获取应有的价值，也创造出新的历史。

如果香港能够在未来 20 年中扮演好这三个角色，香港不仅不会出现经济的衰退，而且肯定会迎来香港发展的第二春。同时，也将促进内地及大中华经济圈更快地融入国际社会，保持更大的平稳性和政策的伸缩度，以便在遇到风浪的时候有一道安全的闸门，可以根据经济发展的需要自由地开关。

二、重回 1997——亚洲 "大病一场"

现在看来，美国次贷危机引发的最大风险在于，没有人知道到底次贷的窟窿有多大，也就是由次贷产品所衍生出来的次贷抵押证券以及相关的债券市场、投资基金和保险市场规模到底有多大。有人说，次贷总共不过 1.2 万亿美元，但是这背后所隐藏的次贷证券在债券市场的价值却高达 5 万亿美元，而其后所联接的保险市场价值甚至高达 10 万亿美元。

因此，应对次贷危机的当务之急是做坏账的切割，也就是要明白这个无底洞到底有多深。只要能够明确地探明坏账的深度，便可以通过资产管理公司的方式，把整个坏账打包，将良性运行的银行资产和对实体经济进行支撑的生产性服务业金融，与纯粹的衍生金融交易工具做理性切割。政府的投资援助资金则注入到尚能够良性循环的金融产业里和实体经济中，帮助美国大众实现就业，帮助美国的金融业恢复以往的诚信和荣誉。

在全球爆发金融危机的大背景下，中国也面临着金融风险。但是，中国的金融风险与欧美不在一个层面。对于中国而言，更多的倒是应该借鉴 1997 年东南亚金融风暴所隐藏的风险，及时地规避因为资产过度泡沫化和货币的过度自由化所带来的经济急刹车的风险。

回顾 1997 年，我们看到，不管是泰国还是马来西亚，东南亚国家的经济纷纷呈现畸形发展的态势，经济结构极不合理。其最大的表现在于，房地产占据了整个经济中过高的份额，房地产价格虚高。上市公司通过投资房地产获得巨额收益；同时，上市公司控制或者渗透到金融系统，通过股票做质押担保，使金融系统的资金不断地流入房地产业，持续推高房地产价格使整个房地产行业畸形发展。以房地产为中心，住宅建筑市场占到整个国家 GDP 的 5 成以上。在这种环境下，经济发展难免过热，而诸多行业却又出现了过冷的状况。这就是所谓的二元经济。与房地产、股票等资本市场相关的产业都欣欣向荣，逐日摸高，人们疯狂地追逐这些证券化的资产，但是与之不相关的其他产业却日渐萧条，难以获得融资，人民纷纷失业。这一情况所隐藏着的是社会资源配置的严重不公平以及少数人在社会发展中牟取暴利这一事实。

以索罗斯为代表的美国对冲基金管理者看到了这一现象，于是开始做空东南亚国家的汇率机制。通过预计未来泰国等东南亚国家货币对美元的汇率将出现暴跌，提前在 1996 年、1997 年进行期货交易，购买做空了的货币期货合约，然后，通过各种手段揭露东南亚国家资本市场众多舞弊行为，降低对其资本市场和主权债的评级，进而导致外资迅速撤离东南亚市场。外资的迅速撤离引发了东南亚市场的严重恐慌，股市暴跌，楼市泡沫也一夜之间破灭，资产的重挫导致银行贷款出现巨大损失，而巨大的坏账损失导致银行出现保证金不足的状况，引起社会的紧张情绪和民众的挤提行为。为了防止民众的挤提导致银行纷纷破产，泰国政府不得已出动央行进行干预。但这种干预的结果并没有直接效果，人们发现，央行注入的资金只会使泰铢等本地货币出现更大程度的贬值。因此，人们纷纷抛售手中的泰铢，去抢购黄金、美元等硬通货。

但是，泰国并没有足够的黄金、美元作为本币的支撑。因此，在寻求国际货币基金组织支持未果的情况下，泰国只好迫不得已放弃了对美元的钉住汇率，所以一夜之间导致泰铢出现成倍的贬值。而在贬值过程中，索罗斯等对冲基金则利用早先设计好的做空货币期货合约，把泰国以及许多东南亚国家的外汇储备席卷而去，使得东南亚经济、社会状况一夜之间倒退 20 年，实体经济也受到了沉重打击。因为货币出现狂贬，币值的不稳定导致了外国的投资无法进入，持续撤资，同时持续贬值的货币使得进口的货物异常昂贵，国内生产又出现过剩，整个经济从衰退到恢复历经了漫长的十年过程。

　　东南亚金融危机给中国最大的警示在于，中国目前的金融风险并不是单纯的像西方国家的流动性过剩。中国真正应该担心的，是人民币对美元等主要货币出现剧烈的升值或者贬值；过高的资产泡沫将经济推到危险的境地；经济发展的结构不平衡出现严重二元经济的状况；与过热资本市场没有直接关系的产业都出现融资紧张、经营困难的局面；房地产和股票市场升值过快，在民众追捧的过程中却出现越来越高位的忧虑和危险。

　　非常幸运的是，从 2004 年以后到美国金融危机全面爆发之前，中国政府已经看到了中国经济过热的苗头。为了控制日渐放大的供给能力，避免将来出现过剩的产能，中国政府一直在试图调控资产中的泡沫以及过度扩张的产业。其中，最明显的表现是对房地产和资本市场不断地出台系列措施呼吁调整，同时，对导致经济过热的产业，例如钢材、水泥、电解铝等，直接出台限制性措施，减少进入这些产业的资本，避免出现更大程度上的产能过剩。

　　所以，在金融风暴来到中国之前，中国的股票市场已经从 6 640 点的高位下挫到最低 1 600 点左右的水平；而中国的房地产市场也失去了连续快速攀升的势头，逐渐回复到相对平稳，甚至价格有所回调的状态。这场泡沫的挤压，发生在美国次贷危机爆发之前，使得中国处于一个非常有利的地位，就是并不存在过剩的资产泡沫，可以使得银行的流动性真正投入到实体经济，而不会被虚拟经济继续侵蚀。中国的救市计划也大多是投入到实体经济部分。

　　而且，中国政府已经一再明确中国并不是汇率操纵国，而是有自己的汇率形成机制；人民币并不是直接跟美元挂钩，而是跟一揽子货币挂钩。中国的汇率机制是有管理的，实行浮动汇率制度。这说明人民币在短期内不会自由兑换，也无意直接与某单一货币挂钩。掌握住人民币价值的波动权，使得中国政府能够更加游刃有余地把更多的流动资金从虚拟经济中抽取出来，通过商业银行注资的方式持续地推动实体经济，特别是中小企业的成长，保证足够充分的就业率，以避免更大的社会波动的到来。

　　相对于欧美国家救市，与向金融企业投入无数资金，去填补根本不知道底部的无底洞相比，中国经济则是向实体经济注入更多的流动性，投入更大程度的基本建设。一方面，使得中国未来的经济更具效率；另一方面，使得中国当前的就业压力得以缓解。因此，与其说中国是在救市，不如说中国是在按照自己既定的方向和设想好的轨道，有条不紊地利用外部造成的压力，来推动内部的变革。而内部变革的目的又在于更好地提升中国自身的经济竞争力。这一方向和目标异常明确，行动非常果断。可以说，只要中国能够在人民币自由兑换问题上守住现有的坚定立场，能够坚持利用庞大的外汇储备，为本国和国外的实体经济消费提供信贷，同时，不断扩大国内需求，进行有效的对外投资，并且坚持通过创新来维持海外市场的市场份额，那么，中国就完全有可能成为这场全球金融灾害中间为数不多的赢家之一。

三、中国制造："上得了厅堂，下得了厨房"

从 2008 年 8 月以来，由于世界消费市场的萎缩和低迷，中国出口出现了一定程度的增速回调，甚至在 2008 年 12 月份出现了单月出口的首次负增长。引起人们对中国制造未来地位的担忧以及中国制造能否再现昨日辉煌的猜疑。

实际上，中国制造确实面对挑战。因为很长时间以来，中国制造一直被认为是低劳动力成本、低能源资源消耗成本结果下的低价格产品的代名词。如果中国只发展低端生产制造业，那么这种窘迫的地位只会不断加深。

所幸的是，中国经济具有纵深的腹地，它分别分为沿海经济带，中部经济带，东北、西北和西南经济带，每一个经济带之间具有非常良好的功能承接和产业替补的优势。因此，虽然对于中低端产品来讲，面对市场的萎缩会出现一定程度上制造业恐慌和信心不足导致的危机，但是，产业梯次已经形成，产业转移已经发生，沿海地区必然会从单纯的加工制造业转向技术密集和资本密集的中高端加工制造业，也会逐渐从加工制造产业向生产性服务业过渡和变迁。未来的沿海城市更多的将是信息、技术、资本、人才的集聚地，而生产加工的过程将会由第二层级、第三层级的区域经济来进行承接，腾笼换鸟势在必行。

所以，金融风暴所带来的海外市场的萎缩，既是对中国制造的挑战，更大程度上却是中国经济的机遇。因为，只有能够把生产性服务业推到更高的高度，中国经济才有可能吸引更多的生产要素；有了更多的生产要素，就可以提供更加优质低价格、低成本的生产要素，区域内的企业就将有更大成本优势和系统经营优势；有了更大的优势，有了更多的就业，本区域的市场发育将会更加繁荣，为本地区企业的发展提供更广阔的市场空间。

此外，由此带来的产业聚集还会形成产业集群的效应，使得经济呈现繁荣的正向循环。从这个意义上讲，对低端生产制造业的挑战就是中高端生产制造业的机会，对单纯生产制造环节的挑战，就是对研发、设计、资本、分销、服务、人才培养等诸多经济环节的机遇。通过抓住机遇，通过不动摇、不懈怠、不折腾的经济管理思路的坚持，中国经济所面临的机遇远远大于挑战。

等到金融风暴的狂风吹过，人们会惊奇地发现，中国经济已经从中低端产业成功地升级覆盖到低中高端全产业；沿海地区俨然成为全球技术、经济和中高端制造业的中心；而中西部地区则能够顺利承接中低端制造业，解决大量期待就业人口的工作问题。整个国家的收入结构会更加合理，产业分布更加有序，区域经济更加和谐。那么这一过程就要求处在不同产业低端的地域更具自身的价值地位和产业链中的分配，主动承担起应有的产业转移的功能，使得中、高、低端以及生产制造与生产性服务业能够形成完美的配合，加速中国经济在这一轮中获得更大的成长机会，避免出现所谓中国制造业的衰落。

四、国际分工中的再定位

中国改革开放 30 年，最大的意义就在于中国经济总体重新融入世界经济一体化进程，中国经济重新纳入国际分工的基本框架。

但是，历经 30 年发展，中国一直在全球产业分工体系中处于中下端的地位。一方面是以严重压低的生产要素价格吸引外资，在中国生产之后，返销海外市场；另一方面是中国的大量民营企业，通过寻租和游走于规则缝隙之间获得生存机会，进而开疆扩土，在国内市场和外贸市场上博取属于自己的市场地位；而国有企业在历经艰难的改革之后，逐渐聚集到资源能源垄断性的行业，获得拥有较好的金融业支撑，吸引了较强的现金实力，在传统产业中依然具有一定的竞争力。

今天看来，过去 30 年中国走过的道路确实充满荆棘，无比艰险。但是 30 年来，我们已然在世界经济分工体系中站住了脚跟，获得了巨大的成功。30 年后的这一场由美国次贷引发的全球金融危机，将不可避免地撼动现行的国际经济秩序，改变国际产业分工体系的运作方式。中国经济应该借此东风重新定位，获得未来 30 年发展的又一契机。

考虑中国在国际分工体系中的再定位问题，必须首先明确，现行国际分工体系对中国产业升级所构成的主要压力有哪些。简要地讲，压力主要来自于三个方面。

第一个方面，中国不具有全球范围内大宗资产的定价权。目前，全球主要的农产品、矿产品等资源类产品的定价权完全取决于欧美国家。其主要定价模式是，欧美主要发达国家的跨国公司，通过及早占有资源所在地的资源开采权和控制权，并且依托资源开采权与控制权，形成对道路交通网络、港口码头设施、电力基础设施等的兴建与控制权，掌控了相当部分的资源产能。而与此同时，凭借强大的经济实力和金融经验，渗透到全球主要的商品期货交易市场，通过直接或间接的操纵方式，影响商品期货交易市场价格，使得本国所有以及本国大型企业所控制的自然资源价格，能够获得最有利于企业自身利益的定价地位。

欧美国家的这种做法维护了自身在世界经济体系中的高端地位，但同时也损害着除了欧美国家之外的能源、农产品资源生产国的利益。因为，要想获得最高收益，就必然在别国出现产出时压低定价，在本国产品丰收或开采时抬高定价，这同时也剥夺了生产国、制造国和下游分销商以及终端消费者的利益。

因此，中国要想获得国际分工体系中更高端的位置，就必须首先打破欧美国家在大宗商品定价上的垄断权，或者至少能够参与定价，分享在定价中所产生的定价红利。

这一过程主要有两种手段可以采用：第一种选择，是通过对海外上市的商品期货交易市场股权的收购以及重要发达国家重要资源类企业的收购，来获取全球大宗商品交易市场的定价权。但是，这一做法必然会受到欧美国家政治当局的严重阻挠，以国家利益为借口，阻止中国企业对重要资源，特别是资源能源类跨国企业股权的收购。过去，中海油收购美国石油公司，中国铝业收购必和必拓的努力受到的阻挠都是源于此。但是，金融危机的爆发和蔓延使得这种阻挠在未来会变得越来越微弱。因为当西方资本主义体系急需大量现金的时候，跨国公司背后的资本家会极尽所能去说服行政管理当局减少对中国资本的限制。

第二种选择，则是增加对自然资源、矿产和能源的直接控制权。中国要想改变在国际分工体系中的地位，重要的选择就是打通生产与上游大宗产品提供者之间存在的巨大鸿沟。这一鸿沟一半是由金融市场操纵造成，一半则是由对矿产农产品资源控制能力的薄弱导致的。以大豆为例，现在全世界大豆的产能主要分布在中国的东北，美国的西部和南部以及阿根廷与巴西地区。中国每年要从海外进口3 500万吨大豆，国内生产约2 500万吨大豆。而这些大豆进口的产地第一在巴西，其次是美国，第三是阿根廷。如果中国可以通过企业海外并购的方式拥有更大的产能，建立生产资源所在地与生产制造环节的成功对接，则可以大大减少因为缺少定价权而导致的期货市场损失，保证生产体系的稳定供给和运行。

以当前为例，四大国际农产品公司几乎垄断了海外大豆市场的产能，占到了全球产量的70%。这些公司不仅拥有阿根廷、巴西、美国的大片大豆的种植田，更重要的是，它们兴建和控制了能够将这些农产品运出农产品所在国的发达交通网络、港口码头等一系列硬件设施，并且掌控着海运价格以及海运集团。这些公司在期货市场上获得金融投机暴利的同时，又与期货市场配合，从产品销售中获得巨大的销售红利。他们不仅控制生产原料的供给环节，而且进入到生产领域。例如，四大公司目前在中国大豆加工领域中占有30%的产能，但是因为组织得当，管理有效，对市场的控制和操控能力较强，所以四大公司占有中国豆油消费70%的市场份额。

第二个方面，中国始终处在生产制造的中下游环节，缺乏对设计、技术研发、物流、营销和供应链管理方面的专业技能。虽然这种现状已经在30年的快速发展中得到了极大改善，在很多局部领域，中国企业已经越来越具有自己独特的优势，不再是西方跨国公司的小学生。但是，这一进程依然需要加速。利用这次金融危机，中国政府应该通过对国有企业以及中国民营企业提供必要的信贷担保，帮助它们加快向海外进军的步伐，通过收购、联盟、合作等多种方式，对拥有技术、设计、供应链方法以及物流整合解决方案、服务与技术、产品提供等等的公司建立产权关系、联盟关系与合作关系。通过中国企业加速国际化的进程来改善中国产业在国际分工体系中的地位。

第三个方面，中国企业从事生产制造行业，却不具有对下游分销网络的控制权。因此，中国企业不仅难以直接渗透到消费终端市场，使得控制消费终端的现代零售企业获得巨大的收益，同时还因为不能掌控市场而受到大型零售企业的反向压迫，使得产品毛利不断萎缩，有从制造业逐渐沦为外包加工业的趋势。

为了改变这一状况，中国企业应该利用金融风暴的条件，大量增持欧美国家现代零售企业的股权。一方面，收购现有的零售企业股权；另一方面，尽可能地建设自己能够控制的现代分销网络。并且，这种收购不仅限于国际市场，即使是在中国国内市场也有巨大空间。通过对国内外的现代零售企业网络的收购，中国产品可以以更高的价格、更有利的姿态进入海内外商品市场，获得属于中国人自己的超额利润。

　　总的说来，中国要寻求国际分工体系中的再定位，最重要的问题在于：
（1）加强对大宗商品交易价格的话语权；　（2）加速中国企业国际化的进程，
寻求更多的生产性服务能力的提升；　（3）加强对全球市场中分销能力的收购
与建设，使得中国产品能够源源不断地进入国际市场。

　　从这个角度讲，中国目前拥有庞大的外汇储备和民间储蓄，这些资本都
应该充分调动起来。但是，这并不意味着去为美国的救市行为负责或者填补
窟窿，而是应该远离那些充满了有毒资产的投资基金、投资公司和投资银行，
把收购的重点转向金融定价机构、大型实业企业，特别是资源能源和农业的
生产企业，转向实际的资源能源和农业的开采实体，转向中下游的现代化零
售商品网络。在这些领域里的投资，将获得与中国现有庞大产能相匹配的巨
大回报，也必然有助于提升中国现有生产制造能力的竞争力和渗入国际市场
的能力，帮助中国更大程度地占有国内外市场份额，提升国家总体财富制造
能力，创造更多的就业条件，在全球金融风暴中做出中国更加独特和实际的
贡献。

五、4万亿投资：第一批救市"弹药"

　　在2008年的年末，中国中央政府宣布，为了刺激中国内需，特地投入4
万亿人民币以拉动中国内需市场。其中，中央政府将投入1.28万亿，其他的
投资则由地方政府和民间投资共同承担。4万亿投资主要投向的领域是基础设
施建设、重点企业经营资金的提供以及民生建设的支出。在基础建设中，超
过2万亿的人民币投入到高速铁路和城际铁路的建设之中。这一轮投资一定
会进一步提高中国基础设施的效能，为中国下一轮的发展提供更加有效的生
产产能，创造更好的物流和运营环境；必将帮助中国创造更多的就业机会，
缓解目前因为海外市场严重萎缩而出现的江浙、广东、沿海一带的民工失业
潮；同时，也会帮助中国从单纯依靠海外出口和投资拉动，转向由社会保障
体系支撑的消费拉动经济转型。

2009 年 3 月 5 日，温家宝总理在两会政府工作报告中明确提出：2009 年中央政府将投资 9 080 亿元，主要用于保障性住房、教育、卫生、文化等民生工程建设，节能环保和生态建设，技术改造与科技创新，铁路、高速公路、农田水利等重点基础设施建设和地震灾后恢复重建。

中国的社会主义曾经提出一个重要目标——共同富裕。实际上这个目标更深刻的内涵在于全体劳动者和全体国民能够拥有共同的保障。在中国社会保障体系建设方面，中国的平均水平还落后于世界平均水平，更不用说发达国家和富庶的美欧国家。因此，中国真正形成以消费市场、出口商品与投资三驾马车共同拉动的经济增长模式，则必须为中国的劳动者以及中国全体国民，建立起相应与之配套的社会保障体系和医疗教育保障网络。

4 万亿投资的意义不仅仅在于扩大国内需求。因为，4 万亿投资的主体主要是通过财政投入来拉动内需的政府行为。但是，中国经济要成长，要走向国际分工体系中更高的位置，则不仅要通过政府行为这种当前有效的主要手段来拉动经济，更重要的是调动企业和企业家的积极性，通过国有企业、股份公司、民营企业和在华的外资企业在国内市场的开拓性行为，来获得中国经济最大的收益。这种开拓性行为不是政府可以简单指挥和调控的。政府更主要的应该用这 4 万亿投资作为启动，创造出更大的信贷流动性，来帮助以上四类企业在面对衰退的风险时不丧失投资扩张的信心，努力在海内外市场进行卓有成效的拓展。

目前，中国拥有外汇储备 2 万亿美元，并有超过 20 万亿人民币的居民储蓄存款，超过 10 万亿人民币的企业储蓄存款，以上相加是接近 6 万亿美元的庞大的资金储备，足以帮助中国企业在海内外市场进行有效的扩张。问题在于如何调动企业的积极性，并且银行能够在推动企业快速扩张的同时，去对资产安全性进行监管。这些投资不能够去充当海外金融危机的救市资本，而是必须投入到与中国息息相关的实体经济领域，以帮助中国获取国际分工体系中更有利的地位。

六、低碳经济：二氧化碳正折腾全球

在当前全球泛滥的金融危机背景之下，人们容易忘掉其他更重要的事情。实际上，美国第 44 任总统奥巴马在就职演讲中就明确提出，与应对全球金融危机相应的更为重要和紧迫的事情还有全球变暖等气候问题带来的威胁。而这一问题必将在美国度过金融危机萧条期之后成为更引人注目的话题。

从二氧化碳排放量来讲，中国最迟将于 2010 年超越美国，成为全球最大的二氧化碳排放国。虽然从人均排放量来讲，中国还远远不到欧美等发达国家水平，但是毫无疑问，已经对全球气候变暖产生重大影响。

在金融危机风潮过去之后，西方发达国家一定会举起环保、气候等大旗向中国的发展模式提出新的质疑和挑战。奥巴马提出要通过增加新能源的使用，减少化石能源的进口，同时，通过对二氧化碳的减排施加更大的力度来帮助美国成为清洁能源国家。

国际范围内也越来越重视全球变暖和气候问题。即将于 2009 年 12 月于哥本哈根举行的联合国气候变化框架公约第 15 次缔约方大会，将是未来数年中最为重要的全球事件之一。在 2007 年 12 月印度巴厘岛举行的第 13 次气候变化大会上，各国达成了全球变暖应对的路线图。而在即将到来的哥本哈根大会上，则将明确以美国为首的发达国家在 2012 年之后将要承担的温室气体减排任务。过去，布什政府所做的最不得人心的事件之一，就是拒绝签署《京都议定书》①。因为《京都议定书》规定，美国应该在 2012 年将二氧化碳排放量，也就是温室气体排放量降低到 1990 年水平，而到 2020 年则必须进

①《京都议定书》（Kyoto Protocol，又译《京都协议书》、《京都条约》；全称《联合国气候变化框架公约的京都议定书》）是《联合国气候变化框架公约》（United Nations Framework Convention on Climate Change，简称 UNFCCC）的补充条款。《京都议定书》于 1997 年 12 月在日本京都联合国气候变化框架公约参加国三次会议上制定。其目标是"将大气中的温室气体含量稳定在一个适当的水平，进而防止剧烈的气候改变对人类造成伤害"。

一步实现温室气体排放总量比 1990 年降低 7%。而新任总统奥巴马确定的美国减排目标，是在 2020 年将温室气体排放量控制到 1990 年水平，到 2050 年进一步实现温室气体排放比 2020 年减少 80%。欧盟的态度比美国更积极，已经承诺到 2020 年将温室气体排放量控制在比 1990 年低 20% 的水平，并表示，一旦 2009 年底哥本哈根议定书可以达成，将考虑把减排幅度提高到 30%。

但是，2008 年 12 月在波兹兰召开的联合国气候变化框架公约缔约方会议第 14 次大会，却爆发出南北两方对承担全球气候变化责任中的巨大分歧。发达国家强调所有国家都要参与长期减排行动，尤其是中国等新兴发展中国家；但是全球发展中国家却强调，应对气候变化的全球共同愿景，理应包括发达国家向发展中国家提供技术转让和资金支持等内容。发达国家较早地排放了全球主要的温室气体，获得了经济的快速增值，而时至今日却要求发展中国家承担更多的减排责任，显然是缺少公允和不负责任的。但多数发达国家却不愿意按照发展中国家提出的到 2020 年，发达国家至少减排 25%~40%，反而集中讨论如何增加发展中国家的减排潜力。

人们为什么对气候问题如此关心？气候问题又将怎样影响到中国经济？这实际上是一个不能回避的问题。2008 年 12 月中旬，中国谈判代表解振华曾经在波兹兰气候变化大会期间表示，中国的中央政府拉动经济的 4 万亿元投资如果实施到位，将成为中国向低碳经济转型的契机。所谓低碳经济，是指以低能耗、低污染、低排放为基础的经济模式。其实质是能源高效利用，清洁能源开发，追求绿色 GDP；其核心是能源技术和减排技术创新，产业结构和制度创新以及与人类生存发展关联的根本性变化。

低碳经济之所以会成为未来中国的发展之路，首先在于温室气体排放已经给人类的生产生活造成了巨大的影响，这一进程如果不被控制，将来的气候变化所导致的灾难可能是毁灭性的。因此，中国有责任承担起减排的历史使命。

其次，发达国家将越来越严厉地采取措施应对全球温室气体排放和全球变暖的趋势。基于美元在目前出现的贬值可能和欧元的动荡不安，全球范围内对结算货币的担心已经到了空前的程度。布雷顿森林体系崩溃之后，全球货币体系已经基本解除了货币与黄金的挂钩关系，不再有担保的货币能不能承担起拯救人类脆弱经济的功能，这是一个巨大挑战。有人指出，未来可以用温室气体排放的总量作为货币发行的抵押物，也就是说，根据温室气体排放的增量来增加货币的发行量，满足人类活动的需要。那些过量排放温室气体的国家，则必须用自己的生产、经营以及服务活动所积累的财富来支付超量排放的代价。因此，未来温室气体的排放和气候变化完全有可能跟人类金融活动与经济活动产生紧密联系，中国必须予以高度重视。

第三，温室气体排放很快将从单纯的气候科学问题转化为政治议题。西方发达国家完全可能用这一命题抢占道德制高点，来对发展中国家，特别是中国这样的制造业大国施加政治压力。并且，通过贸易制裁等方式，迫使中国接受更大的环境资源成本支付，降低中国产品的竞争力，阻止中国快速向海外市场的扩张。

基于以上种种原因，中国在应对当前世界金融危机的同时，必须利用好刺激经济的 4 万亿资金。更重要的是，在改变中国所处国际产业分工体系位置的同时，努力走出一条创新型的低碳经济之路，使得中国不仅占有国际产业分工体系中更高端的地位，同时也占有新型绿色经济发展中的道义制高点，为后发展中国家发展经济、保护环境创造良好的样板，也为中国重新崛起为全球性经济、政治、文化大国做出必要的贡献。

第二部分

中国机遇

　　探讨实现中国利益最大化的中央经济政策和区域经济政策的选择，明确中国经济在危机中所遇到的产业升级机会和世界经济金融体系中话语权的获取路径，并且通过对东部沿海地区、中部地区、西部地区、东北地区等区域经济升级、转型、承接产业等多种经济发展模式的选择，提出区域经济的应对之道，帮助读者理解区域经济的变迁背景、变迁方向和实施步骤，更清晰地判断未来中国的经济板块和商业机会。

第四章　中国下一个黄金 30 年

一、"十七大报告"早已预见全球金融危机

源自美国次贷危机的全球金融危机，其蔓延之势超过所有人的想象。人们在 2007 年，甚至在 2008 年都没有想象到它会以如此的速度汹涌而来，扑面而至。

当 2008 年第 29 届北京夏季奥运会成功举办，人们还沉浸在节日庆典的气氛当中，无论是西方世界还是东方世界，没有人想到巨大的威胁已经降临到我们身边。可是，当我们清醒地拨开历史的迷雾，把目光投回到 2007 年却惊奇地发现，中国共产党于 2007 年 10 月 15 日举行的第十七届全国代表大会上就已经明确提出，在未来的经济发展中，要特别加强和改进金融监管，防范和化解金融风险。并且未雨绸缪地指出，在未来要实现经济又好又快发展的目标关键在于：两个重大进展，一个战略性调整和四个更加提高。所谓两

个重大进展是指：第一，加快转变经济发展方式；第二，完善社会主义市场经济体制。所谓战略性调整，指的是大力推进经济结构的战略性调整。所谓四个更加提高，指的是自主创新能力、节能环保水平、经济整体素质和国际竞争力四个方面的更加提高。

客观地讲，即使不遇到外部的金融危机，中国的深层次的体制改革和经济运行方式的调整已然箭在弦上，蓄势待发。中国共产党中央委员会已经为这场深刻的变革和调整做了充分的准备。从 30 年快速发展到未来 30 年的科学发展，必然要经过一个转变的超越与阵痛。因此我们大可不必对目前金融危机造成的局部困难感到悲观与失望。即使没有这场危机，我们也一定要经历一场新生命的孕育、胎动和分娩。这种痛苦的过程越深刻，未来转型，中国发展的空间将越广阔。

突如其来的金融危机使得这种转变的外部环境变得格外严峻。毕竟中国在全世界范围内是以对外贸依存度高著称的庞大经济体。然而，在这种环境下实现转变，在加剧困难的同时，也促使我们采取更有利、更大胆的行动，把改革的主动权掌握在自己的手中，把未来的命运掌握在中国人自己的手中。而不是像过去 30 年一样，将中国的未来更多寄托在海外市场的增长上。

十七大报告特别提到，要实现国民经济又好又快的发展。对于区域经济而言，有一个重大的概念变化，那就是从经济的增长到经济的发展。所谓经济的增长，一般而言，指的是区域经济出现总量上的变化；而所谓经济发展，更多的是指经济结构上的调整。

关于经济总量的变化，人们通常会关注四个重要指标。第一个指标是一个区域的产业增加值的变化情况。所谓产业增加值，就是我们通常所讲的国民生产总值 GDP。一个区域在一段时间里所实现的增加值，也就是 GDP 总量越高，则说明这个地区的增长速度越快。从增加值的计算方法来讲，它反映出来的是这个区域经济中，企业体税后利润加上所纳税金，以及人员工资和折旧之后的总额。其增长得快则说明这个地区的企业单位创造的利润较多，上缴的税收较多，发放的工资较多，或者提取的折旧较多。同样，GDP 的概念也包括 GDP 总量和人均 GDP。当一个地区的人口数相对固定的时候，GDP 总量的上升也就意味着人均 GDP 在逐年的提高。以我国广东省为例，广东省的 GDP 已经超过人均 1 万美元，我国香港地区则是 22 000 美元，台湾地区达到 16 000 美元，韩国则是 21 000 美元。当我们比较地区与地区的经济增长水平时，通常会用 GDP 总量和人均 GDP 来衡量。

第二个指标通常是人均可支配收入。人均 GDP 指的是这个地区国民生产总值的人均数，它并不代表这个地区人们的收入水平的高低。而真正反映这个地区消费能力、储蓄水平和生活水准的经济指标，则是家庭或人均可支配收入。通常统计部门是通过入户调查、记录家庭收支情况等方式来进行客观记录与反映。这项指标增长较快，则反映某一地区人们能够支配的物质条件有较大的增幅。反映出人们的消费水平出现较快增长。

第三个反映一个社会的增量情况的指标通常是社会消费品零售总额。也就是这个地区从商业的批发和零售角度所实现的总体销售额。这一指标反映的是一个地区的商业部门扩张的速度快与慢，它反映区域中不同门类的产业在对本区和外区消费者提供产品与零售服务方面是不是创造了更高的水平。

第四个增长指标则通常是财政税收收入增长。通过一个地区财政税后收入的增长与变化，我们可以判断这个地区的经济总体增长情况以及当地政府所能够拥有和控制的财力增长情况。而这一指标通常又反映出当地政府能够用于社会建设、提供公共服务和参与经济建设的总体实力以及增长后劲。

但是，十七大报告正式提出的从关注增长到关注发展，特别是科学发展，是在告诉人们，不仅要关注产业增加值、人均可支配收入、社会商品零售总额以及财政税收收入的增长的总量部分，而且还要越来越多地关注增长中的结构问题，也就是发展问题。经济运行是一个有机整体，如果只讲究追求经济总量，则会导致经济的片面失衡。如果单纯是为了突出追求总量，人们可以将资源和要素畸形地集中到某一个区域、某一个领域、某一个部门，这种短期内的急速集聚很容易拉动经济总体的增长。但是，因为布局的不合理、结构的不协调、资源配置的不科学，也会导致这种增长形成泡沫，难以为继，缺乏后劲，甚至集聚影响社会稳定的金融风险，这不是科学发展观所提倡的可持续增长。为了实现可持续增长，要求我们科学发展不仅关注总量，还要关注结构。

对于发展的关注通常也有四类指标。第一类指标，是在科学的发展中，如何实现 GDP 存量与增量的合理变化。在一个区域经济中，通常都有现有的支柱产业和主导产业，也会有这个区域通过有效布局，吸引外部资源而希望发展的增量产业。光有 GDP 总量的增长是不够的，我们还要清楚地知道，我们所涵养的传统产业是不是保持增长，我们所扶持和培育的新增产业是不是有更快的发展。增量部分的结构，反映出来一个地区发展的后劲与未来空间，它的价值在很多时候要高于单纯地关注一个经济的 GDP 绝对值。

第二类指标是指产业结构的优化问题。一个地区要实现可持续发展就必须对原有的产业结构进行升级、换代和优化。过去 30 年中，中国各个地区为了发展经济，增加财富，创造更有利的竞争态势，以及更大地解放生产力，都是在改革中勇于创新，摸着石头过河。邓小平同志常说，不管白猫、黑猫，抓住老鼠就是好猫。但是在抓老鼠的过程当中，难免出现这样那样改革中允许出现的失误和不足。30 年来，我们一路高歌猛进，但是 30 年后，我们必须认真地审视走过的路。对已经出现的、阻碍未来可持续发展的方式和方法，必须坚决地予以调整，而且勇敢地为未来的发展提供必要的转型，引导资源向有利于区域经济科学发展的未来方向上展开配置。这一优化过程，在现实中往往是痛苦的，因为人们通常都会习惯长期从事的工作，形成习惯思维，形成习惯做法，形成习惯套路。要改变这种习惯只有解放思想。而解放思想又必须与经济生活的昨天、今天和明天相结合。我们不能认为昨天的成功一定能带来今天的成功；我们也不能认为今天转型的困难意味着明天还会困难。

因此，广东省委在 2008 年之初提出，产业转移和劳动力转移"双转移"战略，就是要把处在发展的先进阶段的珠三角地区主动升级，主动换代，腾笼换鸟，将不符合生产力发展方向和趋势的产业和劳动力转移到珠三角之外的后发达地区，实现产业的顺利承接，同时又使得珠三角能够攀上产业的更高阶梯，吸引更高素质的产业从业人员。

然而，改革是如此艰难，因为金融风暴不期而至。但即便是在这样的情况下，改革没有退路，不能回避。就像十七大报告中提到的，永远不为风险所惑，永远不为挑战所惧。追求科学发展，某种意义上讲，就是追求更大的挑战。而这种挑战带给我们的最大愉悦就在于经济的升级与腾飞，人民生活的更大改善。

发展所关注的第三类指标，就是不仅看财政税收收入的总量，还要关注财政税收支出的结构。区域经济的财政，通常主要投入到区域的公共服务和维持区域行政管理能力方面，富余的部分则用来支持区域的经济发展。财政支出结构展示着一个地区用有限财力投放的方向、发出的信号和解决的问题。经济要发展，结构要均衡，广大群众要受益，未来方向是共富。财政支出的结构承载着沉甸甸的分量，决定着我们二次分配的效果，以及我们社会经济发展最终质量。它到底是可持续的，还是昙花一现的；是社会大众的，还是利益集中的，财政税收支出的结构给人们最多的启示。

经济发展的第四类指标，还包括对区域经济的消费、投资和区域外销售三者结构的关注。要想提高经济的发展速度，当然要不断培育本区域的消费水平。但是，不同的发展阶段，区域经济必然要有所为有所不为。先进地区尤其要注重本地区消费水平的培育、消费市场的管理和消费者信心的维系，通过消费来带动生产，通过消费来刺激经济；而对于一些后发地区、跟进地区甚至落后地区，由于难以维持过高的消费水准，因此很长时间内都要靠投资和区域外销售来维持本地区的经济发展。这需要一个过程，会有此消彼长的阶段。但是，做经济工作不能一蹴而就，不能刻舟求剑，也不能完全凭着理想主义；而应该实事求是，准确地对本区域进行定位，合理地搭配这三者的结构，使得经济不断发展，本地区消费能力不断增强，对外提供的产品和服务水平与质量不断提升，投资效果日益显著。

从这个意义上讲，我们研究增长和发展问题并不是简单地摒弃增长追求发展，而是通过促发展来保增长。只有把发展问题解决好了，能够实现经济总量中间存量与增量的合理化，能够实现产业结构、主导产业和牵引产业的优化，能够实现财政支出的结构和谐化，能够实现发展指标之间互动可持续，我们的增长才有后劲，我们的增长才有质量，我们的增长才能够使更广大的人民群众受益。

二、金融危机有杀伤力，也有助推力

中国作为全球产业分工体系中的重要环节，到目前为止，还是以制造业为重心的生产基地。因此，对于中国的经济来讲，分析金融危机造成的影响主要是观察源自美欧的金融危机对中国实体经济的影响。

从目前所得到的信息和数据来看，这场金融危机对中国实体经济的影响主要源于三个主要方面：第一是海外市场，特别是欧美国家消费市场的突然萎缩和消费信心的突发重挫，对中国的短期出口市场造成较大影响。其结果是中国庞大的出口机器和外向型经济体将在一段时间内出现订单缺失、市场萎缩、收款困难和经营压力等一系列负面的影响。但是，我们应该清醒地看到，这种负面影响的伤害是有限的。以 2001 年为例，当时美国的金融市场因为 IT 泡沫的破灭而出现重挫，特别是"9·11"事件以后，美国的消费市场也曾经出现一度的恐慌。因为担心市场消费能力严重地削弱，美国庞大的零售商体系开始削减对海外的订单。这一行为也在一段时间导致新兴国家，特别是出口导向型国家出现外贸的紧张和压力。然而，只过了短短不到三个月时间，当美国和欧洲民众强劲的消费使得零售商的库存出现不足时，订单数量急速上升，仿佛转瞬间又将世界从萧条的恐惧中拉回到繁荣的现实当中。

从现在看来，美国有 3 亿多人口，西欧国家的人口总量也在 3 亿左右，整个发达国家市场人口总量约为 7 个亿。这一庞大的人口总量所消耗的各种各样的物质资源并不会在一夜之间完全消失。人们之所以出现对零售方面信心的缺失无非有三个原因：一是因为现有的信贷体系突然冻结，过去习惯的信用卡消费方式被严重限制；二是人们为了避免风险中出现更多的不确定性开始增加储蓄，提高储蓄率，会在一定程度上减少当期的消费；三是当大量的外向型企业收缩生产，停止供应，进口商和零售商也开始削减库存，减少供应量，人们也会面临消费品选择的困境。这三种因素都会使得整个消费市场出现瞬时的萎缩。

可是，金融危机总要过去。目前，美国参众两院已经通过了奥巴马总统提出的价值 7 870 亿美元的救市计划，金融系统投资次贷等有毒证券的资产会逐渐被剥离，实体经济和以信贷消费为主要趋势的欧美消费模式不会做太大的调整。这一模式是被证明了的自人类有史以来，发展市场经济必不可少的一种制度保证。人们虽然在一段时间内要增加储蓄，但是，一旦消费信贷重新发放，过去的消费习惯也会随之恢复。到时候，唯一缺少的是市场的供应。只要消费者能够出手，零售商和经销商会毫不犹豫地把订单重新下到海外。

因此，对于全世界的生产基地和新兴国家来讲，如果以对欧美提供实体产品为主的经济体，现在最重要的问题不是过度悲观，而要比一比谁的耐力更强，谁能够在这一场风暴中坚持得更久、活得更长。只有在风暴中坚持得更久、活得更长的才会最先反弹，在未来的新一轮增长中获得更大的市场份额。

金融危机对中国实体经济的第二个主要威胁在于，如果危机进一步蔓延，必然导致世界各国贸易保护主义重新抬头。目前我们已经看到，在各国的反对声中，美国最新的救市计划依然坚持救市资金必须用来购买美国货的条款。而印度、墨西哥、巴西、中东欧和东南亚一些国家已经纷纷提出对进口产品，甚至特别指明对中国产品的限制，用各种理由展开贸易保护行为。这些做法会在短期内造成较大的纷扰，如果在外交上处理不当，全球完全有可能陷入一场贸易战。就像 1929 年纽约股市崩盘触发金融危机一样，美国国会将其归罪于国际贸易，于次年通过了臭名昭著的《斯穆特—霍利关税法》，将 2 万多种进口产品的关税大幅提高，开始对内实行顽固的保护主义政策。结果，此举直接造成 1929 年至 1933 年之间，全球贸易总量缩水达 60%以上，国际贸易几近停顿。此后，国际社会耗费数十年，才逐步拆除了这一时期高筑的各种贸易壁垒。由此可见，贸易保护主义与经济成长之间具有天然的不可调和性。越是保护，经济越是难以成长。反过来，只要经济能够回到繁荣的轨道，贸易保护主义也会不攻自破。

中国面临的第三个威胁，则是发生外资的迅速撤离，外债的骤然增加，造成货币迅速贬值，从而引发外汇危机，或者经济风险。例如，与中国具有相类似产业结构的经济体——韩国，从金融危机开始爆发截至目前，韩币对美元的汇率已经持续贬值超过30%；与此同时，2008年韩国贸易逆差为130亿美元，是韩国自1997年以来首次出现贸易逆差。韩国媒体甚至开始使用"又一个马其诺心理防线被冲破"来形容韩国经济所处的险境。推动韩国经济滑入险境的主要原因之一，便是外资的迅速撤离。数据显示，自从2001年以来，外国投资者在韩国股市持股比例一直在30%以上。2003年10月突破40%，2004年4月甚至达到44.12%的高峰。然而2008年6月9日至7月23日，外国投资者创纪录地连续33天抛售韩国股票近9万亿韩元（约合625亿人民币），这是时隔8年后，首次跌破了韩国股市上30%的外资持股率。外国对韩直接投资（FDI）也开始呈现纯资本外流。据韩国央行报告，从外商参与经营而在韩国购买10%以上企业股份的情况来看，资本流入减去资本外流的纯投资额，2008年上半年达负8.86亿美元。也就是说，外商从韩国回收的资金比在韩国的直接投资更多。外资的迅速撤离直接引发韩币的迅速贬值，对以主要依赖出口的韩国经济造成重创。

中国必须吸取韩国的教训。中国目前最需要警惕的，正是外资的迅速撤离引发企业资金困难，或者资本市场的动荡。根据我国商务部最新公布的数据，2009年1月份，全国实际使用外资金额为75.41亿美元，同比下降32.67%。中国要防止像韩国一样坠入经济困境，就必须首先保持外资政策的稳定性和连续性，同时加大投资项目的建设，改善投资环境，为吸引外资的进入和稳定外资的投资创造更好的条件。

从这个角度上讲，金融危机会在短期内使得中国庞大的出口经济体受到较大的冲击，但是并不会带来伤筋动骨的影响。更重要的是，在这一阶段不能够恐慌，国家、地方政府必须对经济体注入足够的资源和信心，帮助大家认识到，这是一场外部环境突变造成的困难。我们要做的事情是，不管外部环境变与不变，都要勇敢地进行经济发展方式的转变，勇敢地去完善社会主义市场经济体制。当然，这一过程本身就充满挑战和困难。假如我们原来估计到的困难是八分，现在外部经济环境变化使得困难增加到了十分，我们也完全有勇气和信心去克服它。但克服它的很重要的一条，在于主动实现中国区域经济的升级。

我们看到经济困难的同时，也不要忽视了困难中隐藏的有利因素。金融危机的突然到来，首先解决了中国经济中一直非常头疼的通货膨胀问题。在整个 2008 年上半年，我们还在为通货膨胀忧心忡忡，可是一夜之间通胀就被消除得无影无踪。而通胀才是影响到中国经济发展中至关重大的关键问题。其次，这场危机使得趋于高位的全球资源能源价格出现了大幅度的回调。像中国这种庞大的经济体，需要消耗大量的资源能源，以支撑现有的生产服务体系。因此，资源能源成本的降低必然增加中国经济的活力。但我们还应该注意到，随着美国基础货币和国债的快速增发，美元难以避免大幅波动，由此将带来能源资源类产品价格的急剧反弹，中国经济当前面对着难得的历史窗口期；同时，劳动力的价格在过去几年里出现了较大幅度增长，一定程度上影响了中国经济发展的后劲，也增加了社会不安定成本。当前，人们对工作就业的机会非常渴望，也使得人们倍加珍惜已经获得的就业条件，减少了对生活不那么现实的期望值，增强了生活的满意度和快乐感，这些都有利于经济的稳定。第三，在这场危机之下，政府再三进行宏观调控，希望削弱高耗能、高污染产业投资速度的目的得以实现。国有资本，特别是一些民间资本对部分资金密集、明显过剩的产业，比如钢铁、电解铝、水泥等产业的投资，出现了明显的削弱和下调。这对于解决绝对的产能过剩问题又有很大帮助。因为中国的产能从绝对量上讲，显然是超过国内市场需求的。如果盲目地进行产能扩张，最终会酿成更大的苦果。

在这些有利的条件下，我们要认清楚不同区域发展的特点，寻找区域经济升级的重大机会。例如，在沿海经济发达地区，要认识到海外市场的变化是一种暂时性现象。我们面对的保护主义和海外竞争对手的调整，既是要极力反对的，又要冷静予以应对。我们能做的选择，在于努力使本地区的产业和经济有效地提升。

所谓产业和经济的有效提升，首先，是进行产业的结构调整。把不能够满足现有和潜在市场需求的产业、无法适应市场调整变化的产业、附加值不高但资源能源消耗较强雇佣劳动力水平较低同时创新空间较小的产业，逐步地从本地经济中通过政策引导、资金补助，进行外迁。

其次，努力在拓展新兴产业、新增产业的同时，培育本地市场，扩大沿海地区城市消费，在带动本区域经济的同时，也拉动中西部经济的成长，勇敢地挑起消费这根大梁。

第三，加速城市化进程，特别是加快产业中对未来产业升级有巨大作用的基础设施、规划和开发，例如城际铁路、高等级公路、机场和物流体系的建设。

第四，加速区域内和区域之间市场体系的建设，更好地完善资金、人才、技术等生产要素的交易环节，使得交易成本进一步降低，资源的整合能力得到提高。

第五，主动重新开展高水平的招商引资与国际化合作进程。一方面，根据本地区的特点，吸引适合于本地区产业结构的资金、技术和国际投资，通过与本地区资源禀赋的结合，创造出更大的海外和国内市场拓展能力，以国内市场作为主要筹码，吸引外资再度进入中国；另一方面，鼓励本地经济体通过利用国内信贷，或者国际银团，大胆地在国际经济危机中去收购海外能源资源、技术、研发能力、设计能力以及产品分销能力。为下一步全球经济转暖、重新步入繁荣轨道做好必要的战略布局。

而对于中西部地区来讲，不能坐等产业转移自己发生，也不能等着沿海发达地区把产业转移的红包送到自己手里。产业的转移过程必然是一个区域竞争和产业竞争的过程。中西部后发地区必须根据本地区特点，有所承接，有所不接。对于资源能源消耗、环境污染型的产业，必须充分考虑到市场的补偿价格、人们的接受程度和本地区可持续发展的因素；而对于适合本地区发展要素和禀赋的产业转移，则要努力地去争取，通过本地区人才、资金、技术的配套，使得产业承接创造更大的市场价值，实现转出地区和接受地区的双赢。

与此同时，这也要求区域经济主管部门，认真地审查本地区的资源要素情况，重新进行产业规划，既保证本地区发展具有可持续性，又要充分利用经济危机带来的产业拓展机会，主动争取承接。既可以承接沿海发达地区的转出产能，也可以主动向跨国公司伸出橄榄枝，利用中国内陆广阔的腹地市场和便利的交通环境以及对沿海发达地区和周边国家的辐射能力，吸引外资资金、技术和知识产品的投入，帮助本地区实现跨越式成长。

三、危中之机：并非想升级就能升级

当前金融危机下，加速中国区域经济成长的基本模式有三种：第一种为市场导向模式；第二种为产业导向模式；第三种为政策导向模式。

（一）市场导向型

所谓市场导向模式，比较适合于沿海发达区域经济的产业升级。对于这些地区来说，产业结构调整的内在动因较强，企业在 30 年改革开放中创造了大量的财富，也面临着前所未有的挑战。身处其中的企业对挑战往往也有深刻清醒的认识。因此，这一类地区的市场演进过程会决定产业调整的方向。

敏锐的企业家们和敏感的企业是产业升级和调整的急先锋，是产业突围的主体。因此，对于这一区域的政府和经济主管部门而言，最重要的不是奖优，而是扶弱。对于产业突围的主力军，政府应该帮助其引进智力、引进信息、整合资源、优化服务。只有帮助当地一批具有突围意识、找到突围方法、拥有强烈突围意愿的企业，实现向产业上下游的延伸，或者展开产业的切换，区域经济的产业升级才能够实现。

在此过程中，政府最应该关注的，还是因为当下海外订单的急剧下滑而出现的市场萎缩，导致一批原有企业出现较大经营困难，其中包括企业资本金的不足、用工下降、经济性裁员、企业之间的坏账率增长、银行收款困难等等。对于这一类型经济体中的不良因素，地方政府应该予以高度重视。在必要的时候，应该成立金融办和纾难基金，来帮助处于劣势或者弱势的部分企业，使之能够良性运转，甚至对产业升级的优质企业做出必要的切割，维护当地总体产业环境的良性运行。对于那些可能制造出社会重大不安因素的状况，则需要进行有力的控制。例如，对暂时失去岗位的工人提供免费的中短期技能知识培训；对于出现资金周转困难的企业，根据情况，政府予以担保贴息等方式从银行获得短期资金；对于企业之间的三角债，则通过司法机关的尽早介入协商处理，避免不良情况的蔓延。

应该说，对发达地区而言，产业升级、成长能否实现，一方面在于是不是找到了新的突破口和出路；另一方面则是在危机当前的情况下，是不是能控制住经济的混乱局面，不丧失经济发展的信心。当然，对于一些重点地区以及能够获得国家支持的地区，通过引进技术含量、资金密集程度和市场需求程度都更为理想的国家或者跨国公司投资的产业项目，以重大投资来带动地区升级固然是有益的。但是，这种情况毕竟只能落在少数地区头上。对大多数地区而言，坐等国家的投资和海外的大项目恐怕有守株待兔的嫌疑。因此，还是应该一边主动推动产业升级，一边防止升级中出现过激行为而导致经济隐患。

（二）产业导向型

所谓产业导向型区域经济升级之路，主要指的是引导区域升级的主力是产业布局。也就是说，当区域经济要实现快速升级时，经济主管部门不是利用完全市场化的方式来进行运营，而是充分利用本地区的区位优势。例如，利用本地区特殊的交通区位优势来培育产业集群。我们所熟悉的有天津的滨海新区，珠三角一侧的茂名、湛江，北部湾经济圈，辽宁的长兴岛等等。通过本地区向国家申请到更多的产业政策，以产业集群的培育作为主要政策方向来实现产业的最终升级。

再以北京市西城区为例。15 年前，西城区作为中心城区，其经济发展并没有明显的亮点，还是以传统的商业、批发零售、住宿餐饮以及一部分小商品市场为主要经济来源。但是，区域的经济规划部门看到了北京市二环周边的发展总部经济和金融业的巨大潜力，于是咬定青山，围绕着人民银行等国家级总部型金融机构，提出金融街概念，培育金融产业集群。金融街地处北京，又在市中心，这一发展过程当然有地理位置得天独厚的优势。正是这样一种锲而不舍的精神，坚持 15 年，使得区域经济从一个概念到产业实现，最终通过产业牵引，实现了区域经济的升级，培育了一个金娃娃，使得整个西城区的经济长期受益于这样一种产业格局。

因此，在产业导向型的经济成长模式下，政府和政府的产业规划是最核心的。但是，这种产业规划又不能只停留在纸面上，而是必须与当地的资源禀赋、资源现状和产业实际发展状态紧密联系起来。如果能够准确地判断，并且通过关键性要素的牵引，吸引到更多的资源和政策支持，这种产业升级之路将是效率较高、可持续性较长的发展之路。相反，如果不能准确判断，或者错失了产业发展的机会，也可能导致区域经济在前进中走出较大的弯路。

(三) 政策导向型

区域经济的第三种成长模式称为政策导向型。这种模式的特征在于区域类企业经济发展不平衡，市场经济状态也不成熟，能够承担起产业转型的企业相对缺少，而产业布局大规模展开的可能性也较低。因此，对于这一类地区来讲，政府和政策在产业成长过程中依然发挥着显著的作用。

在传统的经济发展模式中，政府更多的是依靠招商引资。不能例外，这一类地区经济要发展，政府必须利用这次金融危机中，产业出现沿海向内地转移的机会，努力去寻找与本地资源禀赋相配套的产业转移空间，实现与需要转出的发达地区的产业主动配套、主动承接，在保证当地的资源环境状况不受到重大影响以及符合本地区发展规划的前提下，努力通过政府调动资源来适应产业的转移过程。而所谓政府调动资源主要是给予企业足够的政策优惠，同时为其提供更加高效、优质的行政服务，帮助、协调企业获得经营所需的各种要素资源，并且利用政府的力量，保证各种生产要素能够稳定的供应。

政策导向型模式虽然没有更多的新意，但却是许多地区要进一步发展必须努力做的。只不过在选择承接产业的关键问题上需要有更开阔的视野。如何获得产业转移信息，如何评估本地区的资源要素禀赋，如何寻找新兴产业与本地区资源的有效对接方式，特别是如何在短期内培育出适应新兴产业成长的大量大规模人力资源，是当地政府应该重点考虑的问题。在这些问题的解决上，应该多用市场化的手段，采用市场化合作的模式，用商业化的办法来解决经济发展的难题；而不能简单地靠行政管理的手段强行推进，避免造成经济社会发展中更多的矛盾。

四、先发和后发，都是优势

无论采取什么样的模式和路径来对区域经济进行升级，归根到底，是要获取本地区经济的要素优势。也就是使得本地区经济成为一个发展洼地，促使外部的生产要素，比如资金、技术、人才、资源能源等等，在这样一个经济洼地里面汇集，进而得到有效的使用。

要使本地区形成要素资源，必须明确本地区现有要素的状态和以什么样的要素作为优先发展资源。因为，任何一个地区经济的发展都不可能等到所有要素资源配齐了才予发展；而一定是在若干生产要素中，选择最容易突破的一条，集中精力将它发育出来，形成要素中能够具有牵引作用的一条。然后，通过这种特殊的优势来发展区域经济。

那么，如何能够获得具有本地区特有优势的要素资源呢？必须从四个方面切入。

第一，必须明确本区域的主导产业，并且确立这种主导产业所隐含的产业生态系统的逻辑。因为，任何一个产业不能凭空发展，也不能靠单个企业发展。重要的是在这个地区，形成能够支撑这个产业存在和发展的完整的产业生态链，使得这个地区存在这个产业发展所需要的主要推动力企业、关键推动力企业和辅助推动力企业。比如，我们要发展食品工业，就必须有食品工业的原料来源，必须有生产企业、物流企业、印刷企业、机械供应和零部件维修企业，也必须有第三产业，例如餐馆、娱乐设施、房地产开发、道路交通等等。这些辅助设施在产业中间未必是主要推动力，但是如果缺少了它，产业将难以发育。

所以，一个地区要形成对资源的集聚作用，必须设计产业生态系统。而在产业生态系统的设计过程当中，并不一定要有一个完整的、由本地区来提供的产业生态，而是完全可以在具备外部支撑条件的情况下，集中精力做产业生态系统中的某一个环节，即我们常常提到的产业集群。所谓产业集群，就是抓住产业生态系统中的某一环节，把它放大，形成规模优势和成本优势，并且通过它的放大来吸收周边区域的产业配套能力，帮助本地区产业发展。因此区域经济要发展，产业生态系统的打造是关键性的因素。

第二，获得良好的政策配套。中国毕竟是在不断发育和成熟中的市场经济国家，虽然市场经济在我国经济中发挥着越来越重要的基础性作用，但是不可否认的是，政策资源依然在很大程度上影响着经济发展的进程。因此，产业要发展，就必须通过区域经济的主管部门争取更多的政策资源，主要包括产业优惠政策、税收优惠政策、政府补贴政策和金融支持政策以及人才扶持政策等等。政策资源是否充足，对一个产业初期培育具有决定性的作用。

第三，对产业中的企业予以足够的扶持。这种扶持主要是提供充分的地方政府服务，在条件允许的情况下，予以要素资源的协调。此外，帮助企业形成良好的内外部信息管理机制，自始至终提供力所能及的智力服务、监测评价和政府信用支持。在确保安全的情况下，借助政府的信用提升企业经营的能力。

最后，则是通过制造出本地区市场以及协助创造出外区域的市场，帮助资源要素向本地区集聚和流入。

第五章　东部曾经辉煌

一、东部沿海产业的"微笑曲线"

东部地区历经 30 年的发展，获得了巨大的财富积累，塑造出一批具有市场竞争力的企业，也培育出一大批产业骨干力量。从地理区位上看，东部地区不论是北部的山东，中部的江苏、浙江，海峡西岸的福建，还是东南的广东，都具有良好的对外经济联系和对内经济渗透能力。对于这些相对发展较快，我们称之为沿海发达地区的地方，要实现面对这次全球金融危机的更大突破，主要方向在于争取产业的升级。而实现产业升级，必须研究产业链和产业"微笑曲线"。

根据全球经济 30 年来各个国家和地区，包括跨国公司的发展经验，在制造业的产业中间，后发国家要寻求发展，都必然要经历一个从组装、制造到创造的过程。无论是东亚的日本，还是后来的亚洲四小龙，抑或 30 年来迅速崛起的大陆东部沿海经济，历史不断重复着一个模式，那就是，要想实现发展，必须经历这样四个阶段：第一，利用较为低廉的劳动力资源以及当地的社会自然资源，从事技术含量较低的装配工作；第二，在装配工作中获得市场，获得订单之后，进而推动区域基础建设，帮助区域经济形成能够支撑要素持续流入，推动经济向前发展的基础平台作用；第三，在此基础上，通过引进外资，加大设备技术的投入，把简单的装配逐渐演进成基本部件的制造与组装相结合，本土企业和中小型外资企业进入到不断成熟的配套领域，逐渐形成专业化产业集群。第四，在有了专业化产业集群之后，主导产业发展的大型外资企业开始进行外包，而外包的发生需要效率很高的物流、企业管理水平、订单处理能力、生产系统之间的衔接以及信息化程度，这一过程就是组装向制造业跨越的过程。

海外对中国经济的评价莫衷一是。有人说，中国经济领先世界经济潮流，为世界经济增长做出了巨大贡献，是世界经济重要的一极；也有人说，中国经济只是组装经济，只是把全球各个国家半成品、产成品、零部件拉到中国，利用中国廉价的劳动力进行拼装，再返销到海外，严格地讲，中国制造应该叫中国组装。

对于这些评价，中国应该冷静、客观、正确地认识和面对。历经 30 年发展，我国东部地区的经济已经不再是简单的组装过程。东部地区具有较高的生产效率，其基础设施建设和基本要素构成，已经对全球资本具有强大的吸引力；而这种效率使得社会财富的创造能力不断攀升，社会资源财富的投入产出比不断放大，也就是区域的国际竞争力在不断提升。这是中国东部，乃至中国国家 30 年来经济繁荣、发展、不断超越的根本所在。因此，我们完全不用对一些议论所困惑，必须坚持走下去。

东部地区经济目前的主要问题是如何从制造走向创造。纵观别国历史，从制造环节寻求突破有两个主要方向，那就是从产业"微笑曲线"的两端寻求突破（见图 5-1）。

产业链是一个弧形链条，就像一张微笑的嘴，因此称为产业"微笑曲线"。在这个链条里，左上部分是研发、设计和市场理念；中下部分是生产、制造、采购、物流管理，也就是通常所说的制造过程；右上部分是分销物流、市场营销、物流网络和终端销售。实际上，在产业的利润分布，即产业附加值中，大多数的利润都集中在左上部分的研发设计环节和右上部分的营销物流环节，而中下部分的制造业本身的利润截留水平较弱。因此，区域经济要实现产业突围，最关键的问题就在于突围的方向，应该从制造业产业链的左上和右上两个方向展开。

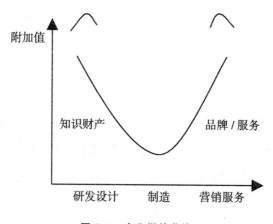

图 5-1 产业微笑曲线

具体地讲，产业突围的过程就是把要素资源，也就是资本、人才、技术、自然资源、土地等要素资源向两个高端领域去配置。这种配置可以由政府推动，但必须形成市场的牵引力，也就是让进入到这些领域的要素能够获取到更高的收益，能够获取到可持续的发展。所有的产业升级有没有效果、能不能成功，关键就在于进入到新领域的产业能否在各方全力支持下获得商业上的价值，获得持续的成长，并且形成在这些领域中的核心竞争能力，起到参与国际竞争的作用。

对于东部地区来讲，这种产业转型需要四种力量。第一种，我们称之为创新的驱动力。所谓创新，就是抛弃旧有的东西，突破旧有思维，就是解放思想，自我革命。只要旧有的模式还能够存在，还有效益，创新就必然遇到旧有思维方式的阻挠，会影响到求稳怕变、安于现状的人们的利益，会影响到现有的价值和利益的分配格局。而保守的力量出于自身短期利益的维护和限于自身的短视，必然会用各种方式阻碍创新。此时，就需要寻找创新的驱动力。那么，什么力量能够突破这种保守力量的维护，能够突破固有思维的桎梏，把产业革命、把区域经济的升级推向新的高度？政府经济主管部门、经济区域内的新引入力量和原有经济结构中的、做好改革突围准备的企业的力量，就是创新的三大驱动力。缺少基本驱动力，或者基本驱动力过于单薄，产业升级、区域经济调整的困难和难度就比较大；反之，产业升级历经的阵痛和过程就可以缩短。

第二种力量叫做要素的配置力量。所谓要素的配置力量，是指在强大的创新驱动力推动之下，能够有效地把产业升级所需要的各种要素配置到位。比如，产业升级需要人才，需要有更多的专业化、市场化的精英人才。而这些人才的培养、选拔和使用，其薪资待遇的构成、社会生活的保障以及适应于这些人才生存、发展、进步的外部环境的构建，都需要通过要素配置来解决。因此，应对金融危机不仅需要经济领域中予以百倍的重视，利用危机寻找到产业升级、壮大自身的机遇，而且，社会建设、文化建设也必须予以配套，形成一个能够适应于这种升级的新的社会运作模式和社会生活理念，帮助全社会利用金融危机中产业升级的机会迈上更高的台阶，形成适应发展的产业文明。

第三种力量叫做市场的判断力。产业升级是件好事，但是如何正确升级需要不断地摸索和判断。无论是区域经济中的政府主管部门，还是企业运行主体，都需要冷静和准确地对发展方向进行判断。因为，选择产业链的左上端——研发设计来突围，还是选择右上端——营销来突围，采用的方法、需要的资源、历经的过程和未来的结果都会大相径庭。这种市场的判断力既有商业的敏感性，也有对政策把握度，还有对未来经济走向的深刻洞察。因此，需要促进政府、企业、研究界和信息生产部门的有力结合，使得区域经济有

第五章　东部曾经辉煌

限的资源能够得到最佳的利用，减少无谓的浪费和损耗。

第四种力量是社会系统的支持力。我们的社会运行系统历经 30 年的变革，已经有了巨大的变化和改善。但是至今为止，依然有很多不尽合理的地方和计划经济的痕迹，比如户籍管理问题。当大量的优秀人才或者产业升级所需要的人才四方涌动的时候，他们所需要的社会保险、医疗保险、子女教育、父母养老、居住环境、法律体系都将对现有的社会建设提出新的挑战。因此，东部地区不仅要成为经济产业转型的率先垂范之地，还要成为新型社会系统建设的探索之地。

经济工作不是脱离社会单独存在的单一工作，经济与社会密不可分。只有通过经济发展来推动社会建设，通过社会建设来巩固经济发展，可持续的科学发展才有可能实现。对东部经济而言，在产业突破中，它应该特别注意两手抓：一方面是要培育当地产业和企业主体具有突围的能力，也就是有准确判断产业未来发展方向，快速配置产业发展所需资源，引进未来需要的产业和企业组织，大胆实施产业转移战略这方面的推动能力；另一方面，还要同时调动政治、经济、文化、社会各方资源进行后台支撑的配套能力，使得改革突围与支撑配套相适应，产业突破与管理跟进相适应，减少和避免因为改革和产业升级对原有生产经营方式带来冲击而带来的阵痛，减少社会成本，也就是降低升级成本，帮助产业升级和区域经济的上台阶顺利、平稳地进行。

青岛海尔集团是中国具有世界影响力的制造业企业。2008 年海尔集团全球销售收入达到 1 220 亿元人民币（180 亿美元）。25 年来，海尔的制造基地一直在扩张，先后在国内并购了 18 家企业，在意大利、印度、日本和泰国并购了多家海外工厂，在巴基斯坦、约旦等国建立了生产线。

截至 2008 年底，海尔集团在全球建立了 29 个制造基地，在国内青岛、大连、武汉、重庆、合肥、贵阳、顺德等地均拥有产业园。

然而海尔集团的利润状况却不容乐观。2007 年只有 18 亿元的净利润，2008 年虽然利润同比增长 20%，但是依然处于较低的水平。

海尔集团的当家人张瑞敏称，海尔面临的最大的困难是白电业务的利润已经薄如刀刃，利润率只有2%~3%，如果考虑到维修服务成本，海尔几乎是在零利润的情况下维持着规模超过700亿元的白电业务。对于白电业务利润下降的原因，海尔集团认为，西门子、松下等国外品牌依靠良好的技术和产品优势抢夺国内家电企业的市场份额，同时又对海尔进行技术封锁，这导致中国家电企业在技术上的投入效果不如以前。为突出重围，海尔先是试图收购美国美泰克公司，这是一家能够左右美国家电销售市场的终端零售企业。但收购行为很快被美国主要的家电经营对手惠而浦阻击了。2008年以来，海尔又一度对GE的白电部门表现出浓厚的兴趣，如果成功收购销售规模在70亿美元左右的GE白电业务，海尔将超越惠而浦、伊莱克斯和博世—西门子跃居全球白电龙头企业。但出于对跨文化并购磨合困难等现实考虑，海尔最终止步。没有完成对跨国零售和分销网络企业的并购并不意味着海尔放弃从微笑曲线的底部向上下游扩张，海尔集团CEO张瑞敏亲自对外宣布放弃收购GE家电，与此同时他还表达了海尔集团彻底从制造型企业转型为营销型企业的战略，并在与台湾地区的OEM制造商谈判其部分工厂的转手事宜。之所以发动如此深层次的产业转型，在张瑞敏看来，白电行业的竞争已不再由技术革命和产业规模的扩大来推动，找到合适的商业模式才能在竞争中处于不败之地，而要打造新的商业模式，必须改变以制造业为主的业务模式。张瑞敏透过海外媒体记者称，海尔接下来要脱手大部分生产业务，以削减成本并加快为客户提供服务和对市场趋势做出反应的步伐，"我们的战略将是进行越来越多的外包"。海尔正在逐渐淡化其单纯生产型的企业形象，转而成为一种集生产、科研和技术服务、金融运营和其他多产业为一体的综合性大企业，这次张瑞敏又提出了营销型海尔的战略规划，接下来将生产基地剥离已势在必行。张瑞敏认为，亚洲企业并购失败都是因为商业上的巨大差异，海尔希望首先建立起我们自身更具竞争力的商业模式，随后再进行兼并会更见成效。

对于海尔集团来说，接下来的这次商业模式的大转型意义非凡，它是中国企业面对现存国际产业分工体系的突围与挑战，这场突围的成功与否关系到这个产业中大多数中国企业的前途和命运，也决定着世界家电产业未来的执牛耳者是不是中国。虽然会面对诸多考验，但这注定是一场输不起、不能输也不会输的搏击。中国的家电巨人们所交出的国际产业竞争答卷也将是相关产业突围的重要标杆。

二、我们的农民工，我们的财富

据不完全统计，中国的农民工数量目前已经达到了 1.3 亿人。他们大多数处在中西部地区，或者是东部的欠发达地区，每年的春节过后，从家乡出发来到东部地区寻找工作岗位；他们大多数并没有受过完整的国民教育，许多人只有小学文化水平，部分人具有初中或高中教育程度；他们背井离乡，凭着自己的双手挥洒辛勤的血汗，为中国的经济建设，城市化进程和区域发展贡献了青春，甚至付出了自己的所有。中国的农民工是国家 30 年建设毫无疑义的功臣；他们的成长和进步也必定是中国未来 30 年黄金发展的关键因素。

2009 年的春节很不平静。中国的实体经济受到全球金融危机的影响，导致东部地区许多企业出现了停产、歇业甚至破产，大批的农民工被迫返乡，并且在春节后短期内难以寻找到合适的工作。据相关部门统计，2009 年春节之后，返乡失业的农民工可能要达到 2 000 万之巨。在这种情况下，各地纷纷提出各种措施，做稳定农民工的工作。一方面，加强农村经济的发展，确保农民利益，推动农村土地经营权流转的市场建设，促使部分农民工能够回乡投入到农村产业化建设中去；另一方面，积极地为他们开拓就业市场，帮助他们寻找到适合于其自身特点的就业岗位。

但是，东部地区在对农民工的问题上，有责任也有义务承担得更多。因为，东部地区是得到农民工支持最大的地区，其发展有农民工很大一份功劳。现在，农民工遇到困难需要反哺的时候，东部地区责无旁贷。不应该把农民工作为一种负担，而应该把帮助提升农民工的过程，视作一种财富的创造，一种资产的投资。

然而，大量的农民工因为出生在偏远地区，家庭条件的贫困以及受个人视野所限，没有得到更好的受教育机会，就匆忙投入到经济生活中去，在赚取微薄薪金的同时，为区域经济的建设付出了所有的青春和汗水。但是，如果这一群体能够得到受教育的机会，能够重新获得技能的培训，能够享受到社会在文化方面的反哺，那么，他们和他们的子女在未来的生活中会有更多的希望，也会为区域的建设创造出更多奇迹。

对于农民工的教育至少应该从三个层面进行。第一，东部地区可以按省份或者按区域成立创业基金。创业基金可以用来设立创业培训学校，而创业培训学校所培养的人才，并不是推动农民工去盲目创业；创业基金和创业学校在某种意义上，是对标准化生产和标准化零售服务业输送加盟厂商和加盟店，培育加盟店、加盟厂商创业人才的一种方式和手段。

市场经济有巨大的风险，创业人才的培养其实不是学校教育体制能够做到的。我们所说的创业培训，更多的是按照市场经济的运作模式，教给被培训者一套标准的方法、技能和运行流程，并且帮助他们获得某种特许资格，进入到一种联营体系。因为，现代社会需要大量的标准化的分销网络、加盟商和连锁经营，既包括生产制造，也包括商业服务。由政府牵头把这些具有全国复制性生产和商业运营企业统筹起来，为他们提供资金，也为他们提供可以承担全国运营任务的、受过系统训练的人员。

创业培训能够帮助的农民工数量未必很多。2 000万失业的农民工中，如果有1%的人接受这样的培训，就有20万人。但是，如果这20万人能够获得相应的支持和配套，他们的返乡创业就可能带动200万人、2 000万人的就业。20万人的培训基金完全可以用社会筹措的方法解决。通过考试和选拔，将农民工中具有一定社会经验，又富创业激情，同时具备基本知识条件的人员选拔出来。由进入创业联盟的连锁企业提供基本的培训资金、培训服务，而他们回乡创业所需资金，由政府贴息进行贷款，由连锁企业进行担保，如果人均10万元则可以拉动200亿元的银行贷款。

第二种培训可以用军事化培训的方法。2 000万失业的农民工，其中大部分人都可以参加为期三个月到半年的军事和产业技能培训。农民工群体庞大但是缺乏组织，勤奋但是缺乏引导。因此，应该在政府部门的组织下统筹起来，设立农民工讲习班，进行集中的学习和培训。通过军事训练，提高其体能和组织性，通过专业技能培训帮助其获得更多的生存技能和被企业认可的资格证书，为未来寻找新的工作创造更好的条件。而通过文化课的学习，帮助他们更好地理解所处的社会，掌握基本的法律法规知识，并且获得更好的平衡生活，调节心理的知识和技能。

军事化的培训可以采用轮训的方法。这样既可以稳定住农民工群体，避免社会出现不安定因素，同时，也可以解决大量的大学生就业和职业教育资源的空置问题。这种模式一旦确立下来，可以成为与国民教育、职业教育相并行的农民工转化教育体系长期存在。对农村地区走向城市沿海地区的农民工进行路程培训，或者叫做进入产业培训，通过这样的短期集训，把不具有专业技能的农民工真正变成产业工人大军的重要后备力量。而且提升其技能，帮助他们寻找到更合适的工作岗位。

军事化培训体系的建设，应该由财政拨出专款。它的运行不能是市场化，而是由财政作为一种公共服务在东部地区来提供，按照人均三个月到半年所需资金，1万~2万元计。2 000万失业农民工的培训，需要2 000亿~4 000亿的财政支出。这笔资金的支出可以带动大量的就业，也可以拉动教育、文化、知识产业的产值，其中包括校舍建设、知识体系建设、出版业、音像制造业、教育服务行业、培训师资源和生活消费行业的发展。

第三类教育和培训事业，则一定要面向入城务工的农民工的子女。中国的农民工非常淳朴，很多农民工最大的愿望就是自己一生辛劳，能够给子女创造一个良好的教育条件，能够让自己的晚年能够有所依赖。因此，国家和社会负有帮助农民工承担起子女教育的责任，而不应该放任留守儿童现象的发生，甚至出现负面的社会负担。东部地区要利用发达的教育水平兴建更多的教育资源，帮助中西部地区，特别是用工密集地区农民工解决教育的后顾之忧。可以与中西部地区联办学校，可以将农民工子女直接引入到其务工地区，也可以将优秀的师资派送的中西部地区。这种做法，既是要帮助农民工的子女获得完整的国民教育，为中国未来更高素质的产业劳动大军做出保障，也是稳定投身到产业中的农民工的生产生活情绪，帮助他们解决后顾之忧的有效途径；同时还可以培育出更大的教育消费能力。

因此，从长远看，农民工的问题绝不是问题，恰恰相反，它是机遇。农民工就是明天中国繁荣所必需的产业大军的重要组成部分，他们是财富，而非负担。

三、遥远但不是梦：粤港和沪港经济共同体

历经发展的过程，中国经济曾经被人严重唱衰，也曾经被人捧上天。现在，我们逐渐明白，这 30 年来，中国是全球化进程的参与者。我们参与全球化并不是要全盘西化，或者要以谁为榜样去复制。而是利用全球化的进程，更好地参与全球分工体系，获得我们国家的最大利益、民族的最大生存空间，为人类社会做出应有的贡献。

因此，中国经济根本不存在什么西化问题。中国经济面对的本质问题是如何壮大自己的全球竞争力。只要是有利于壮大中国全球竞争力的，不管是西方的还是东方的我们都去学习；只要是损害中国国家利益的，不管是东方的还是西方的我们都要抵制。拥有足够开放的思维，开阔的胸怀，海纳百川，中国经济一定会走向新的繁荣。

在这个过程中，香港的地位举足轻重。1997 年香港回归中国，其后香港经济一直在大陆的支持下持续增长。但是，香港经济也遇到了自身的困惑，那就是香港的主导产业到底是什么？香港如何面对产业的空心化过程？香港的未来发展方向在哪里？

香港的困惑其实并不是港人自己造成的，而是世界经济形势演变的结果。在历史上，香港是内地与外部世界的联系纽带，因此也是重要的贸易转口城市、著名的自由贸易港和免税区。基于其特殊的地理位置、优异的政策条件和专业化的人才队伍，贸易在香港的繁荣中起到了至关重要的作用。与此同

时，香港通过创造一个高度现代化的消费市场、发达的房地产和社会服务环境、极其繁荣的娱乐文化设施和完备的教育医疗体系，吸引了全世界大量高素质的人才进入。而他们的进入，在香港贸易蓬勃发展的历程中，既创造了大量的区域财富，也为自己获得了高额的物质收入。高收入人群推动本地消费，本地消费又提高和拉动区域外贸进出口总额，改善当地基础设施，吸引更多的优秀人才进入。这种良性的循环存在的基础都在于庞大的转口贸易和对外出口行业的兴旺发达。

但是，香港的危机也正是潜伏在此。近年来，大陆东部沿海地区的优质港口如雨后春笋层出不穷。过去，香港可以说是中国海岸线上最重要的一颗明珠，无人能望其项背。如今，放眼北望，从盐田港到湛江港，再到宁波港、北仑港、上海洋港、山东烟台、青岛、辽宁大连、营口，优良港口数不胜数。原本需要通过香港转口的贸易，已经越来越多地被内地港口所分流。而香港本土制造业，例如过去引以为豪的电子和服装产业，已经大多数都向内地的珠三角地区迁移。因为，内地具有较低的劳动力成本，同时土地资源的价格相对低廉，资源丰富，物流条件又极为便利。

因此，香港忽然之间发现，自己失去了转口贸易超级地区的优势，同时，也不再具有对外输出一般贸易产品的中心地区这样一个重要身份。两个身份的缺失，使得支撑香港经济运行的基础条件发生了变化，经济的繁荣遇到挑战，人才的流动不再是海外回流香港，而是越来越多的香港人迁居海外。香港的精英阶层难免困惑：香港的未来往哪里去？

实际上，香港未来的经济与两个区域密不可分。一个区域是以广东为中心的泛珠三角地区，另一个区域则是以上海为中心的泛长三角地区。香港的未来一定是与这两个区域形成紧密的互融互动，帮助两个区域的发展，实现自身的飞跃，才能保持未来的可持续繁荣。

与珠三角地区合作的基础，具体而言，首先是粤港经济合作大有可为。泛珠三角地区，指的是以深圳、东莞、顺德、番禺、广州等珠三角地区为龙头，所辐射到的地区包括广东大部分区域和广东之外的江西、湖南、广西等中西部省份。在这一体系中，香港仿佛是一张拉满的长弓上的一支箭。珠三角要海外射天狼，则必须借助香港的国际化能力和专业化能力。香港在实体经济转移之后并非没有其自身优势。香港社会数十年来参与国际竞争，具有强大的专业化、文化特色。各行各业的从业人员，不论是从事商业服务业，比如律师、会计师，还是从事生活服务的餐饮业，比如服务生、厨师，还是从事市政公共服务业，比如警察、文员、环保工人，都具有极为可贵的专业精神和商业文化，认真对待自己的工作，努力提高专业技能，遵守纪律，恪守自己的职责。这些专业技能对内地制造业的升级与发展具有非常有利的影响，也是重要的产业升级的软实力。

其次是香港的国际化经验。香港是一个东西交汇的地方，也是各种文化交流、碰撞和荟萃的中心。这里的人们思维开阔，现代与保守俱存，能够很好地容纳不同的文化，成为文化交流的桥梁。从商业角度来讲，香港也是不同商业文化的交汇点，通过这里，内地能够很好地获得产业升级所需要的技术、研发、人才和相关条件，也可以以此为出发点，向海外的分销网络、零售渠道进行有效扩张。因此，国际化的经验和背景使香港能够成为帮助内地产业升级，形成区域竞争力和国际竞争力的重要依托之一。

第三则是香港地区历经数十年建设起来的良好国际化教育能力。不管是在社会科学还是自然科学，小小的香港却在教育方面发挥了大大的作用。香港本土的十余所大学、数以万计的优秀的教职员工和已经形成的良好的学术氛围，完全可以帮助内地培育出更多的产业英才，并且通过与国外教育学术资源的对接，使得中国内地成千上万的产业英才能够受到国际化、最前沿技术支持和商业理念的熏陶，加速产业升级中优秀人才资源要素的培养。

可以说，香港如果充分发挥自身专业化、国际化和教育资源的优势，在帮助珠三角成长中，必然发挥重大作用。而其自身，也可以借助珠三角这样一个大平台，以珠三角的出口贸易、市场培育和经济成长作为平台与载体，实现自我价值的提升和财富的创造。

此外，香港还应该更广阔的把目光投向上海。上海的终极目标是成为世界金融的中心。因为,世界金融的需求无外乎是投机需求与投资需求。投机需求在历经金融风暴后已经几近破灭,人们一朝被蛇咬,必然十年怕井绳,在很长时间里都会对单纯的金融衍生工具和纯粹投机行为心怀戒惧。对实业的投资、对实体经济的投资必将迎来一个新的春天。而中国是实体经济最密集的区域之一,这里拥有资源开发、生产制造和组件装配的全系统的工业过程,必然会吸引全球资金的关注。

香港在过去和现在都有国际融资方面的巨大优势,也为中国大陆国有企业上市、民营企业融资发挥过巨大作用。但是,随着未来上海的崛起,香港自身会遇到强劲的挑战。这种挑战与其说是威胁,不如说依然是机会。因为,即使在金融产业里也存在细分市场和产业分工。上海的金融发展主要还是指逐渐扩大中国国内金融机构在上海设立总部的态势,同时吸引海外商业银行进入上海,逐步构建上海证券交易所的国际化水平,使得中国企业能够走出去,海外企业也能够在上海来上市。而香港的金融特质则在于拥有大批的金融专才。在金融服务业方面,例如律师事务所、会计师事务所以及投资银行方面,拥有较强的历史经验和良好的业内信誉。因此,香港利用自身的优势与上海进行优势互补,共同构建中国的资本枢纽,对于推动中国实体经济更快地腾飞具有重大价值。同时,香港金融监管水平较为发达,在未来中国消费市场的信贷消费模式发展方面还将有很大的作为。

虽然经历了美国的金融风暴,我们也不能把孩子连同洗澡水一起倒掉。我们也要看到,尽管有次贷这种糟糕的资产组合设计,但是,消费信贷化,人们贷款买房、买车甚至上学、旅游,都是消费经济启动和发展的重要工具。我们不可因噎废食,不能因为出现了这样那样的监管问题就质疑这种市场化的发展取向。香港在信贷管理、消费信贷模式的监管方面拥有丰富的经验,可以参与到中国大陆信用市场、消费信贷运用模式和商业金融机构消费信贷管理思路的规划中来。同时,引导香港本地的金融企业进入大陆市场并在这一市场中扮演更加重要的角色,才是未来香港金融的出路,且必将拥有广阔的天地。

　　总而言之，香港未来的发展取决两个关键点：第一，是不是能够持续地保持与外界的沟通，使得国际化的要素资源能够通过香港这个平台，转化为中国所需要的各种支持力量；第二，把目光越来越多地投入到中国内地，参与到与珠三角、长三角合作的进程中去，最终依靠自身在金融服务和商务服务方面的独特优势，成为中国大陆经济腾飞、各个区域经济升级的重要的金融服务和商务服务的策源地。

四、卖掉汇源：并购市场化和民族自豪感的悖论

　　2008 年 9 月 3 日，汇源果汁发布公告称，荷兰银行将代表可口可乐公司全资附属公司，以每股现金作价 12.2 港元，共约 179.2 亿港元，收购汇源果汁集团有限公司股本中的全部已发行股份以及全部未行使和换股债券。消息一出，在社会上引起纷纷议论。有人担心并购会导致民族品牌消亡，威胁经济安全；有人则认为汇源及时抽身，卖了一个好价钱。2009 年 3 月 18 日，中国商务部正式宣布，根据中华人民共和国反垄断法，禁止可口可乐收购汇源。我们应该如何正确看待这件事情呢？

　　北京汇源饮料集团有限公司成立于 1992 年，创办人为山东人朱新礼，是主营果蔬汁及果蔬汁饮料的大型现代化企业集团。汇源在全国各地创建了 20 多家现代化工厂，并建立了 100 多个 30 多万亩名特优水果、无公害水果、A 级绿色水果生产基地和标准化示范果园；建立了遍及全国的营销服务网络，构建了一个庞大的水果产业化经营体系。

　　汇源集团拥有国际领先的无菌冷灌装工艺、技术和生产线。设计研发生产了 500 多种饮料食品。截至 2007 年底，汇源的百分百果汁及中浓度果蔬汁销售量都高居全国首位。部分产品出口 20 多个国家和地区，汇源也已经成为中国果汁行业的第一品牌。汇源商标为中国驰名商标，汇源果汁饮料为中国名牌产品。

　　面对这场来势汹汹的并购，中国区域经济似乎还没有做好足够的准备。

人们在观念上存在巨大差异，多数人站在了经济安全的角度去思考问题，从民族品牌的得失上去衡量事情的价值。但是，对于区域经济来讲，有必要从更深层次来思考这一问题。

一个区域经济的发展，只有靠不断地吸引更具竞争优势的生产要素，通过整合这些要素，也就是将资金、人才、技术、自然资源等要素有效地组合起来，才能推动本地区经济的繁荣。对于这种要素的组合过程，其主要展现方式就是产业的选择和产业链的延伸。也就是说，区域经济主管部门在培育和发展本区域经济的时候，需要关注的关键问题在于，新进入本区域经济的力量是不是有助于本区域经济在产业链中实现上下游的延展、实现功能的扩展、实现进入新的利润区的愿望和目标。

当可口可乐收购汇源的时候，首先，它必然要注入大笔的资金，也就是将资金这种要素带到区域经济之中；其次，当可口可乐收购了汇源，它的目的在于进入中国市场。可口可乐公司认为，中国未来果汁饮料市场将会有巨大的成长空间。因为，汇源最大的价值绝不在于果汁的生产能力，而在于它遍布全国的营销网络和已经深入消费者心目中的品牌形象。

过去，中国吸引外资的主要目的是通过生产加工返销海外市场。但是今天，我们越来越多地认识到，中国不仅应该关注海外市场，还应该通过外资开发本国市场。在经济领域里，很多年都有一个重要的误区，说中国经济是以市场换技术，结果市场没有了，也没有得到真正的技术。但是实际上，这个概念的提法是有缺陷的。应该讲，过去30年来，中国的消费市场一直处在培育过程中，不存在所谓以市场换技术的问题。也就说，市场本身并不是谁拥有的。假如说，我们的市场都是被中国的国有企业或者民营企业所控制，我们拿出一部分市场去交换国外技术，这叫做用市场换技术。但是，如果市场只是由消费者组成，消费者有权利根据自己的意愿和需求来选择自己的供应商，那么便不存在以市场去换技术的问题。那些能够更好地满足消费者市场需求的产品和服务供应商，因为更具市场竞争力的行为获取了更大的市场份额，或者创造出了新的市场需求进而获得更大的市场份额。

　　应该注意到，外资企业在挤压民营企业生存空间的同时，也在创造更大的市场空间。中国民营经济之所以在过去 30 年飞速发展，很大程度上也是被我们的国际对手"逼"出来的。市场经济最核心的原则就在于它是一种充分竞争的经济。除非关系到国计民生和国家安全，政策和政府对市场的干预行为应该减少。在纯粹的消费品领域更不应该动辄以政策为导向去干扰市场运行。商务部反垄断裁定也必须依照法律的规范、按照法律程序予以处理，给出充分的产业证据，尊重程序正义，而不能仅仅依靠民间的情绪和舆论的宣传来采取行政措施。

　　我们还应该看到，汇源集团所出售的是汇源品牌和这个企业的生产经营能力。但是，创始人朱新礼手中还有大量的果园资源并没有出售，也没有予以作价。朱新礼明确表示，当自己获得这样一笔股权转让收益的时候，其中的大部分将会投入到汇源果汁产业的上游建设中去。也就是通过利用国家现有不断改善的农民用地政策，把资金这个要素重新投入到农业产业化经营系统中去。这又在无形之中，使得生产要素向国家鼓励的产业方向——农业的产业化经营领域去投放。而资金要素的投放必然会引起人才、技术等相关要素的追随。这一过程将推动区域经济的快速成长。

　　因此，对于区域经济来讲，目前不宜过多干预或者限制跨国外商企业进入到本区域，对已有的品牌企业、生产能力和经营能力，包括经营网络进行并购谈判。因为，谈判的决策过程一定是理性的。没有一个企业愿意把自己贱卖掉，也没有一个企业愿意花冤枉钱去购买没有价值的东西。政府要做的只是捋顺审批程序。这个捋顺不是增加而是减少，保证在交易中间政府的税收收入不要损失。同时，保证在并购过程中间并购企业与被并购方不会因为并购转移过程影响到产品质量、影响到市场的秩序、影响到就业用工的总体水平。应该要求这些社会责任，不论是新企业，还是原有企业都必须予以承担。同时，政府应该引导在并购结束之后产生的新的富余生产要素资源，及时地进入到区域经济所最急需的要素资源领域，帮助区域经济产生新的增长点，推动区域经济走上产业升级和要素升级的运行轨道中去。

五、台湾的机会："经济统一"优先

中国东部地区的发展和升级，还有一个重要的亮点是中国台湾经济与亚洲经济的融合。

台湾作为过去的亚洲四小龙之一，由于经济腾飞较早，积累了巨大的社会财富，人均收入水平也居于亚洲前列。台湾地区拥有众多优势的产业，包括家电生产、微电子产业、石化产业、通信产业等等。这些产业的制造部分已经逐步地向中国内地进行了产业转移，保留在台湾本土的，更多是研发、设计与海外市场销售网络部分。因此，台湾经济与大陆经济有天然的融合空间。面对本次金融危机，台湾企业遇到最大的困难，首先是海外市场的急跌，导致台湾出口出现萎缩，导致岛内经济出现萧条；其次是海外虚拟经济的冲击，对台湾资本市场造成较大影响，岛内居民投资损失惨重，财产性收入出现严重缩水；第三则是台湾岛内发展空间狭小，未来产业方向不明朗，导致信心的低迷，人们急需明确台湾经济的未来发展方向。

两岸关系在过去的一年中得到了极大缓解，两岸"三通"基本实现。台海经济与西部经济、珠三角和长三角之间的关系到底怎样协调才能最有利于双方的利益，越来越让有识之士思考。对台湾而言，要走出目前的危机困境，必须与大陆联手。一方面，增加对大陆内陆市场需求的创造与开发，帮助大陆从生产加工为主的制造基地转向消费与生产并重的繁荣经济体。另一方面，通过壮大和繁荣的大陆市场，帮助台湾实现新市场的开拓和欧美市场的替代。

在这一进程中，台湾企业所积累出来的行销网络、布置能力，分销系统的打造能力和零售终端的规划能力，都有非常高的借鉴价值。而且，台湾企业非常善于进行网络营销，在许多消费品领域都对大陆的城乡地区进行了深入的覆盖。这些良好的经验和方式也同样值得东部沿海地区的企业深入借鉴。应该说，台湾企业对大陆的内陆市场的建设做出的贡献要大于东部沿海地区外向型经济企业体所做出的贡献，所获得的收益也远远高于东部地区出口导向型企业在内陆地区获得的收益。

由此，我们越来越清楚地看到，台商企业集中地区主要在长三角和珠三角。那么，可以尝试建立一个由台湾和福建海西区作为经济集中体，与长三角、珠三角的协商、对话、共建机制。其中，台湾—海西经济圈主要包括台湾本岛、福建地区、广东的茂湛地区以及浙江的一部分。这些区域一旦建立起更紧密的经济往来，形成自由贸易区，或者空港免税区，将促进本地区内部的物流转移，使得福建和广东局部地区成为台湾本岛向大陆产业转移、产品输送和进入海外市场的物流基地，加速区域内人员、物资、资金流动的速度，减少对生产要素流动的樊篱。

我们要争取在不长的时间内，使台湾—海西经济区成为台湾经济新的腹地，这也是台湾经济未来腾飞的重要的基础性平台。以此作为依托，台湾—海西经济区与珠三角、长三角展开技术、人才、资金方面的合作，由台湾地区提供海外市场渗透的经验和国内市场建设的经验，帮助三地产能市场化，开拓海外市场和开创国内消费市场的升级。并且，通过对台湾—海西经济圈的物流地位的重视，将内地庞大的产能通过台湾—海西经济圈向日本和东盟地区做更深入的渗透，使得台湾—海西经济区在未来十年的发展中成为亚太地区的运营中心，也就是物流、资金流、信息流和人才流动的中转地和集散地。

因此，台湾地区应该与中央政府一道，投资加速台湾—海西地区周转能力的建设。其中，物流主要投资，也就是基础设施投资，应该集中在海西部分，也就是福建省和广东局部。资金流的建设部分，台湾应该与上海、香港共建，使得港、台、沪三地形成互补。技术流动方面，台湾—海西区应该充分地与珠三角、长三角沟通，形成跨地区的技术研发中心，来支持该区域重点产业台商和内地企业的技术转换与市场升级。人员流动方面，台湾地区应该更大地放松旅游之外的商业、文化、技术交流限制，大量地吸收中国内地专才进入，在台湾岛内学习、培训和实践，并且通过这些专才的培养，为台资企业和内地企业输送更多的受过专业化训练、掌握专业技能的中高级精英人才。而这些人才的另外一个出口则是庞大的海外市场。

在这场全球性的金融风暴前，台湾面对的既是空前的经济挑战，也是重大的经济机遇。如果能够借助这一机遇整合好台湾—海西经济圈，与长三角、珠三角有效融合，台湾必将借助与大陆经济的融合，在政治统一议题探讨之前实现经济的一体化，站上经济腾飞的新台阶。进而，台湾地区流通货币与人民币、港币、澳门元在贸易紧密联系的前提下，实现货币互换和区域内货币互认，局部实现货币可兑换，甚至推出区域性货币，比如华元，来成为本区域认可的法定货币，使得区域经济实现真正意义上的融合。这一融合过程，我们可以概括为经济统一先行。如果能做到这一步，台湾地区必然会成为中国未来增长领军部分，也能够成为东亚乃至亚洲经济新的亮点，在未来的环太平洋经济圈中发挥出夺目的光芒。

六、再造东莞：痛并希望着

2008年下半年以来，沿海发达地区的经济因为海外市场的急剧萎缩，出现订单下滑、产业萧条、企业经营困难的不利局面。这其中的典型代表是广东省的东莞市。

东莞市的海外投资企业，尤其港台企业密集，用工人数庞大，企业数量众多，产业分布较广。在过去30年中，东莞的发展速度日新月异，已经提升为全国最有影响力的十座产业城市之一。在这一轮风波到来之时，东莞一方面出现了部分企业的经营困难乃至破产倒闭；另一方面出现大量在职员工失业、下岗，农民工回乡待业的状态。整个城市遇到了前所未有的挑战。

但是，仔细分析就可以发现，东莞经济出现问题是由于外需的突然萎缩。但是，问题的实质则在于，东莞在改革开放30年来，已经步入到一个生产制造业的高峰。如果继续往前发展，并没有其他出路，只能向研发、设计和下游的返销网络进军。只有以研发、设计为牵引，或者以分销网络为带动，整合产业资源，确立本区域重点产业发展方向，利用30年积累起来的财富、专业精神和管制水平吸引要素资源，重塑一个新东莞。

应该看到，以东莞为代表的中国制造业水平经过 30 年发展，得到了很大提高。虽然它的产业整合能力还需要进一步提升，但是，其本身所具有的产能和制造水平足以让人相信，只要全球市场出现转暖的迹象，中国产品的国际竞争力依然是强劲的。现在所需要担心的只是如何去帮助众多的产业和企业群在经济的严冬中保持信心，维持基本开工率，加大对产品技术研发的投入和对外部分销环节的梳理。在短暂的寒冬中，向内积累凝聚力，向外酝酿扩张新的动力。对于以东莞为代表的沿海发达地区来讲，要借助产业商会的力量来建立转型企业、产权交易机构和金融扶助机制；对于那些确实出现经营压力、周转不善的企业，允许其用股权进行交换和质押，与金融机构共同在产权交换市场中进行交易；允许区域内外同行业部门通过对股权的收购、抵押或租赁进行产业重组，在重组中壮大本区域经济，也摸索符合本产业调整的适合路径。同时，还应该用产业、金融和行政的多重手段来确保本区域经济在这样一个转型阶段不出现大面积的破产和清算状况；用市场经济的手段推动转型期损失降到最低，确保区域经济和产业经济在未来的重新发展中获得宝贵的生机和活力。

而从政策面讲，要再造东莞，政府应该做出以下六种选择。首先，利用区内外的资源推动本区域重点产业研发中心的建设。这其中可以调动和吸引的资源包括，大学和科研机构的研发能力、重点企业的研发中心以及政府对高级人才研发中心建设予以全方位的产业支撑。必须争取在较短的时间里构建出能够适用于产业转化和市场化运行的技术、研发、转移机构。

其次，帮助数量众多的企业维持基本运营。企业缺少订单，便难以维持基本的运营水平，容易出现企业的关门破产。维持企业基本运营水平主要是指日常维护。即使是在部分员工留职停薪或者减薪的状况下，企业要维护正常运行也需要一部分周转资金。因此，政府可以为经营质量较好、未来市场空间明朗的企业提供一部分贴息贷款，通过财政资金作为贴息，帮助他们获得区域金融扶助贷款，在未来的半年左右时间里，帮助企业维持必要的周转水平，一旦市场回暖，可以及时地抢占商机。

第三，可以成立贸易发展局，帮助本地区大规模的产业企业群寻找海内外市场。在重点的市场区域，设立办事处，促进本地区产业向新增的市场地区和新增的配套区域渗透。

第四，主动联系中部产业承接区，对于具有较好要素资源禀赋、愿意参与产业分配分工体系的中部地区，提出产业转移的优惠政策。由中部地区吸引部分劳动力密集型和附加值较低的产业，既帮助中部地区实现发展与开发，也减轻本地区的经济、人口承载压力。

第五，加大对外地入区农民工的就业前培训和提升在职培训的投入力度。对数以百万计的在当地的务工人员，建立教育档案和教育规划，使得他们掌握必要的先进技能，提高基本的文化素质，融入现代社会城市运行的生活范畴，增加人力资源潜力。

第六，充分发挥政府在经济调整阶段的稳定作用，加大对社会保障、教育文化医疗和外来人员、流动人口基本福利的投放，确保在产业转型期，区域经济和区域社会发展能够有一个稳定状态。

因此，要发展区域经济，就应该更加开阔视野。例如在广东省，应推动港粤地区形成跨区域的生产要素和金融交易机构，更加透明地将各个产业和企业运营中因转型而出现的商机，及时在交易市场中予以体现；以市场为导向，通过透明化的生产要素信息，吸引外部的资源注入，为外部资源创造更大的获利空间，也为本地产业和企业调整获得更多的生机。

同时，政府还可以通过向上级项目申请或者向海外银团借款，加大本地区基础建设的力度。对于东莞这样的沿海发达地区而言，道路交通设施和交通枢纽建设的力度已经较大，社会基础建设没有更多的空间。但是实际上，除了可以用物化形态展现的基础设施之外，整个社会的信息化程度、社会的公共服务体系的质量同样也是基础建设的题中应有之义。

因此，加快打造数字东莞，使得东莞不仅成为实体中的产业制造基地，而且能够与国内外有实力的网络销售机构，例如像马云创办的阿里巴巴等类似企业去融合，将实体东莞变成数字东莞。通过数字化的全球网络销售模式的推广，让世界更多的区域、消费市场和企业了解东莞产品、企业、产业的优势，为东莞市场拓展海内外市场、吸收海内外投资和业界的关注创造更好的条件。以数字港、数字东莞带动实体东莞，再以东莞更深层次的实体基础设施建设推动东莞的信息化水平，配合数字化商贸进一步演进，使得制造业先发地区逐渐演化成信息化先进地区和生产性服务业先发地区，最终走向以控制研发、技术、海内外销售渠道和资金融通管道，具有较高的产业与企业整合能力的生产要素集聚地。东莞的发展大有前途，沿海地区的发展也大有前途。所以，短期的经济波动不应该影响发展的信心，现在正是东部地区迈向新的成功的新起点。

第六章 中部蓄势待发

一、中部崛起：工业化新思维

东部地区选择产业升级的发展路径对于中部地区来讲，是重要的历史机遇。中部地区地域广阔，人口众多。改革开放30年来，中部已经拥有了较为可观的基础设施建设和基本工业家底。特别是最近十年来，为了支撑东部沿海地区发展，整个中部的各大省份在公路、铁路、水运交通以及航空方面投入了巨大资源；在教育，特别是技术研发领域做了大量储备。同时，逐渐地形成了配套东部沿海地区的若干产业基地，对于东部沿海的产业调整具有很强的承接功能。

但是，中部地区要发展，不能再走过去的工业化老路。如果是简单地给出更加优惠的政策，比如更加优惠的税收政策，保证低价格的土地资源，从东部地区去承接产业转移，很可能是得不偿失。首先，如果产业未来前景不明朗，不能有足够的市场支撑，向中部转移以后，增加的物流成本反而加重产业的负担；其次，如果在中部地区不能形成有效的配套能力，即使有土地、劳动力等单一价格最低的要素资源，也不能形成综合合力；第三，如果产业转移没有考虑到对环境资源的保护，不论这个环境成本是由当地政府还是由进入的企业来承担，都将是巨大而惊人的。

因此，中部地区的产业承接必须有一条全新的发展道路，即新型工业化之路。这里的新型工业化之路，重点有三个含义：一是信息化；二是环境资源的可持续化；三是产业集群化。

所谓信息化，主要是指中部地区要承接来自东部的转移产业必须注重这些新兴产业的信息化改造。中部所承接过来的不能仅仅是加工制造企业或者是仅仅为排放污染源、生产产品的大量设备、生产线和厂房，而是要将这个企业生产制造和运营系统接收过来。特别重要的，是将这个企业以及这个产业背后所支撑的信息系统成建制地迁移过来。不仅要把中部地区变成包容一个企业或者一个产业的基地，而且要让中部地区融入某一个产业的发展框架和成长空间，形成对这个产业供、产、销完整产业链的有效信息接口。换句话说，就是要将产业链的完整信息端口与产业承接地区进行有效对接，同时使得产业承接地区不仅能够增加一个纳税源，增加一个企业的新增就业岗位，还能够增加为这个企业的运营配套的，特别是与信息化相关的上下游生产性服务行业以及生产性服务业的从业人员。

因此，对于中部的产业承接地区来讲，信息化水平的高低决定着生产性服务业行业发育的快慢。承接一个企业或者产业，关键在于承接这个企业或产业的整体运营系统。只有如此，中部地区的发展才能够从简单的工业化承接转向系统的工业化再造。而且，信息化产业对环境没有污染，能够增加就业人口，同时还可以提高企业和产业的运行效能，使得竞争力比在东部地区有更大幅度的提升。中部地区将不再走传统的以低价促销为主要竞争手段的发展之路，而是发展一条高效能、高附加值的新型产业方式。

所谓环境资源的可持续，是指中部地区在承载新迁入产业或企业的时候，必须进行恰当、必要的环境评估，也必须进行迁入企业的环境改造系统方案的审批。这个审批不是简单地阻止或者拒绝产业内迁，而是一定要找到合适的产业迁入后环境资源保护方案。保护方案的寻找，实际上是扩展与外部区域甚至全球范围环保技术和方案的供应商之间的合作，使得中部地区不仅能够避免青山绿水的恶化，还能够通过在全球范围内与自然资源的解决方案供应商的合作，形成环保产业的重要基地。通过对不同产业的环境资源保护方案的提供和运行实验，掌握环保技术，形成环保产业链，在未来的西部开发和海外的环境资源保护实践中形成独特的竞争优势和新的产业亮点。

所谓推行产业集群化，是指中部地区要发育本地经济不能再着眼于培育单一税源，而一定要使得本地区产业集群化、规模化。因为，中国经济发展到今天，大量分布广泛的产业与企业都面对同一个重要问题——低价格竞争的困惑。之所以会产生低价格竞争，很大一个原因在于产业没有集群，过于分散。采购者可以从中国不同地区进行比价采购，最终导致国内企业在竞争中吃亏和受损。因此，中部地区要发育某一产业，一定要走集群化之路。将某一产业的粗加工、精加工和装配环节最大可能地集中在特定的区域，通过这种集中化的经济布局，创造必要的条件，吸引更大范围、不同区域的同样类型、同样产业分工段的企业进入当地经济体或者是开发园区。只有足够多的产业汇聚到一起，才能够形成产业集群。

产业集群一旦形成，其优势在于：首先，因为采购的数量巨大，可以降低平均的物流成本，进而降低原材料的集中采购成本；其次，因为产业集群的原因，导致规模化和专业化，可以大大降低在本地区集中生产某一类型零部件或者制造类产品的综合成本；第三，形成产业集群有助于本地区在人才培养、专业人员提升方面获得更大的优势，也可以获得产业与金融系统更好的协作。

因此，对中部地区而言，应该认真地思考以下问题：在确立未来发展转型中，中部应该承接什么样的新兴产业，这些新兴产业有没有形成集群的可能？如果要形成产业集群，需要哪些要素条件予以配合？目前本地区所缺少的是什么，可以强化的又是什么？这些产业发展中还存在哪些资源、环境和技术方面的约束条件？在产业转移的过程中，国内和国际现有产业分布是什么样？要形成产业聚集主要竞争对手有哪些？竞争中各自的优、劣势是什么情况？未来所要采用的竞争策略如何部署？最终希望实现的、分阶段的未来短期、中期和长期的发展目标如何界定？要实现这些目标，与本地区所能够配置的各项资源之间如何取得衔接和一致？只要为这些问题寻找到了答案，中部的发展前景将非常光明。

二、"三来一补"与"非常六加一"

中部地区发展经济的主要方式，除了过去国有经济投资了大量的基础设施和国有企业经济体系外，民营经济的发展相对比较薄弱，主要集中在消费领域和部分服务型产业，比如房地产、食品加工、零售类企业等等。其外商投资和民营企业遵循的发展路径，通常是过去沿海地区推出的"三来一补"模式，即利用本地的人力资本和自然资源价格优势，将生产要素的低价格集中到生产制造的组装、装配阶段，从而吸引外资的进入，带动本地区生产发展和就业。在这种模式下，经济的发展获利空间有限，创造的地区财富和财政税收增长速度相对缓慢，更重要的是难以形成本地区的核心竞争力，构成区域性产业集群。因此，中部外资和民营企业的发育进程不尽如人意。

目前，面对东部沿海地区在金融危机中产业转移的趋势，中部地区必须重新审视自己所拥有的资源，看清楚产业发展的"非常六加一"概念。所谓"非常六加一"，指的是整个产业链中的各个环节。在制造业产业发展中，生产制造和装配只是产业分工中的一个重要环节，剩余还有六个环节可与制造生产过程并驾齐驱。它们分别是产品的研发、产品的设计、采购过程管理、市场营销与品牌管理、物流控制与管理以及分销网络管理。产业的运行如果只有生产制造和组装装配这一个环节，则对区域经济的带动力量非常有限，并且无法调动更多的要素资源进入本产业和本区域。因此，中部地区要实现成功的产业承接，并不能只看东部沿海地区转移过来的生产设备、车间、厂房和产品，而要更多地关注企业和产业从东部引入中部之后，在剩余"六"个环节上能不能有所提高，有所改善。

实际上，中部地区有其固有的优势。中部的文化教育资源比较丰富，科技研发力量比较雄厚；传统上还拥有一批国家投资的大型企业，产业工人队伍和当地的人力资源存量都相对丰富。而且，中部地区是中国最为重视教育的区域，文化教育普及水平和国民教育的质量相对东部而言并不算低。中部地区可以透过对这些人力资源的开发，向企业的研发设计、采购物流、市场与品牌管理、分销管理等诸环节培养和输送人才，帮助转移过来的产业与企业更快地融入当地经济。并且，有效地从制造装配领域向所处产业的上下游延伸，确立迁移后的新的竞争优势和未来的企业拓展方向。进而用这种发展式的迁移带动当地人才就业，推动当地经济向纵深发展。

一个地区经济发展的好坏，不仅要看地区生产总值，也要看 GDP 中的产业结构。如果中部地区生产性服务业为中心的服务产业能够较快地发展，在经济生活中占的比重越来越高，那么经济的活力就越旺盛，生产制造业本身的发展后劲就越足，而且升级突破的可能性就越大。

因此，中部地区的产业本身可以形成集群，研发、设计、采购、市场与品牌管理、分销管理、物流管理等领域，则可以实现更多的生产性服务业外包。如果产业集群的规模达到一定程度，则为这一产业集群服务的商务力量和专业化组织也会迅速增加。这些生产性服务业的发展可以较大程度地拉大就业率，尤其可以帮助消化近年来大幅度增长的大学毕业生数量。因为，从所学专业和所受教育来讲，受过系统训练的大学毕业生最适合从事的工作领域，往往不是生产的一线，而是与生产制造相配套的专业技术领域。

总之，中部地区必须充分地考虑到自身的基础设施水平、文化教育能力、人力资源储备、资金的吸引力和技术开发的基础能力，着力培养产业和企业运营中的生产性服务能力，以生产性服务能力吸引产能，进而形成产业集聚区，打造产业集群。只有这样，从东部来到中部落户的产业才能落地生根，才能形成特有的竞争力。

这种竞争力一旦形成，既是对东部地区升级产业的重要补充，也是东部未来所产生的高质量的生产性服务业的消费市场。它的产品将源源不断地供应东部和海外市场，满足东部和海外市场不断放大的消费需求，逐步形成中东部的有机联动，循环互补，形成良好的产业和消费的生态系统。使得中国经济的内生性力量更加壮大，内源性市场充分发育，真正实现国际和国内市场并重，消费、投资与出口齐飞的良好局面。

三、科技仍是中国的"短板"

中部地区要实现可持续发展，是中国经济可持续发展的重要组成部分。中部能稳定，中国经济大局就能稳定。因此，中部经济的发展不能仅靠承接东部产业转移，而要有自身的产业特点，特别是基于技术进步和发展的新兴产业布局与提升。

中国以科技为立国之本，国家制定了科技20年发展纲要，提出在信息、生物、新材料、航空航天、海洋等产业领域大力发展科学技术，同时发展现代产业体系，大力推进信息化与工业化融合，促进工业由大变强，振兴装备制造业，淘汰落后生产能力。在这一过程中，未来10年时间在先进制造技术领域、资源与环境技术领域、化学与化工技术领域、空间科学技术领域将出现一系列新技术的突破和产业化。中部地区必须抓住这一轮科技产业化的重要机遇，通过国家的政策扶持和产业支撑，用10年时间在中部地区构造出一个具有较高科学水准、强有力技术支撑和坚实生产制造能力的现代工业化体系。既为东部地区提供良好的生产制造装备，又能够为东部地区的生产外包提供所需的各类配套零部件产业。进而在生产工艺、技术水准方面不断升级，推动东部高质量、高水准产业的突破。

如果中部地区能够成为东部拓展的科技支撑点，能够源源不断地为东部的海外市场拓展和国内市场开拓提供科技手段的支撑，扮演今天美国中部芝加哥等重型城市所扮演的角色，那么，中部地区的市场空间和产业发展空间则大有可为。

我们看到，美国东部沿海地区是以金融业为主，西部沿海地区是以高技术产业为主。美国传统的制造业只有两个去向。第一是向海外市场转移，例如向东亚的日本、中国、韩国；东南亚的马来西亚、印度尼西亚、菲律宾；南亚的印度以及中欧国家和拉美国家去转移。这一过程历经30年已经基本完成，因此在美国，能够大量吸收劳动生产力的一般性制造业已经几乎失去了踪影。这也就是为什么美国一旦出现金融危机，市场出现萧条以后，会急剧地放大失业率。因为对于大多数缺乏专业技能的劳动者而言，一般性制造业是最容易产生就业的。而美国经济中缺少这样一个基本环节，而是把一般性劳动力大量地投入到了社会服务和消费服务领域。这两个领域受到市场萎缩的联动影响最为直接，一旦出现市场信心萎缩，则必然面临着销售部门和社会一般性服务部门的缩减员工和裁减薪资，因此受到影响较为深重。

美国制造业的第二个出路在于向中部集聚。实际上，以芝加哥为中心向南北辐射的美国中部地区，既拥有美国最大的粮农生产基地，同时又是美国最重要的制造中心。著名的跨国公司，比如波音公司，美国三大汽车公司，福特公司、通用公司和克莱斯勒公司以及大型机械设备制造企业都沿着这样一个美国中部地区来布局。到今天为止，美国的制造业在世界范围内依然具有一流的竞争实力，就在于中部地区对先进制造业产业提供了足够的支撑。而中部地区的这一有力支撑，使得全国近2/3的就业人口集中在中部制造业和农业主产区。使得美国经济能够呈现一个三足鼎立的发展趋势，确保了美国的金融和高科技有足够坚实的载体。

中国经济要为未来30年黄金时间争取一个强大的中部。中部的意义十分突出，而中部的崛起很大程度在于科技的投入，特别是科技产业化转变的成功。因此，中部省份应该不遗余力地推进适合于本地区的先进制造业的项目的立项与投资；还要依托本地区重大的基础设施建设推进，将公路、铁路、航空和河道运输作为首要的建设目标；并且通过基础设施项目庞大的政府和民间投资，使中部地区成为机械制造、装备制造和重化工设施的重要市场，以市场吸引国内和国外重要的先进制造业企业落户中部。围绕这些先进制造业企业发育具有国家层面支撑的、技术含量高的先进制造业集群，并围绕这些集群形成配套的技术和研发支撑能力，大量引进技术转化环节的咨询服务能力和培育保障系统。帮助国内外专业化的科研院所、高素质的科研人才集聚到中部，为打造一个科技中部和强大的科研体系做好配套，促使中部地区成为研发的成果转化地、技术的产业突破地和高科技人才的成功创业之地。

四、三聚氰胺，寝食难安

中部地区不仅是未来先进制造业的重要基础性基地，更是中国农业的重要粮食产区。中国历史上，只要中原稳，则全国安。粮食和农业永远都是中国经济最核心的部分。

当前，中部经济的发展面临一个重要机遇。十七大报告已经明确提出，要坚持农村基本经营制度，稳定和完善土地承包关系，按照依法制约有偿原则，健全土地承包经营权流转市场，有条件的地方可以发展多种形式的适度规模经营。十七届三中全会更是明确了农村经济未来改革的方向：加大农村经营承包流转权市场的建立，推动适度规模经营。

中国的农业，特别是中部地区的农业，一直都处于小农经济状态。农民拥有的生产资料非常有限，基本上靠天吃饭，人力畜力在很长的时间内依然是农业发展的主要工具。虽然目前机械化程度有所提高，但是因为规模的分割，现代农业体系一直没有真正建立起来。中部地区虽然是农业大省，也是产量大区，但是农业产值和规模化运营，特别是农业与现代工业的衔接，现代化农业体系的建设，都远远落在了社会经济发展的后面。

2008 年，中国社会发生了一件非常重大，而且也引人深思的食品安全事件，这就是三鹿乳业公司所引爆的乳品行业添加三聚氰胺、严重危害食用者特别是婴幼儿健康的社会公案。如今，案件已经得到公正的审判，当事人也为其愚蠢的行为付出了代价。但是，反过来思考这一案件，大量中国的乳品企业牵涉其中，难道仅仅用质量管理不过关、食品安全控制不严格就可以解释吗？

冷静地思考后，我们发现，实际上，三聚氰胺事件的本质是快速发展的食品行业加工能力和扩张膨胀的现代食品需求与发展缓慢、产业化程度低、难以满足现代化市场消费和工业体系需要的农业生产体系不配套导致的。正是因为现代化农业生产体系的严重不足，无法提供市场消费者所需要的和现代化加工体系所渴求的高质量的庞大规模的原材料，在市场利益的驱动下，利欲熏心的犯罪分子便通过向原料产品里添加工业用剂来蒙混过关，向庞大的工业系统和消费市场投放不合格产品。

因此，与其说三聚氰胺事件是一场食品安全监管失误，不如说它实质上是农业现代化水平和产业化水平严重不足而市场消费水平又迅速扩张、工业化生产能力极度膨胀的情况下出现的产业衔接之间的矛盾。这一矛盾带来的直接结果是消费者受到巨大的伤害，整个乳品行业以及该行业所覆盖和影响到的上下游配套生产能力、奶源基地、整个以乳品为中心的农牧业受到了沉重的打击。中国乳业的发展速度、水平和质量，应该说一夜之间至少倒退了五年。

在这场风波中涉及的从业人员数以百万计，消费者数以千万计，而造成的经济和财政损失则更是数以亿计。当我们遭遇到这样的损失之后，冷静地反思我们经济建设中的问题，会猛然发现，在基础产业，特别是农业领域里如果投入不足，则后续的原料、半成品、产成品、工业领域和消费品领域中，就会对这种不足做出严重的放大。如果我们试图去掩盖这种不足，去推动工业生产和消费市场的扩张，那么每出现一分差距，在产业链里面就可能产生十分的损失。因此，为了更好地发展国家的食品工业，发育消费市场，非常有必要投入大量的精力和资源来加快农业现代化体系的建设。

而中部地区恰恰拥有这方面最好的条件和资源。因此，中部首先要建立起真正有效的农村土地承包经营权流转市场，让供需双方的利益在市场中得到公平的体现。既然有市场，就会有定价。定价机制既要有市场引导，又要关注交易双方，特别是弱势交易群体的利益，通过适当的行政保护，避免出现土地兼并和农民流离失所。

其次，在此基础上，以产权为中心，以市场化机制为牵引，大力引入资金、技术、人才等生产要素，投向中部的农村地区。特别是做好农业产业化规划，在产权公平交易的基础上推动农业生产，集中配对地为食品工业基地提供现代化农业物资服务。这里就包括建设现代化的育种基地、现代化的农业生产管理过程控制系统、现代化的农业收割和仓储运输物流系统、现代化的病虫害防治系统以及现代化的农业包装、储存管理系统。

最后，中部地区需要确立不是靠天吃饭，而是具有公平反映价格的农产品定价机制。可以成立类似于美国芝加哥地区的商品期货交易所，特别是农产品期货交易所，通过期货交易的现代金融方法，对冲农产品价格波动的风险，为区域中能够产业化经营的农业企业，特别是粮副食品加工企业提供对冲条件，确保农业的从业者不因为农产品价格的波动而遭受额外的损失。当然，对这种农产品的现代期货交易要加强监管，保证绝大多数参与者是以套利保险为主要原则，而不是套利投机为主要目的，避免市场出现人为的波动和由金融导致的农业不稳定。

五、大赣州：华南增长极的另一个"后花园"

中部地区承接东部产业，必须保证不以牺牲人类生存发展空间及环境资源为代价。作为毗邻广东省的重要中部城市，江西省的赣州地区在承接东部产业方面具有特殊的区位优势，赣州在承接长珠闽地区转移出来的产业模式方面值得借鉴，在承接来自广东东莞等地的电镀工业时，其制定电镀工业园环保产业标准的做法令人称许。

为有效承接东部地区转移出来的产业能力，江西省提出大赣州理念，打造产业转移承接主平台、产业承接梯次平台和各类工业园。

所谓打造产业转移承接主平台，是指切实加强中心城区功能性基础设施和配套设施建设，不断增强中心城区的产业聚集能力、人口吸纳能力、要素集约能力、创新发展能力和辐射带动能力。促进区域内基础设施和配套设施共建共享，形成"一小时城市经济圈"。进一步完善投资者权益保障制度，优化投资环境，实现在关键领域和重要环节上与国际惯例接轨，与长珠闽地区互融互通。使中心城区成为全市商品、要素和物流交易最为活跃的区域，成为全市经济引力与张力最强的区域，成为承接沿海产业、资金、技术转移的主平台。

所谓打造产业承接梯级平台，是指优化产业区域布局，积极培育以中心城区为核心的中部经济区，以瑞金为核心的东部经济区和以龙南为核心的南部经济区，打造东、中、南三个经济增长板块，构建瑞金—赣州—龙南工业经济带。中心经济区主要以章贡区、南康市城区、赣县县城为主，包括兴国、于都、信丰、上犹、崇义、大余等周边县城。重点布局以资本、技术密集型为主的加工制造业、高新技术产业和生产性服务业，以精深加工为主的有色冶金及新材料业、电子信息业，以酒、烟为主的食品业，以汽车零部件为主的机电制造业，以造纸、服装为主的现代轻纺业以及生物制药业。东部经济区包括宁都、石城、会昌等周边县城，要加速成为与"闽三角"地区对接的经济协作区，重点布局氟盐化工、新型建材、食品等产业，形成赣闽边际地区集散、口岸、中转为主的物流中心和红色旅游城市。南部经济区包括安远、寻乌、定南、全南等周边县城，要加速成为与"珠三角"地区对接的经济协作区，重点布局稀土采选深加工、现代纺织服装业、农副产品加工业，形成赣粤边际地区集散、口岸中心。

所谓办好各类工业园，则是指进一步整合工业园区资源，调整园区功能和产业布局，加快建立"园区一条龙"便捷服务机制。培育发展钨、稀土、氟盐化工、机械、食品、新型建材、生物制药和电子信息等特色工业园区。加速把赣州经济技术开发区建设成为全市的高新技术产业聚集区、老城区工业企业退城进园的主载区和财政收入的重要增长极。加快瑞金、龙南工业园区建设。计划在 2010 年，争创 1 个年销售收入 200 亿元以上的综合性工业园区，5 个年销售收入 60 亿元以上的特色工业园区。

中部地区在未来的五至十年不可避免地大量承接东部沿海地区转移出来的产业群，在这一进程中务必避免重走曾经困扰东部的先发展、后治理老路。如果中西部地区再出现空气、土壤、水资源和环境生态系统的恶化，单纯的物质经济增长将是一场灾难。赣州为引入广东迁出的电镀产业，设计提出了一种环保运行模式——电镀产业环保工业园。电镀废水处理的全过程都贯彻了自主研发的技术新路线。即"废水分流，分类处理，净水回用，金属回收"。在这条新路线中，回收水和金属及盐类等各类资源是园区的目的。而废水分流后分类处理则是达到回收资源的手段。根据中国目前电镀铜镍铬锌的现状，将园区内的电镀废水和辅助工艺的废水分成十类，使其各行其道各入其池，然后分类处理。

从处理方法而论，电镀前处理废水中富含表面活性剂而不含重金属，用于代替自来水冲厕所无疑是最好的选择。入化粪池的废水与食堂淘米洗菜废水以及员工洗衣、洗澡废水一道进入生化池，用好氧微生物曝气处理后，再用膜技术处理、杀菌，回用于生产线。这样一来，生活废水就转化成为生产用水，实现了负排放。而未能转化的部分则是优质的氮磷肥，不但可以用于园区绿化施肥，还可供附近农民施肥之需。生化后的污泥富含有机质，是重要的土壤改良剂，可作农田和林业土壤基肥施用，对培肥土壤有重要作用。

各种电镀废水的处理，采用化学沉淀、离子交换和膜技术相结合的方法，使处理后的废水 95% 以上返回生产中重复使用，膜技术处理后的浓缩液则分类晒盐，进一步浓缩。晒后所得的浓缩液或固体盐有四种用途：一是作化学肥料，其中有钾肥、氮肥和微量元素肥料——硼肥和锌肥，均可供赣南农业施肥之需；二是供电镀生产中配制活化酸盐；三是供离子交换柱作洗脱剂；四是电解盐溶液可制酸碱，供生产线和处理废水之用。使盐类资源得到充分利用，而不排放。每类废水经上述工艺处理都达到零排放后，则园区就无需设置排放口向园区外排放了。

随着电镀废水分流的同时，废渣也分类了，这其中包括铜渣、镍渣、铬渣、锌渣和多金属渣。这些废渣除多金属渣在分离技术上较困难，需交专门的冶金企业回收金属外，其余金属渣均可在园区内进行加工提纯制成电镀原料，使其符合生产线的质量要求，回生产线中重复使用，大幅度地提高金属资源的利用率，实现电镀清洁生产的指标要求。

作为产业承接的重要载体，赣州未来电镀工业园的设计一方面尽最大的可能来回收电镀的物质资源，使之循环利用。并在回收的同时创造经济效益和彻底消除环境污染，力求做到经济效益、社会效益和环境效益最完美的统一；另一方面利用先进或适用环保技术改造传统工业特别是环境污染产业，从而在产业承接过程中保证区域内人与自然和谐相处。人文经济社会可持续进步将成为未来中部地区承接产业转移一种可选的思路。

第七章　东北这头醒狮

一、把直线走到底：中国的重化工业

东北，是中国一片神奇的土地。在建国之初，东三省作为共和国工业的长子，成为中国最初的重工业基地。一方面继承了历史上的重要工业基础，另一方面在规划中成为中国经济总体发展的重装设备供应基地，东北的经济一路走来高歌猛进。

但是，改革开放以来，东北在全国范围内似乎已经不再是排头兵。辽老大曾经意气风发，可是在东部沿海地区咄咄逼人的市场攻势下，显得不那么光彩夺目了。于是，人们在反思，东北到底应该走什么路？是不是应该像江浙或者广东沿海一样，去复制温州模式或者东莞模式，走出一条轻工业市场为导向的经济培育之路？

然而，凡是站在客观立场上冷静思考的区域经济规划者都应该看到，东北经济从规模、基础、性质和当地的资源禀赋而言，都不适合走温州模式或者沿海模式。东北过去是，今天是，未来还是中国经济成长的重要基石。东北地区必须在国家强有力的支持下，通过合理规划，持续推进中国重化工业的辉煌，成为中国最有力的重型装备制造业基地和能源化工业基地。离开了重化工业的延续，东北地区将失去其固有的优势，难以获得与自身地位和规模相适应的经济地位。

那么，东北地区的重化工业之路如何去走呢？盘点区域内现有的资源条件和产业分布可以发现，近年来，东北，特别是辽宁的老工业基地的改造已经卓有成效，传统的工业基地通过人员调整、技术升级、设备改造和市场调整，已经焕发出勃勃生机。因此，东北重化工业的发展就在于把存量盘活，把这些充满生机和活力的区域性的重化工企业串点成线，集线成面，形成重型装备制造业和重型化工业的基本集群，在此基础上强强联合，整合出一批具有强大实力，特别是拥有较高技术研发水平，获得银行信贷支持和具有现代化市场运作能力的大型企业集团。

利用目前全世界金融危机的有利时机，东北尤其需要审视和分析全球范围内，重型装备制造业、电气制造业、汽车制造业以及重型化工业发达的国家和地区，寻找那些因为本地资源禀赋变化，要素成本过高，不适于继续发展类似企业的发达国家的成熟区域，通过直接或者间接的股权并购、技术收购、设备采购和成建制接收等方式，将中国企业未来所需要的设备和技术，尽可能快速地进行配套收购。通过商业并购的手段获得技术设备和发展模式，与国内已有的产业集群相对接，推动东北地区快速形成若干个互相竞争，又相互促进、相互补充的重装基地。而这些基地生产的产品，主要是为了供应东部和中部内陆地区。东北地区迅速膨胀和扩张的工业生产，为庞大的中国经济再起飞提供技术保障、设备支撑和能源服务。

因此，东北的价值并不在于在本区域内大胆地发展轻工业、消费产业，而在于整合好重型装备制造业和重化工产业的基本资源。依托地缘优势，做好产业布局，通过合理的海外并购行为，加快这些基础产业的国际化，使得东北地区的重装集群能够迅速地与国际一流技术、设备、研发和组织管理水平相对接，引进技术，引进设备，引进人才。

通过政策性融资，东三省地区将迅速成为沿海各省和中部地区经济发展的有力支撑者。通过重型装备能源、资源的供应和服务，推动总体经济高质量、低成本运行。与此同时，再利用规模优势迅速拉低重型设备和重化工产品的资源价格。以低价格、高质量的产品和服务，在重型装备和重化工业领域，迅速向海外市场出击，更大程度地夺取海外成套设备市场的份额。以此为基础，通过低价格高质量的竞争策略，不断充实细分市场，抢占海外装备制造业、电气业的市场份额，逼迫更多的大型跨国公司用其技术和设备作为入资条件，参与中国重型装备业和重化工业的建设。在这一过程中，不断抢占海外市场，推动海外市场专业化和细分化；促使西方先进国家或产业发达地区让出下游制造装备市场，而用技术和装备来换取中上游市场的基础服务，并最终选择与中国联手，服务和控制全球装备制造业。

可以说，中国经济总体上能不能再上层楼，很大一个影响因素就是东北地区的老工业基地的改造是否成功，能不能再造中国的重型装备制造业和重化工产业。这一过程已经逐渐见成效，未来的发展方向已经明确了国家化、规模化和专业化三条道路。从长远看，一个国家和地区的发展离不开装备业的有力支撑，东北地区只要坚持循着这个方向前进，努力整合世界资源，用心满足海外和内地专业生产集群的个性化需求，为数以千百计的产业集群地带提供有效的装备制造产品与服务，则是对中国经济做出的最大贡献。

二、东北亚的明珠：借日韩再造一个德国

因为特殊的区位优势，东北地区不仅需要成为中国经济成长的重装机械设备供应基地，而且要特别重视对周边区域的辐射作用。东三省面对日、韩、朝鲜等周边国家，紧临俄罗斯的远东地区，并背靠蒙古国。因此，东北地区能不能与接壤或者临近的周边地区形成经济贸易互补区，形成区域性的自由

贸易区，进而推动周边国家与中国构建更广义上的自由贸易区，是东北亚地区，乃至亚洲经济真正成为世界重要一极的关键一着。

东北的发展不应该仅限于本区域的发展，而应该放眼周边，以东北亚经济圈的思维方式来构思本区域的发展。东北应该积极地联合周边区域，利用日本相对先进的技术和相对雄厚的资金实力、韩国较为实用的产业技术、蒙古国和俄罗斯远东的丰富的自然资源加上东北地区本地已有的重工业基础设施，直接辐射中国内地的销售网络以及具有比较优势的劳动力资源，来形成一个独特的区域经济共同体。

打造东北亚区域经济体，可以借鉴德国的产业集群的发展模式。德国作为先进的西方发达国家，以汽车、电气工程、机械装备制造业和信息产业作为经济的支柱产业，其产值占到国内生产总值的 1/4 以上，产品在国际市场上具有较强的竞争力，并且具有较高的集聚度。其汽车和机械在出口中占据主导地位，分别占工业出口总额的 27.4% 和 16.6%。同时，制造业、医疗器械、物流管理、研发和航空航天业也发展迅速，逐渐成为德国经济新的增长点。

考察和评价一个区域经济的好坏，必须涉及重点行业和部门，因为这些行业和部门雇佣劳动力最多，决定着区域经济发展和区域的未来。一个地区的重点行业和有发展前景的行业企业的数量占优势的话，那么，该地区的经济发展非常明显地好于其他地区。优势企业在一个地区的聚集和发展可以带来就业增长、收入和税收增加，获利的不仅仅是企业本身，企业所在地也将因此获益。例如在德国的经济体内，汽车、电气、机械装备和信息产业与欧洲其他国家相比具有很大优势。另外，中小企业在相关行业占主导地位，南部经济比北部经济更具优势。

反观中国以东北地区为中心的东北亚区域，完全可以像德国一样确立其主导产业。东北可以利用周边各国固有的优势来推动主导产业超常规、跨越式地发展，并且确立具有共赢互补特征的主导产业，作为区域经济发展的龙头辐射周边区域，供应中国内地和沿海地区经济发展，支撑东北亚地区庞大的出口产能。

目前看来，以装备制造业、重化工业、汽车制造业和信息与软件产业为中心，构建东北亚经济圈恰逢其时。在汽车制造业领域，日本、韩国都具有较强的技术研发和生产制造经验，也具有覆盖全球网络的分销体系。日本丰田公司甚至已经超越美国三大汽车公司，成为2008年度汽车产销量全球第一的跨国公司。同样知名的还有日本的本田、尼桑、日产、三菱等著名的汽车产业。韩国的现代也具有相当的实力。而中国东北地区的吉林、辽宁、黑龙江都有汽车和飞机发动机基地，有整车组装基地，具有良好的工业生产条件和相对成本较低、素质较高的劳动力群体。因此，较之日本、韩国目前在中国内地遍布许多省份的生产基地而言，日、韩完全可以更多地将汽车产业向中国东北地区转移，较好地利用集群优势，降低运营成本，分摊成长费用。东北地区承接日、韩企业的产业辐射中国内地，也将会是一个很好的选择。

而装备制造业方面，东北地区本来就具备较强优势，加之日本能够提供技术上的更多支持，市场不仅有中国内地，还包括俄罗斯的远东地区和蒙古国的大规模基建。电气化产品和软件信息服务业，也是三方互补、互利共赢的主导产业。

由此可见，这是一条比较理想的东北发展之路：汇集各国力量，以中国的东北地区为区域载体，集聚周边地区的资金、技术、人才和自然资源等生产要素，打造高水平的重点产业集群；并以重点产业集群为支撑，构建覆盖东北亚地区本身以及亚洲更广阔地区的分销网络，实现东北亚地区对亚洲其他地区经济发展的技术支撑、装备支撑和重化工能源支撑的基础性作用，确立东北亚地区在亚洲经济中的不可替代战略地位，并以此反向推动日、韩和中国经济，向欧美市场获得更大的市场空间和经营收益。

而这一过程本身需要本地区各国政府的更大智慧。短期来讲，中、日、韩、俄国、蒙古，包括朝鲜，要想抛开历史的政治恩怨，立即建立完整的自由贸易区会有较大难度。但是，如果选择各国的局部地区，围绕中国东北地区，形成一个以三江流域为核心的跨区域自由贸易区，或者跨区域的自由贸易加免税区，则是一件容易做到而且事半功倍的事情。如果能够出现这样一个东北亚自由贸易区，则东亚经济的一体化过程将极大加速，甚至亚洲经济的更紧密联系也指日可期，西欧、北美和东亚地区出现全球经济三足鼎立的态势，也变得极具可能。对此，我们拭目以待，乐观其成。

三、真正的较量：又现北大仓

东北地区的发展，农业问题是重要而根本的问题。对于中国的现代化建设来讲，工业是强国之本，而农业是国家稳定的基础。

东北地区的农业具有特殊的意义。首先，东北地区是中国最大的大规模机械化农业生产基地；其次，东北地区的玉米、大豆产量占国内农产品份额和对世界市场的影响具有举足轻重的作用；最后，东北地区适于生产的作物，不仅可以满足粮食食用需求，还可以满足未来国家发展对生物质能源的规划。

但是，东北地区的农业经济发展面临巨大的挑战。这次金融危机爆发以来受到冲击最大的首先是农产品价格。自从 2008 年起，农产品价格跟资源矿产类产品价格一样，也乘上了过山车。玉米、大豆、谷物价格都出现了高达 60%的跌幅，而国际市场交易价格影响到国内交易价格。忽然之间，高不可及的粮食商品价格坠入深渊。农业从业者和农业现代化体系的上下游都受到严重冲击。

如何应对这种冲击，如何规划中国东北地区未来农业的发展显得重要而迫切。其中，有三件事情必须着重考虑。

其一，是在东北地区建立起完整的粮食补贴机制和仓储机制。实际上，中国农业面对的最大挑战就在于西方国家，特别是美国对粮食体制所实行的大量补贴。而这种补贴机制导致在全世界都在倾销美国的低价格农产品，使得其他相关国家农业体系出现崩溃的危机，进而控制其他相关国家农产品的上下游产业结构，控制其对食品的供应产生对美国农业产出的依赖。

到 2008 年，我国东北地区生产大豆一年约 3 000 万吨。而我国每年进口大豆也为 3 000 万吨，可每吨大豆的价格国内外的差价高达 177 元。这一悬殊的价格使得国内的炼油厂更大程度地倾向于直接进口美国的大豆，而不是从中国本土采购大豆。因此，不能用完全的市场化手段在东北实行农业生产，而要特别着重建立起对农业生产环节的直接补贴，不断加大补贴的力度，帮助东北地区的玉米和大豆生产农户和企业能够获得在国际市场竞争中有利的地位。

其二，则是建立起相应的粮食储备体系。在直接补贴的前提下继续稳定市场粮食价格，避免粮食价格出现过高或者过低的涨跌幅，保护生产者以及粮食从业者的利益，稳定消费市场。

第三是关于生物质能源的问题。实际上，以美国为首的西方国家通过对生物质能源技术研发的控制、产品标准的设定和生产规模的管理，极大地挤占了粮食体系的生产份额。这也是导致近年来，随着农业产值的迅速攀升，全球饥饿人口却在逐渐增加的一个重要原因。2008年，美国生产的生物乙醇大约占用了1.4亿吨粮食生产所需要的土地等空间资源。随着奥巴马政府的上台，清洁能源规划的提出，这种情况在短期内不可能逆转，甚至会越来越多的呈上升和发展趋势。

这场金融危机，促使美国政府更多地思考大宗产品金融体系的脆弱性，进而加快国内生物质能源体系的规划和发展。从中期来看，全球农业的资源会进一步被生物能源替代石化能源转变，也会使得粮食资源在总体上变得更加稀缺和不足，导致粮食价格进一步波动。因此，在东北地区，着重考虑通过玉米秸秆等物质提炼乙醇，或者进行生物燃料的压制，是一种未来可行的路径。但是，这一行为应该以保护粮食安全和国家粮食资源的总体稳定为重要前提。

同时，从美国四大粮商为主的国际食品生产加工企业已经对农业生产的上游、中游和下游实行全方位的控制。这种控制正在不断打压本土企业和食品生产国的本土产业链。因此，要维护东北地区的农业生产的利益，不仅要直接对农业生产者——农民进行补贴，还要对农业产业链实行价格保护和政府补贴，确保中国脆弱的农业能够面对国际农业企业巨头咄咄逼人的攻势，保障其足够的发展空间。

由此可见，东北农业的发展问题，一方面是粮食安全问题，必须通过直接价格补贴、储备体系的建设和对产业的间接补贴来予以保障。做好加入WTO以后中国对世界农产品开放市场的承诺，又保护好本国粮食、农业加工企业的利益。另一方面，为了应对未来新环境变化，中国有责任采取低碳经济的模式，也有愿望采用更有效的替代能源。但是，短期来讲，切不可轻易地将生物质能源挤占粮食生产的空间和资源。因为，一旦出现粮食资源的短缺或不稳定，中国经济的发展将受到严峻的挑战。

能不能形成未来北大仓的升级和再度繁荣，不仅是一个市场化的取向，而且要站到国家和民族的战略高度来定位。北大仓能够保全、能够发展，中国经济就有了足够的安全系数。

四、营口，张开的大口

过去，东北地区的经济发展是以大型城市为中心，集中发展重型装备业和重化工业。目前，这种发展趋势已经延伸到了新兴地区和中等城市。长期拥有出海口但却没有在过去的工业化进程中发挥出主要作用的营口地区，目前成为辽宁省新的亮点。

从过去的缺少主体工业结构到目前规划出六大产业集群，营口将在2012年时基本建成现代工业体系框架，成为国内重要的精品钢材、能源化工、装备制造、船舶修造及配套产业基地，规模工业增加值达到1 000亿元。在营口的"十一五"规划中明确提到，在"十一五"期间，将沿海产业基地一期44平方公里的开发初具规模，现代化滨海新区框架基本建成，地区生产总值达到300亿元，初步建立具有较强竞争力的产业体系。开发区地区生产总值达到640亿元，高新区、仙人岛、能源化工区、船舶工业园等各类园区和美制材料基地将成为营口未来重要的经济增长极。

作为辽宁又一新的出海口，营口是以一港、三区、两基地为支撑，整体推进 1 600 平方公里沿海经济带建设。2007 年实现货物吞吐量 1.2 亿吨，集装箱运量 130 万标箱，分别是 2002 年的 3.8 倍和 4.5 倍。到 2008 年止，五年中完成投资 111 亿元，以完善港口工程及设施。目前，营口港已经跻身沿海十大亿吨港口行列。沿海产业基地迅速崛起，一期 44 平方公里的基础设施基本建成，富士康营口科技园等 40 个重点项目相继开工建设，完成投资 87 亿元。开发区经济实力显著提升，规模以上企业达到 203 户，注册外资企业达到 450 户，2007 年地区生产总值实现 175.5 亿元，比上年增长 30%，高新区技工贸总收入实现 67.2 亿元，增长 50%，仙人岛能源化工区起步区基本实现"六通一平"，大石桥已成为全国乃至世界镁质耐火材料研发、生产、销售基地。

营口市的发展所折射出来的是东北地区未来的交通、物流等新兴产业的发展方向。依托传统的重型工业基地，新的亮点将围绕渤海湾展开。这一亮点在自身发展的同时，又会加大对周边国家和地区的要素吸引力。可以期盼，在未来的 30 年中，以营口等新兴城市带动起来的产业辐射圈和产业集群将快速成长，与传统的重型城市所拥有的重型装备制造业和重化工产业实行有机对接。在优化存量资源，扩大存量效益的同时，着力放大增量要素，通过增量要素的有效组合形成新的产业链和产业带，以此来推动东北地区老工业地区的改造和振兴，也促使产业结构发生明显转变。按照中央对地区规划的要求，不断地实现更具附加值的信息、能源、新材料、航空航天和生物制药领域的规划和设计。最终使得东北地区呈现出真正新型工业化的主体特征，成为未来中国中西部地区乃至东部地区走新型工业化之路重要的支撑和范式。

营口往北辐射丹东，往南则对接大连。鲅鱼圈的建设一旦成型，直接使得环渤海地区有了更新的经济亮点。以东三省为周边的渤海地区与山东沿渤海区遥遥相对，共同形成渤海经济商圈，中间再加上京津唐的力量，将会形成中国华北地区环渤海圈的强大竞争力。背靠大东北，面向山东半岛并且以天津、唐山重点工业基地为支撑的一个强有力的重型工业区将跃然眼前。这一沿海工业地带的开发，往南将支撑东部沿海地区未来 30 年的装备技术需要；往西则可以对接中部地区，实现新型工业化道路所需的技术装备、基本经验以及能源需求；往东北则是辐射东三省内陆和内蒙古地区，进而影响到蒙古国、俄罗斯远东以及日、韩。这一地区的开发一旦形成规模，将产生对重型制造业生产要素极大的吸引力，促使东亚地区在该产业内实现重大集聚，实现跨国、跨区域的重型产业集群。

因为拥有良好的交通条件、先进的物流体系以及东三省成熟的重型工业支撑体系，营口将是未来这一集群的点睛之笔。可以预想，未来的营口一定是强有力的东北亚的一颗明珠。

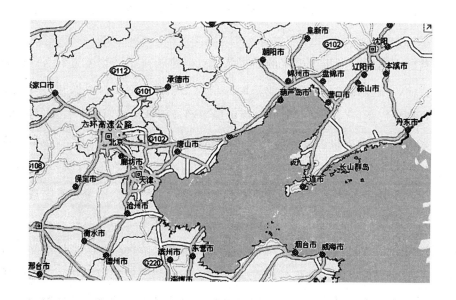

第八章　西部的渴望

一、拿什么竞争，我的西部

说到西部，人们通常指的是内蒙古、重庆、四川、广西、陕西、宁夏、云南、新疆、甘肃、青海、贵州、西藏12个省区。西部通常被人们看做是生产力落后、资源条件匮乏、人力资源短缺而又缺乏市场支撑的贫瘠之地。

但是，如果我们认真地分解西部各省就会发现，西部有其自身的竞争优势。面对汹涌而来的金融风暴，实体经济纷纷被低迷的虚拟经济所传染，东部沿海地区经济出现较大滑坡，中部地区在承接产业转移的过程中也出现较大的不确定性。而西部经济却因为自身的相对封闭受外部冲击和影响的程度相对较轻，也恰恰会是这一轮经济冲击过后有机会最早复苏和争取更大成长空间的地区。

大体上讲，西部12省区可以分为三类地区。第一类地区可以称之为边疆区，比如内蒙古、新疆、云南、广西，这些地区都是与周边国家相邻，有的地区还与多个国家接壤，像新疆与九个周边国家和地区直接边境相连。在这里面，内蒙古自治区直接紧临蒙古国；新疆维吾尔自治区主要衔接俄罗斯和中亚诸国；云南省和广西壮族自治区面向东盟，直接影响到东盟和南亚部分地区。利用边疆区的优势，完全可以发展边贸产业，根据各自所相邻国家资源特征的不同，积极地开展跨国产业布局，将周边地区所拥有的有利的生产要素，纳入省域经济规划范畴，形成跨境的一体化经济。

以内蒙古为例。由于背靠的蒙古国拥有较丰富的矿产资源，但在物流交通、人力资源、市场发育程度和金融服务方面显然处于较落后地位。因此，内蒙古自治区可以利用自己在这四方面的优势，将蒙古国的资源产业纳入规划范畴，利用蒙古国优秀的天然资源，构建起完好的矿产资源开发平台，帮助蒙古国的矿产资源有序地进入中国内地市场。

新疆则恰恰处于俄罗斯和中亚诸国之间，最大的资源是中亚地区的能源，包括石油与天然气。目前，西气东输工程已经进入到二期，而且已经开始支撑中东部地区的经济建设。因此，新疆地区应该充分利用这一有利的区位优势，加快与中亚诸国天然气和石油管道的项目谈判合作进程。在输送石油和天然气能源的过程中，建设面向当地市场的石化产业；同时成为中亚地区日常消费品和轻工业产品的重要供给地，帮助中东部地区数量庞大的企业开发新的国际市场。

云南和广西的特点更为鲜明，二者均主要面对东盟国家。目前，广西已经成为中国辐射东盟最重要的省区之一。云南地区的后劲则非常足，因为该地区不仅有直接对东盟的投资与出口，而且还具有石油输送的重要区位优势。中国经济的发展不能单一依靠海上石油通过马六甲海峡进入中国东部；也不能完全把宝押在俄罗斯和中亚身上，靠西北石油管道。而是还应该有一条新的能源生命线，就是从云南出发，直通缅甸的中南半岛石油管线。未来，从非洲西海岸输入中国的石油可以不再通过东南亚马六甲海峡而是通过中南半岛直接登陆，进而经云南向中东部省份输送。如果未来的石油进口比重中，

40%经东部输入，20%经西北管道输入，20%经西南管道输入，则中国的能源形势将会得到极大改善。

因此，要帮助边境省份影响周边国家经济，建立跨国生产体系和自由贸易区，借助周边国家的能源资源优势向国内提供经济发展所需要的各类资源。同时，促进中东部地区形成良好的市场环境，开发和形成新的广阔的外销市场空间。

此外，西部的边境省份在国防、军事上具有重要的战略价值，对未来中国的人口平衡和产业扩张也能提供重要的战略空间。因此，西部地区应该加大对基础建设投入的力度，在边疆诸省争取更好地实施环境保护工程，使得水、森林、土壤、沼泽、河湖、动物资源得到有效的保护，在此基础上，培育出更广泛的、适合人类居住和生活的宜居之境。还可以通过铁路网络的建设将西北、西南等广袤的国土有效地串联起来，加速建立支线飞机场，通过支线航空网、跨省铁路网和城际高速公路网，建成一个立体化的西北交通网络。使西北地区具备辐射周边国家、为推动跨国经济提供良好支撑的能力，也为中国未来的人口与产业的拓展提供战略大后方。

第二类省份可以称之为具有良好基础和潜力的、工业化程度较高的西部省份。它们是重庆、四川、陕西。这三个省份最大的特点在于，尽管总体经济产值相对东部而言较低，但是各自有其历史形成的区位优势。例如，陕西的西安、重庆市和四川的成都，都是中国著名的电子工业研发和生产基地，拥有雄厚的技术研发资源和优质的高等教育资源。以这些技术生产要素为中心提升区位高技术产业，形成能够参与国际竞争的高新技术、材料、航天航空、电子科技等领域的竞争优势完全是现实和可行的。

而且，这些省区庞大的劳动力群体又使得它们成为承接东部沿海，拓展产业集群的可选之地。与中部地区不同的是西部过去存在的主要问题是本地市场的发育程度不高。但是，随着农民收入的提高，随着西部各省自身经济的发展，西部地区的本地市场已经开始出现欣欣向荣的前景。因此，作为与中部可竞争的东部地区产业承接者，以渝、川、陕为代表的西部地区拥有强劲的竞争力。

第三类西部地区则是宁夏、甘肃、贵州、青海和西藏。这类地区最大的特点是，相对经济发展水平较落后、工业化程度低、人口相对较少、自然环境相对恶劣。但是，这其中又有区别。贵州山区面积较多，生产环境较差，传统上工业项目少，因此经济上一直比较落后。但贵州却有得天独厚的少数民族特色，发展特色旅游业和利用原有的基础拓展三线军工产业，充分开发当地的矿产资源，增加基础设施的供给，会使贵州未来有一个较好的改变。

青海地域辽阔，矿产资源潜力丰富，自然环境也亟待保护。青海人口密度小，同时也是多民族聚居地。未来联通中亚和中国东部的油气管道可能横贯青海。而青海作为川陕腹地，可利用当地丰富的矿产自然和资源和两省人力资源优势加上青海电力价格优势，为西部工业及高技术产业的发展提供基础性支持，从事高附加值的半成品制造加工业务。

而甘肃与宁夏地区传统上就是西北重镇。甘肃直接支撑着西北边陲，具有重要的战略支撑点意义。甘肃地区有较好的重工业基础，在西气东输的过程中可以进一步发挥这些基础资源的作用，利用它形成区域的石化产业集群，帮助提高产品附加值，减少运输压力，发展当地经济。

宁夏则史称塞上江南，其农业上的发展后劲以及当地资源环保的水平直接影响到黄河流域的生态安全都极为重要。这两省区还有一个重大特点，就是与青海一样都具有较多的穆斯林人口。而且，因为宗教和信仰的关系，它们与中东、东南亚、非洲等穆斯林地区具有良好的沟通环境和交往能力。在穆斯林文化影响较多的地区往往都具有较大的商业空间。因此，以青海、宁夏和甘肃回族群众聚居地为中心拓展与穆斯林地区商贸关系，增加对穆斯林地区的劳务输出，拓展中国产品的出口以及引进穆斯林地区能源资源为祖国建设服务，是未来这些地区一个重要的拓展方向。

二、资金，资金

西部地区要大开发，一定需要庞大的融资渠道和大量的资金进入。在所有生产要素里，要撬动一个区域的经济，资金是最关键的。为了开发西部，国家也从战略高度上重视西部，拨付了大量资金进行基础设施建设以及产业投资。

但是，单纯靠行政的拨付难以保证其可持续性，也难以对投放的资金使用效率进行有效评估。是不是用市场的方式会更加有效呢？实际上，如果依靠市场的方式，不论是直接融资还是间接融资，西部地区的资源开发的市场化程度都相对较弱，用市场渠道来吸收融资，就目前来讲，数量远远不能满足西部地区开发的要求。

因此，西部开发的成功与否，关键在于能否获得西部快速发展所需要的、稳定的资金要素的支撑。从世界范围来看，全球变暖等气候问题已经越来越困扰世界各国，不论是京都议定书，还是巴厘岛路线图或者是未来丹麦的哥本哈根会议，人们都在探讨如何节能减排，延缓全球变暖的趋势，减少气候剧变对人类带来的灾难性影响。如果西部能够有效利用这样一种时代潮流，可以打造出环保融资链。

西部，按照国家发改委的规划，应该主要向着生态涵养区的方向发展。在这一类地区，对产业的限制非常严格，并不鼓励环境污染严重、资源消耗大的产业介入，而是鼓励对环境资源进行有效保护，扩大环境资源的涵养，形成伴随着经济发展、不断丰富当地的环境保护系统。

可是，这种做法如果没有产业和资金的支持也难以自我持续。因此，可以在西部地区，比如西安或者兰州成立碳排放量交易中心，鼓励西部地区通过加大植树造林增加草甸滩涂等绿化设施来获取对全球气候变暖的减排贡献；同时，将中部和东部地区由于快速发展而导致的新增的排放量折算成标准单位，要求中东部各省份对所有超过给该地区额定的碳排放量的增加部分进行气候补偿。气候补偿所产生的这部分资金，首先用来购买西部地区在增加绿化、保护环境方面所获取的减排量，然后由国家根据环境保护的需要来进行分配。换句话说，就是形成一个中东部主要二氧化碳排放区和广袤的西部地区形成良性的碳排放量的交易管道。

通过这种交易，一方面推动西部地区更加注重环保，扩大环保投入，创造环保收益；同时，也使得中东部地区明确增加二氧化碳排放量必须付出代价，生产发展如果造成对环境的破坏必须有所补偿。这个补偿机制可以通过碳排放量的交易市场这种环境资源的金融交易模式来产生。目前，全世界范围内拥有碳排放量交易市场的国家有加拿大、美国、英国、俄罗斯等等。以加拿大为例，年度碳排放量的交易量规划中，在 2010 年要达到 1 500 亿美元。如果中国也建立了相应的机制，西部地区便可以通过自身的环境投入，每年从中东部地区，在减排这一行为中获取相应的补偿。

当前，奥巴马政府上台之后，一改布什政府执政时期对气候变化的态度和政策。过去，布什政府一直拒绝履行国际气候协议——京都议定书，认为对美国的要求过于苛刻，发展中国家承担的义务和责任过少。这在过去十几年里客观上减轻了中国的压力，帮了中国大忙。但是，在美国最新的 7 870 亿美元的经济刺激计划方案中，国会将分配 400 亿美元专门用于清洁能源和节能计划。其中包括在未来十年内提供近 200 亿美元的节能和再生能源税金扣抵；拨款 60 亿美元作为再生能源的贷款担保及 25 亿美元的研发补贴；提供专项资金给试行的二氧化碳储存技术和先进的电池技术。如此一来，中国将面对节能减排和环境保护的巨大压力。

从现在开始到 2012 年将会是国际气候政策的一个分水岭。如果以美国为主的西方发达国家都开始进行承诺，承担相关的减排的义务，他们也必然会推动中国等发展中大国承诺一个路线图，比如减排日程或者一个逐渐上升的减排指标。如果到时候中国政府不做承诺，不仅要承受显而易见的政治压力，在贸易方面，也可能会被西方施压，例如对中国出口产品增收环境税和气候税，限制中国在世界各地购买石油、农产品、矿产及其他资源或者通过世界贸易组织等施加其他制裁措施。

因此，对于中国总体来讲，在国际谈判中协商温和的减排目标，比如在2030年接近35亿吨至40亿吨的碳排放量峰值，然后逐渐下降，到2050年削减到最高点的50%。在此期间，尽可能利用能源效率、可再生能源和植树造林等碳汇①来满足或低效减排指标，大胆加强非化石能源占能源计划中的比重。西部地区可以首先尝试建立中国的碳基金，或者是碳税，并且把中东部市场的碳税转移支付到西部，逐渐形成一个市场。对碳排放大户收取的税金可以用来提高西部的基础设施能效，也可以开发可再生能源。

过去的20年里，中国的森林覆盖率从12%增加到18.5%，吸收的二氧化碳估计有80亿吨。这个巨大的碳库在未来的几十年中要不断加强。2007年12月在巴厘岛联合国气候谈判中，热带雨林国家取得了很大的进展，避免掉的森林砍伐可以作为碳信用。按照国际能源机构2008年6月的报告预计，二氧化碳的价格应该达到每吨200~500美元，森林的碳汇价格非常高，更重要的是，森林的碳汇可以购买宝贵的时间用来发展。因此，中国也应该帮助西部地区，将植树造林作为一个争取碳信用的重要手段，林业部门要加强研究和解密这些数据，加快研究碳汇的可定量模型。同时在西部，还可以建立起来适合中国国情的清洁能源技术，例如风能，像新疆地区的风能已经占到全国风力发电的一半以上。再比如地热能、太阳能和核能。同时，通过超高压输送的方式，使得西部成为能源的生产和聚集中心以及中东部中长期发展的清洁能源的主要供应基地。

三、新西宁：用市场之手照亮西部

西宁坐落在青海省，是西北边陲地区的重要城市。西宁市人口不过200万，却占到青海省人口总数的40%。偌大一个城市，国民生产总值却不过

第八章 西部的渴望

---

① 这里所讲的碳汇指的是通过增加对二氧化碳的吸收和环境资源的保护来获得的一种额外收益。

200 来亿元，财政收入不过 10 余亿元，相对于中东部的大中型城市显得实在有些寒酸。

但是，西宁作为西部的代表城市，却具有良好的地理资源和矿产储备，并且具有西部地区城市后发优势。在这一轮金融危机的冲击过程中，西宁不仅不会受到太大的影响，而且还有机会利用不利的外部环境从东部和中部有效地承接产业，迅速地做大、做强某些集聚产业，使得西部地区城市走出一条在发展中集聚产业、通过产业集群巩固城市发展态势的良性循环之路。

其实，西部地区有其自身的优势产业。随着国家西部开发的推进，西部地区的基础设施建设也日新月异。交通的便利使得劳动力进入西部地区变得便捷而快速。作为西宁地区来讲，要想获得优势、快速发展，除了盘点本地区有利的生产要素资源以外，一定要抓住龙头。这个龙头就是金融。

资源条件相对匮乏的西部城镇，要实现跨越发展，推动产业集群的聚集，必须利用金融手段。比如西宁，可以设立若干新兴工业园区，瞄准矿产资源的深加工领域，或者精细化加工领域，从事高附加值、低污染和能量需求较大的产业集聚。

以铜箔加工业为例。铜箔加工业不是一个纯粹的高技术产业，它是用成熟技术制造铜箔和铜电板。这一产业的最大特点是能源消耗量较大，能源成本所占成本结构中的比例较大，而运输和物流费用所占比例较小，单品附加值较高，但是也需要一定的技术支撑。西宁市本地电价较为优惠，并且拥有较丰富的矿产资源，省区内已探明的铜矿储量非常可观。因此，可以考虑乘着东中部地区金融危机产业结构调整，大量外迁铜箔加工业的时机，将铜箔加工业承接到西宁的工业开发园区。

但是，这一做法必须依靠金融的杠杆，也就是需要寻找到从事这一产业卓有成效的、拥有关键技术的龙头企业，最好是上市公司。因为，政府自身难以做产业集聚，把政府做成一个市场主体也是不恰当的。西宁市政府如果要引进铜箔产业，必须由专业型公司来进行产业的规划、管理、运作，甚至孵化、上市。以优惠的区域经济政策、产业规划能力和资本市场的接口，吸引中东部的铜箔类企业进入到西宁工业区，对那些遇到金融危机冲击、普遍处于经济困难阶段，特别是缺少资金行将破产的企业，则可以通过政府设立产业基金，获得国家和地方资金的注入，以收购资产、控制股权、提供债务融资等各种手段，将中东部地区的产业引导西宁工业区。入园之后，再将它们托管给具有关键技术和市场运作能力的重点公司，将资金、技术和土地资源以及劳动力要素向产业内倾斜。通过这种做法推动关键产业聚集程度，推动产业集群的发育和成长。通过多个产业集群的打造使得西部也成为高新技术、更高素质劳动者和国内外资本的青睐之地。

由于西部自身的市场空间有限，具备的资金实力也相对较小，海外市场的投放能力也较弱，因此，西部地区的发展，某种意义上要向京津唐学习。要快速发展本区域经济必须选准未来发展的产业，以项目带投资。如果区域经济自己不能提供项目，则要寻找到具有足够实力的企业来做项目的引爆者。以项目带产业，产业带配套，配套推集群的基本思路，来加快本地区重点产业集群的规划和建设。

同时，这个过程一定要借助市场化的力量，不能靠行政摊派。特别是要找到具有创新能力和整合能力的关键企业，通过给予它们足够的要素资源支持和财政扶持，获得有利的金融支撑来进行产业内部的企业并购、技术并购、设备并购和迁入园区的各项工作，培育出完善的产业生态系统。并且将产业生态系统向生产链的上下游延伸，特别是覆盖到具有高技术含量、高附加值、市场接受度高的产业中下游。通过确立这些产业在本区域的关键地位，使得区域经济具有固定坚固有利的支撑点和源源不断的发展后劲。

第九章　京津唐：新建的区域经济"实验室"

一、首都：新方向

北京作为中国的首都，不仅是政治和文化的中心，也是重要的经济中心。2008 年北京的 GDP 产出已经超过 1 万亿人民币，人均 GDP 也已经达到 9 000 美元。而在计算人均国民生产总值时，使用的是常住人口 1 650 万人。从某种意义上讲，北京已经步入中等发达国家行列。

北京的经济包括三层含义：第一是北京市经济自身的发展；第二是北京对华北，特别是京津唐地区的辐射；第三是北京对全国经济的影响。反之，北京经济受到的外部影响，也包括全国经济面波动和京津唐地区发育程度的反作用。

这一轮的全球金融危机对北京的经济造成了一定的冲击。因为，北京正处于奥运后经济的调整阶段，突然到来的金融危机对北京市的工业制造、出口外向型经济和社会消费都带来了不同程度的影响。这种影响，从某种意义上讲，可以说是创造性的破坏。但是通过调整，北京经济加速了结构的升级，未来一定是率先迎来反弹，推动京津唐、华北地区，乃至全国更多地区步入快速成长通道的强劲力量。

面对外部不断扩大的金融危机，北京市应该抓住机会，根据区域内经济的特点，确立一批具有鲜明特色的产业集聚区，也就是特色产业集群，坚决推动高能耗、高污染、高物耗、低附加值的产业向外调整。以首钢搬迁为契机使北京经济成为真正的绿色经济、科技经济的典范。

在北京的发展中，最重要的产业当属现代服务业。现代服务业的发展可以理解为后台型服务业的发展。它不仅包括面对消费者和民生的服务业，更多的是对生产系统服务的产业，即对要素的整合产业。北京具有全国最好的资金、技术、人才要素。这些要素是推动区域经济增长必不可少的重要力量。它们与任何一个区域的自然资源、土地、劳动力相结合，都会产生巨大的效能。因此，北京不仅要将自身 GDP 的成长作为追求，而且要把北京特有的要素禀赋资源，跟外埠的优势条件对接，成为东中西部特色地区当地资源引爆的关键要素。通过不断地将北京特有的高级生产要素与各区域的自然禀赋相配套、相结合，迅速形成产业集聚和产业升级，推动各地区的经济成长。

从这个方面来讲，北京首先服务的应该是华北地区的京津唐经济圈。通过京津唐经济圈，向北支撑东北经济的发展，向南辐射长三角和珠三角，向西则推动西部地区的产业承接和区域拓展。

在后台型服务业里面，最关键的产业非金融莫属，其次则是通信类产业，位居第三的是商务服务业。对于北京本地有自身特色的产业，还包括文化创意产业、旅游产业、房地产业、物流业、中介业等等。北京未来的发展方向应该是现代服务业的比重在北京的 GDP 中超过 70%。

以后台型服务业为支撑，北京还应该大力发展高科技产业，适度发展现代制造业。这两个产业都应该是抓住不断升级的契机，利用产业化思维经营高科技，利用高技术提升制造业，力图推出一批具有较强影响力的、具有全方位竞争优势的、能够引导所在产业链参与国际竞争的知名品牌，帮助北京本地经济实现新的突破。

在农业方面，北京有条件实行发展都市型现代农业。不再简单地以粮食和经济作为生产重点，而是重点发展生态农业和观光休闲农业，推进农业的标准化生产、产业化经营和规模化发展。着力创造满足市场多元化需求的产品，深度开发特色农产品的海内外市场。并且，努力以北京现代都市型农业为样板，提炼出推动现代都市型农业的要素组合模式，在全国范围内围绕中心城市，以城乡接合部或者近郊区为依托，建立一批都市型农业的示范区，使得都市型农业标准化和连锁化。实际上，现代都市型农业已经不再是传统农业，而是传统农业、旅游业与城市化产业的大集成。但是这种都市型农业的发展有一个前提，就是不能影响到粮食安全和农业的产出结构。

北京要发展后台型服务业，着重应该抓住四个主要环节。

第一，继续推进知识体系建设，不断培养出符合现代化的后台型服务业成长所需要的大批量高素质的人力资源。他们不仅有高学历，也必须有更多的专业化知识和国际化技能，能够推动和引领后台型服务业不断跨上新的台阶，走向世界级水平。

第二，应该重点突出发展现代通讯业，真正打造数字北京，使现代通信技术成为推动北京成长、提高首都各行业效能的关键手段，实现数字北京的信息集成，并以此为中心支撑和辐射更大范围取得集成的效果。

第三，加快基础设施和公共服务平台的建设，使得北京真正成为环境优美、人文气息浓厚的宜居城市。并且以此吸引全球范围内的优秀人才参与北京和中国的建设。

第四，大力拓展文化创意产业，形成城市文化和引领现代经济发展的都市精神。以开放的文明促经济发展，以创意文化的跨越式发展推动首都文明建设。使得经济繁荣的北京更加具有首善之区的特质，真正走出一条经济发展、生活富裕、生态良好的科学发展之路。

北京的发展和进步还得有更强的前瞻性和穿透力。现有经济结构的调整、主导产业的确立和未来扶持、培育产业的明确固然非常重要，但还应确立北京经济技术发展在中国经济，乃至世界经济范围中的引领作用。目前的经济全球化面对许多威胁，其中非常突出的挑战包括现在大家所看到的金融风暴，还有气候的急剧变化。奥巴马政府公布的救市方案中，仍然不忘提到，将对美国境内的大型能耗企业增收二氧化碳排放量的额外税金，用来对美国国内的环保产业提供扶持。

从目前的趋势来看，全球对气候问题的担心和关注越来越趋于共识。人们在关心气候变化的同时，也对节能降耗、减轻二氧化碳排放量等环境保护产业寄予了更大的期望。因此，美国政府提出将新能源和环保行业作为未来美国经济走出困境、重新恢复繁荣与增长的主导产业。可以想见，在未来的发展中，新能源和环保产业一定会出现一个质和量的飞跃。

北京是中国的首都，在奥运会期间积累了治理大气排放和治理水资源、土壤净化的宝贵经验。而且，北京拥有全国最密集的科研基地和大专院校，也具有其他地方难以比拟的对现代清洁社会的人文情怀。从北京市提出的人文北京、科技北京和绿色北京可以看到，这座城市所追求的不仅仅是经济财富的增加，更多的是经济发展的质量。

因此，北京完全应该借助这一优势，加大在新能源和环境保护领域的研发力度，发育出环境保护咨询产业，建立环境保护技术转让交易市场；通过资本和金融的力量，推动新能源和环境保护产业技术要素在北京的生成、发育和聚集。并且，以此为中心，形成针对不同城域、不同地域、不同对象的综合环境保护和节能的解决方案。通过市场化的手段，培育出一批具有先进科技知识作为指导，又能够实际操作，将节能与环保项目落地，同时拉动节能环保设备产品和服务供应商持续进入的综合体系。以北京为中心，对外进行辐射，首先对东部沿海，其次对中西部地区，配合各个地方提出的节能降耗目标，设定工作路线图，提供一揽子的解决服务方案，并参与具体实施。同时，利用北京已有的产权交易中心中的二氧化碳排放交易市场，参与全国各个主要地区节能减排和环保产业获得收益，不仅用产业增加值指标来衡量新能源和环保产业发展的价值，而且要看它惠及的相关产业、获得的环保收益参与国际范围内的碳汇和节能降耗的交易成绩。使其既能够获得可观的经济收益，更能够为中国的环境改善做出应有的贡献，也为世界范围内的气候问题的解决提供更多的选择。

从这个角度上看，北京的经济发展应该将全球气候危机作为一个重要的机遇，努力使北京成为中国气候环境问题解决方案的主要策源地区，成为环境技术、环境设备、环境工程和环境人才的主要集聚地。并且通过北京的现代化服务业，特别是产业金融的力量，推动节能环保产业以市场化的方式迅速成长。未来不仅解决北京周边以及中国的各个地区的问题，还可以将这一产业的影响力覆盖到海外的更多地区，帮助全球经济实现可持续的增长，高质量的发展。使人类的经济生活能够有一个安全的保障，避免过去西方发达国家所导向的以破坏资源环境作为代价的经济成长，实现全球经济与社会的和谐发展。

二、滨海开发区：新梦想

在中国华北，曾经的工业化重镇是天津。这个中国第三大直辖市，曾经焕发过历史的光辉。可以说，天津的成长就是一部共和国的工业史。但是，近20年来，天津落后了。不仅远远赶不上北京和上海的发展速度，甚至被新兴城市深圳、青岛、苏州、南京一个又一个地赶超过来，眼睁睁地看着小兄弟们跨过老大哥，绝尘而去。天津怎么了？天津到底还有没有希望？一时间，人们对这座陈旧的工业化城市议论纷纷。

滨海开发区的设立、大天津开发的构想、国际化水平重型制造业纷纷落户天津，一系列重装设备运往天津，天津港重新繁荣。天津具有得天独厚的海运优势，背靠着北京、河北，地处于广阔的华北腹地，往北直进东北，往南则是东部沿海。天津拥有了重振60年来制造业的历史性机会。

但是，天津依然有它的忧虑。天津之忧就在于，它所拥有的是大型的投资项目，无论来自于海外投资还是国家投资，这些项目金额巨大，占用生产要素资源巨大，所能发挥的产能巨大，吸收的就业人数也很巨大。但是，这些项目跟市场的衔接口、项目的上游资源、项目的整合和技术力量，天津并不完全具备。天津要想走出一条立足现代制造业的未来之路不是仅仅拥有项目就足够。更重要的是打通现有资本投资项目与未来市场之间、与上游资源之间、与技术研发之间的流通管道，使得生产制造环节能够在价值链的配套下、在后台型服务业的支撑下、在海外市场的接纳中迅速前行，夺回过去的荣誉。

因此，天津要想做好滨海开发区，务必把天津的产业集群理念梳理好，依托这些产业集群，培育出一批在各个产业链中居于主导地位的核心企业。这些企业引导其所处的产业链，在各个环节上与世界一流水平进行合作，真正把自己塑造成国际化的品牌企业。进而通过自身的国际化带动配套产业和相关产业链的国际化。天津只有具备了一批拥有国际化水平和实力的品牌企业才能够重新获得过去的辉煌。

实现这一过程需要教育部门和大量的研发机构的支撑，需要源源不断地为天津大型产业集群、多种行业的迅速成长进行配套。天津的发展光靠天津的力量是远远不够的，必须打通天津和北京的资源通道。京津快速铁路的建成使得北京到天津只需要半个多小时就急驰而至；而200公里之外的唐山港，则更加便利了天津本地的流通管道，使得物资源源不断地为天津配套，也向海外输送。天津就像一个三角中的外三角面向大海，与唐山和北京共同成长，与华北地区共同成长。

天津能否成功，关系到中国制造业能否有尖端水平，能否有大集成能力，能不能真正从一个组装大国变成一个制造大国，进而变成一个高科技的创新型的现代制造大国。天津承载了太多的希望，天津不能失败。因此，天津在要素的整合上，除了传统的资金、土地、人才、技术，还必须把国际化作为重中之重。换言之，就是要在国际范围内整合生产要素，恢复天津历史上"国际都市"的美誉，也使得天津成为在制造业领域中能够不断引进和吸收海外先进技术和制造工艺乃至生产理念的国际化都市。

如果说东北是再造一个德国,那么天津则是帮助中国赶超德国的重要基石。一旦滨海新区完成基础设施建设,确立出主导产业和产业集群,成功地培育出若干个国际化的品牌企业,那么,以天津一地的国民生产总值,将大大帮助中国超越日本、德国,成为全球第二大经济体。2020 年以前,这一目标一定会实现,天津的国民生产总值应该在翻两番的基础上达到 3 万亿元人民币,按现行汇率折算,接近 5 000 亿美元,人均国民生产总值超过 1 万美元。

一旦天津形成了一个相对完整、门类齐全、配套的现代生产制造体系,与东北地区的能源、资源和重型装备、重型化工基地相互融合,加上唐山港的海外资源、物资的输入,以及以唐山为代表的河北地区钢材、煤炭等现代化生产基础产量的形成,东北、华北在更大程度上构建的后台支撑产业,包括后台型服务业和生产配套型工业体系,将对中国东南沿海和中部地区经济发展提供莫大的支持。这也将拉动中国经济总体上再上新台阶,提高生产经营质量,提升国民经济运行平台,实现中国经济新的飞跃。

三、唐山:华北支点

唐山是中国近代史上著名的工业化领风气之先的城市。中国最早的煤矿、最早的铁路、最早的铁矿、最早的铁制品厂都诞生在这座城市。在近代历史上,唐山,作为中国工业化的标志具有重要的地位。

但是,建国以来,唐山一直默默无闻地在老工业基地上徘徊。1976 年唐山大地震之后,唐山重建,虽然恢复了唐山的生机,但唐山的发展仍然在徘徊。一直到 21 世纪,唐山奇特的发展格局推动这座城市成为华北的支点。这种发展格局,几乎可以看做是一个具有工业基础的重型城市取得新生的典范。

唐山地区通过曹妃甸的开发和南堡石油勘探圈的确立,利用地理区位优势,通过港口优势争取到首钢搬迁项目的落户。利用首钢项目强化和推动区域内基础设施和重点产业的确立；进而通过重点产业推动曹妃甸、海港和南堡开发区的发展。基于开发区的发展和推进，培育出重点产业集群，带动出一批骨干企业和配套企业，形成相对完整的中上游产业链，为该地区钢铁、电力、化工、装备制造和现代物流产业的集聚与发展创造巨大空间，真正实现大港口、大钢铁、大化工、大电能的目标。

唐山的异军突起既恢复了它昔日的荣光，也为河北找到了新的定位。因为实际上，河北省的开发一直令人头疼。河北靠着两个著名的直辖市，一个是首都北京，一个是制造业中心天津。本来应该是近水楼台先得月，但是事实却证明，所有的生产要素几乎都被两个直辖市以优惠得多的条件深深地吸走了。不管是资金、人才，还是技术，都因为有两个具有磁铁般吸引力的邻居，而使河北相形见绌。河北除了本土的资源以外，几乎没有更好的可以用来比拼的生产要素禀赋。而且，出于对安全和稳定的考虑，河北省内资源类产业的开发与控制的严格程度超过其他省份，给希望依托资源来突围的河北省经济造成巨大的压力。

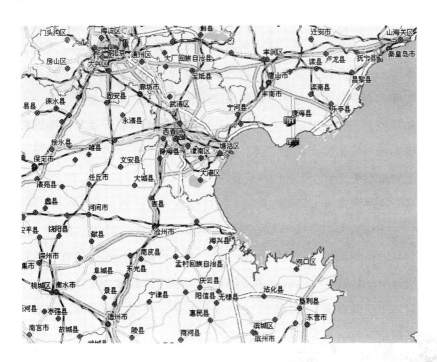

但是,唐山的出现让人们改变了这一观点。唐山使得渤海湾经济圈的形成变得可能。从地图上我们可以清楚地看到,唐山往北是秦皇岛、北戴河,这里有中国最大的煤运码头,有优良的深水港,并且通过快速铁路的建设,秦皇岛市与唐山市区仅有一个半小时的车程。曹妃甸正北是南堡港和北堡港,平行往西是塘沽区,向南则是沧州市黄骅港。隔着渤海湾,曹妃甸面对的是山东省的滨州和东营市。整个环渤海湾具有良好的水运通商环境,可以直接驶入万吨巨轮。

以唐山为中心的渤海湾地区的产业配套设施一旦形成,则可以确立出一条独具特色的沿渤海湾重型工业走廊。这条重型工业走廊所依托的是良好的沿海港口运输条件,源源不断地输入来自世界各地的矿产资源;而这条重工业沿海产业带所支撑的是辐射到河北、天津、山东的重型产业和加工制造业,形成独特的经济生态圈。

由此可以看到,在传统的珠三角、长三角经济圈和东北大连经济圈之外,在中国的中部地区又兴起来环渤海经济圈。这一经济圈所带动、辐射的地区,包括华北、西北和华中部分地区,使得在珠三角和长三角之外,形成独特的、完整的工业产业生态系统。这一生态系统的确立,不仅为中国经济增长保留了更多的一个增长极,而且带来新的示范效应,那就是在工业基础较为雄厚但是市场化程度较弱的地区,如何通过项目的引进,政府参与产业集聚群的生成和发展,来构建产业生态系统,进而确立本地区在产业集聚中的特殊地位,确立相对完整的产业加工链,形成以沿海港口、沿海重工业发展带和内地加工制造系统共荣、互进的产业促进关系。

尽管这种模式因为唐山和周边地区的优良海港资源显得独特而不易复制。但是,它却带给人们带来更多的遐想和思考。在内陆的山西、陕西、内蒙古边境,在西南的四川、重庆、云南一线,都有可能通过国家的有效规划和投资形成环海、环江、环河或环国境的产业集群带。虽然并不一定都形成重工业和制造工业具有突出地位的工业产业集群带,但是,通过项目带动,推动开发区建设,再由开发区建设扩充出产业集聚区,形成产业集群,确立区域经济地位，形成对产业链的有利影响，这种发展格局和思路完全可以由其他地区来借鉴。

因此，唐山的发展不仅是区域经济的成功，也是区域经济以点带线、以线托面、立体性发展的典范。这一模式将来在海西经济区、在西北经济区和西南经济区以及中部各省份交汇处、交通枢纽地都具有重要的借鉴意义。

同时，唐山的发展也充分展示了对传统工业基地的改造。只要有良好的区域定位，坚持走高技术含量的、采用现代适用技术的、具充分信息化水平的新型工业化道路，则区域经济的发展和腾飞完全可以期盼。

四、京津唐，对"长三角"和"珠三角"说 NO

京津唐的发展，让我们看到了具有不同竞争优势的城市利用其各自所拥有的生产要素禀赋组合在一起，构成的城市间产业集群兴起的路径。这种模式非常独特，它不同于改革开放 30 年来我们反复总结的多种区域经济发展模式，比如苏南模式和温州模式。

温州模式的最大特点在于资本与市场的有效结合。温州最大的优势是在改革开放初期就集聚起来的雄厚民间资本。这些资本以追逐利润为目的，跨产业、跨区域进行流动。在透过温州地区特有的商帮气息，渗透到各个产业的中下游分销环节，通过资本进入到各类资金密集型产业获得投资收益，进而通过商业的拓展，获得交换领域内的巨大收益。这两种收益相得益彰，最后汇聚成更庞大的资本力量去寻求更大的寻租机会和更广阔的市场网络，以谋取更大的利益。

因此有人说，温州人是中国的犹太人，因为他们的最大特点在于商业。如此而看，温州的经济模式从某种意义上讲是一种商业模式，是适应市场经济发展的、以商业为拉动的区域增长模式。这种模式的最终结果在于，善于从事商业的人群获取巨大的利润。但是，区域经济本身的发展难以有大的突破。因为，温州最宝贵的财富是温州人和温州精神。其最强有力的盈利点在于温州商人善于利用手中庞大的资金和网络优势，不断地寻找其他要素资源，一旦寻到合适的、有禀赋的生产要素资源，迅速就地结合，创造利润，持续不断地将利润汇入商业人群的口袋，而并不是画地为牢，以地方经济承载的产业数量论英雄。从这个意义上讲，温州经济更像是某种精神和文化支撑下的经济奇迹。

而珠三角的东莞地区，深圳地区的经济更大程度上是外向型的海外市场拉动经济。这些区域无一例外主要从事的是对外出口、贸易。通过本区域内生产要素的有效配置，吸引海外大量投资通过这个投资，形成巨大产能。并且，通过投资方所拥有的海外营销资源获取更大份额的海外市场，不断将来自全球各地的能源、资源、原料、技术拼装到一起。然后，用来自全国各地的低价格劳动力将它们变成成品返销海外。

珠三角地区经济模式的最根本之处在于，珠三角在 30 年改革开放中，确立了本地区的外向型经济模式和加工制造的产业集群，提供大量的就业机会，形成全国劳动力趋向的地域。并且，通过这种吸引力制造出来本地区最大的竞争优势，就是低价，但却具有较高劳动素质的劳动大军。同时，通过加快物流建设，大力投资基础设施，降低生产过程的消耗和成本，最终使得本地区企业运营中的固定成本分摊降到最低，获得世界范围内各种各类加工产业的绝对竞争优势。

但是，这种模式也不是唐山地区所能够复制的。京津唐给我们展示的最新面貌就在于，它既不是东部沿海地区或者长三角地区以资本和市场相结合的发展模式，也不是淮南地区或者珠三角地区以综合成本最低化，和海外市场广阔空间为起点的发展模式。而是利用原有的庞大工业基础，通过国家重点项目的投放、当地密集的资源条件和有效的交通枢纽设施，利用周边城市、省份各自的资源禀赋优势推动出具有产业集聚功能的开发区，进而通过这些开发区的集聚优势确立出在重点产业中关键环节的领先地位。透过这些关键环节的领先，进一步吸纳产业集聚，淋漓尽致地发挥出区域内的交通地理优势，资金技术人才各种要素的互补性最优化特征，使得区域经济汇聚出具有鲜明产业特征的经济结构。并且确保这一结构的完整性，使得该区域发育出相对齐全的产业链系统，既能够支撑本区域的持续发展，又能够辐射到周边区域，为周边区域提供制造设备、生产电能、物流支撑，成为又一种类型的区域发展服务业的供应商，当然也包括各种重型工业产品的供应商。

应该说，京津唐所代表的工业产业模式是以市场经济为基础，也就是市场作为资源配置作为基本条件的环境下，地方政府和国家产业规划部门一起以产业规划和构想促产业发展，以市场运作模式促资源配置，以物流电力条件促产业辐射这样一种特殊的工业化产业模式。其中特别重要的是，京津唐地区的发展始终重视高新技术的应用和先进适用技术的运用。

也许京津唐地区单纯从技术水平上并不是全国技术应用量最高的地区，但它却一定是使得技术使用水平与区域经济发展特别契合的地区。在不同的阶段引进不同的产业技术，推动不同的技术创新会带来不一样的效果。

京津唐地区特别重视信息化，以信息化推动现代物流建设，加强基础设施的便捷程度，使得京津唐从独立的三个省区，汇聚成一个完整的经济体。以一小时左右的车程作为纽带，联系区域内各个功能经济点，使得不同省市、不同地区能够借助本地区生产要素的特有资源发挥到最大效用，推动经济迅速成长。

京津唐的发展模式使中国经济看到了新的希望。中国不仅能够赢得以货币计量的市场经济的繁荣，还一定能够从初始的市场牵引和资金推动型的市场经济中摸索出来一条新型的工业化之路。这条道路就是确保中国经济不仅能够获得快速成长的 GDP。而且伴随着结构的调整、新技术的运用，一定能够形成门类产业齐全、具有实实在在强大竞争力的产业集聚区。这种产业集聚区也绝不仅仅是组装、装配和加工业，而是包含机械制造、重型工业、能源生产和现代物流。只有这样的区域成长、成熟和可复制，中国未来的工业化的可持续发展才有技术力量上的保障。

同时，京津唐又给我们展示了一条绿色发展的光辉道路。京津唐地区按照工业产值而言，强化环保技术标准，在碳排放量方面、污水处理方面、节能节水方面都走到了全国的前列。让我们看到，京津唐不仅可以发展经济，创造更好的物质生活，还可以不断地利用环保技术，在工业化加速进程中，保持我们洁净美好的家园。使得中国经济的成长建立在环境友好、人与自然和谐相处的氛围之中。

第十章 政府的三种角色：
守夜人、投资者和做市商

一、什么都管，什么都管不好

作为区域经济的主要管理者，政府有三种角色可以选择。第一是守夜人，第二是投资者，第三是做市商。

所谓守夜人，是西方经典政治理论里所提倡的，政府不应该干预经济的过程，只需要做好规则的守护，避免扰乱经济秩序的行为即可。所谓投资者，指的是政府成为经济运行的主导者，直接参与经济运行，并通过主动的行为来影响市场的走向。做市商则指的是，政府通过制定游戏规则、确定市场门槛、收取市场交易租金来管理经济。

这三种主要的模式各有其理论来源。但是，它们都并不完全适用于当前中国经济环境中的区域经济管理。对于中国各个区域的经济管理者而言，既不能简单地扮演守夜人的角色，因为政府拥有的资源远远多于守夜人；也不能完全地去充当投资者，因为市场经济的改革方向已经明确，政府不应该以投资人的身份进入到企业运营中。无论市场环境如何变化，中国走市场经济之路不能回头。

而政府要成为做市商，又要求政府有很高的市场运作能力和较强的资源调控水平。在市场经济程度不高的区域经济中，政府如何把握自身的角色定位，准确地行使做市商的职能具有很大的挑战性。因此，中国区域经济的主管者应该更多的是市场规则的维护者、关键性投资的吸引者和区域产业集群的做市商。

按照哈佛大学教授、全球最有影响力的竞争战略研究者波特提出的钻石模型理论，一个国家或地区要推动本区域经济的持续成长，有四个方面的重点工作需要协调推进，以获取经济成长的平台。

第一种要素是努力提升本区域内的生产要素的水平。这里的生产要素包括资金、技术、人才、自然资源等等。波特认为，一个区域经济要出现快速成长，必须有一种或多种要素资源具有成本上的极大优势或者具有很强的聚集效应，抑或具有其不可替代性。当这种具有核心竞争优势的生产要素能够被凸显出来，其余的生产资源和生产要素就有可能被市场配置到该区域中。

因此，区域经济要发展，首先要盘点区域内诸多生产要素中，哪一种生产要素是可以通过有效的整理，强化其固有优势，成为其余生产要素的聚集体。进而如何将部分具有吸引力的生产要素进行组合，使得其具有市场化的可能性，能够用市场化的手段和方式对其余生产要素进行吸引。只要有足够多的生产要素被聚集到特定的经济区域，产业集群、产业规划和区域经济的总体设计才变得可行。

应该说，生产要素的发掘和提升不仅是政府的事情，区域内的大型企业、区域内的产业联盟、区域内的潜在投资者、区域内所吸引的大规模投资项目都可能是生产要素整合的主导方。当然这一过程中，中国的政治经济情况决定了政府始终会扮演一个相当重要的角色。

第二个要素是企业。区域经济的发展，最终需要依靠在区域内运营的企业的成长。这里有两层含义。一是区域内不断引进具有竞争力的新设企业，从而壮大区域经济的实力。这一点通常是通过生产要素的优化和产业的集聚来形成。二是区域内已有的企业通过有效的运营实现快速扩张，做强做大，使得区域经济获得长足的发展。从这个角度看，经济主管部门应该始终关注区域内的产业分布与企业状况，关注产业集群在聚集过程中，对外部的吸引力变化，也就是重在吸引哪些产业和规模层次的新入区企业。有针对性地对外展开宣传、推广和招商工作，真正做到投资者与当地经济双赢，减少不必要的消耗与支出，提高招商效率。

同样重要的是区域经济主管部门必须明确区域内的经济成分，也就是企业主体，哪些是应该予以稳固，帮助其走上可持续发展的道路，同时也可以稳定区域经济；哪些是应该扶持，也就是帮助那些具有成长空间的企业，使它们能够迅速成长起来，为稳固的区域经济基础增添新的活力；哪些是应该培育，也就是为了未来的成长，将现有的资源不是单纯追求现实的回报，而是集中投放到未来的成长轨迹中去。要力图通过长期的投入来培育构建出新的产业集聚区或产业集群，为区域内的成长后劲打下坚实的基础。

第三个要素是，一个区域内能否具有市场的吸引力、足够的市场空间，往往也是吸引更多的经济体加入到本区域的一个重要原因。而这个市场空间并不单纯指本区域市场内的消费量。区域市场既包括本地的社会消费零售市场，也包括以本地经济为依托向更广阔市场延展的能力。例如，在浙江义乌形成了能够辐射世界诸多地区的小商品交易城。因此，在义乌地区投资兴业的企业看重的不仅是义务当地的居民消费能力，还有义乌市对其他省区以及海外市场的重要辐射能力。一个区域如果能够不断地增强本地区的消费能力，同时能够不断地推广本区域的品牌，构成在其他消费市场中的品牌优势，构建出用于帮助本地区产业走向市场的行销网络和无形资产，也会极大地增强对相关产业和企业的吸引力，吸引这些企业融入到一个区域经济品牌中来，以增强这些企业在市场运行中的公信力和分享区域成长中塑造品牌所投入的成本资源。

第四个要素，则是产业聚集和产业生态系统的概念。波特认为，一个区域经济要迅速成长起来，必须努力地通过自身生产要素、经营环境和市场需求的调节，创造出一个有益的产业集聚概念。如果区域经济的产业结构不清晰、产业分布分散、企业运营无力，则区域经济难以取得有效的成绩。因此，必须取得集聚效应。同时注意该区域内经济的产业链分布，尽可能形成在产业链的某一环节具有强大的优势，以此来影响和覆盖产业链的上下游，形成主导产业链，或者在局部主导产业链的竞争优势地位，以帮助区域经济形成更大的集聚效应。

实际上，在当前全球金融危机的背景下，区域经济要实现成功的发展，有必要重新审视本区域现有的生产要素资源，观察外部经济环境动荡对原本具有优势的生产资源有多大的影响、对原来不予重视的生产资源是不是有新的注意。通过观察、测算和调整，重新确立本区域具有优势的生产要素，进而确立本地区优先发展的产业，明确产业竞争战略。再通过区域经济中的空间规划来支撑未来产业战略，也就是为未来所需要引进的或者本地扶持的重点产业中的企业提供更宽阔的发展平台。在资源、土地、人才、税收、融资、技术引进等各方面，为企业创造实实在在的服务，帮助企业实现可持续的提升，同时努力扩大区域经济的内外部影响，创造出更大的消费空间和消费市场，为区域内企业寻找更广阔的销售空间，推动区域品牌在拓展市场中的价值。利用广阔的市场在前进中不断地塑造产业集群和产业生态系统，使得区域经济能够始终具有凝聚力和拓展力，塑造可持续获取和提升的竞争优势，帮助区域经济走向不断的成长之路。

因此，面对外部的金融危机的挑战，区域经济主管者最需要做的事情，首先是要注意观察区域内不同产业和重点企业的纳税、销售收入、运营成本、库存、应收账款等重要指标的变化。其次，要加紧与重点纳税企业与重点培育企业之间的沟通和衔接，了解它们运营中遇到的主要瓶颈，通过管理当局的协调来帮助它们，用尽可能小的成本和代价稳定住经营，渡过生产难关。在危机之中还要打开眼界，观察与本地区产业相邻的区域和产业相近的区域的发展变化情况。努力在危机中稳定自身，提升和获取更高级的生产要素，并且利用这些生产要素的优势在产业的上下游持续展开活动，使得这些相近区域和具有上下游衔接的区域中遇到困难的产业能够实现顺利地转型和转移。做好新进入企业的产业衔接工作，使得区域经济中的危机由危变机，成为区域中产业集聚群继续扩大、产业分工体系继续完善和产业生态系统不断提升的有益机会，帮助区域经济走向成熟。

此外，区域经济的主管部门还应该在经济之外做更多的工作。改善区域投资环境，提高区域内的文化教育基础设施水平，加强社会建设，也就是提高综合、高效的总体经济环境。以进一步吸引生产要素的集聚和生产要素成本的降低，吸引产业企业的到来和推动区域经济生态系统健康发展。

因此，我们大可不必为未来的经济危机感到恐慌。因为中国经济在过去的 30 年中积累了雄厚的实力，在世界产业分工体系中已经具有了立足之地。同时我们又不完全依赖于全球化产业分工体系，而是已经有了自身的门类齐全、相对完整、可以独立运行的经济主体。现在所需要做的就是进一步发育自我运行的机制。

对于区域经济而言亦是如此。既要深化自己在产业分工体系中的价值，又要不断推动自身可持续的兴旺发展。至少将自身纳入到更大的区域经济的可循环发展中去，而不是成为单一的外部产业链的脆弱环节，使得一旦外部经济市场出现萧条，区域经济就面临灭顶之灾。扩展区域经济的产业结构，提升区域经济应对风险的能力，加大区域经济未来市场的选择，延展区域经济销售市场的深度，应该是未来区域经济重点思考的方向。

二、发改委的新任务：规划产业生态系统要说 NO

区域经济的发展中，战略的制定和中长期发展规划的落地是至关重要的一环。发展与改革部门在制定区域规划的时候，重点要考虑的应是本地区生产要素优势的分析。透过对本地区生产要素的 SWOT 分析，来把握本地区各项重点生产要素的优势（Strength）、劣势（Weakness）、机会（Opportunity）和威胁（Threat），由此来判断出本地区应该用来确立竞争优势的要素资源是哪一类，进而通过这一类要素资源的强化获得某一方面的突出竞争地位。

在分析本地区产业要素优势的基础上，还要设定好未来区域内准备发展的重点产业。这些产业应该有层次感，既包括保持稳定状态，寻求可持续发展的部分产业；包括予以扶持，寻求快速增长的部分产业；也包括予以培育，为未来创造成长空间的部分产业。产业的规划可以系统而完整，但是具体落实不能全面铺开，应该特别强调集中优势兵力打歼灭战的工作方式，也就是将生产要素的优势资源充分地集中起来，注入到某一产业的发展。通过某一产业的发展形成优势地位，造成产业的战略制高点，稳定住之后再将资源引入到下一个产业的发展。要想引导本地区成熟产业改造升级或者是外部新兴产业的进入，都必须把握好产业生态系统的建设。

任何一个产业在生产运作过程中都有产业链的概念，都会存在产业的上游企业、中游企业和下游企业，制造业产业尤为如此。这就是我们所说的产业生态系统。即使是服务行业，也存在一个上下游的交替互补和产业生态观概念。发改委在制定区域规划的时候要明确，在某一产业中，哪些类型的企业是主要推动力，哪些类型的企业是关键推动力，哪些类型的企业是辅助推动力，哪些类型的企业是剩余推动力。

所谓主要推动力，是指在产业中引进这些企业就能够确立该地区的产业聚集优势，能够确立产业在经济区域内的主导地位。一般来讲，大型外商投资企业、国家重点项目投放和本地区具有传统优势的企业通过上市等其他融资方式实现跨越式发展之后，都可能成为本地区某一产业的主要推动力量。

所谓关键推动力量，则指那些拥有关键性要素资源的企业。例如，准备发展高科技环保技术产业的地区，总拥有某项专有技术的实验室、科技人员的企业。这类企业的规模有限，收入也并不高。但是，因为其拥有特殊的竞争优势，所以在启动该产业的过程中将会起到关键作用。

所谓辅助推动力，则是指为主要企业运营提供必要支撑的力量。比如一个地区要引进大型环保设备的制造业，那么则需要与之相配套的零部件、加工工艺、能源供应、物流支撑，这些产业中的企业都是辅助推动力。

所谓剩余推动力，指的是与主要推动力企业相关度不高，但是依存度很高的企业。比如为生产经营中的产业人员提供消费服务的超市、医院、学校、娱乐等等社会机构，都构成这个区域的推动力量。它们并不发挥主要作用，但却是不可或缺的。

发展改革部门在进行产业规划和落实产业政策的时候，必须充分地认识到生态系统规划对整个产业形成集聚效应，和扩大发展的至关重要的意义。因此，区域经济管理部门必须勇于对产业说 NO。就是不符合产业生态系统规划的企业，不管其规模有多大，其产值有多高，都不应该轻易被准入到特定产业的发展序列中来。将某些与产业不相关的企业纳入到产业进程中来，不仅会扰乱产业发展的视线，影响产业发展的升级规划，还会失去产业聚集发展的重大机会。

区域经济的发展必须要做到有所为有所不为。应该予以婉拒和谢绝的，坚持原则不予引入，或者用其他方式形成新的产业集聚区；对于区域内产业内相对传统、落后，不符合产业生态系统升级调整的企业个体和市场主体，应该予以迁出或者通过市场的手段进行调节，避免有限的区域内生产要素资源被无限地摊薄，使得真正需要支持的产业生态系统发育所倚重的企业主体，无法获得足够的支撑。

区域经济发展还应该充分考虑到税源生态系统。传统上讲，区域经济的发展主要是招商引资，通过这种办法把区域外的企业吸引到本区域来，通过带来生产的资本、技术、管理和市场，与本区域的生产要素结合，创造出对本区域有利的企业和价值。政府的最大收益就在于从区域经济的发展中获得更加稳定的税源，得到持续增长的税收，用以进行经济社会建设和民生的投入。

而未来的区域经济规划应该更加强调建设产业引税平台。引进了企业不一定能够引进税源；引进了纳税户不一定能够可持续的增加税收。因此，政府的中心工作应该逐渐地从招商引资转向制定和优化产业规划，培育好更优质的税源。通过引税和护税，确保税收资源能够可持续地为区域建设服务，伴随区域经济规模的成长和质量的提高，提高税收的质量，降低税收成本，提升主导产业税收对区域经济的贡献率。真正实现主导产业形成的产业生态系统，引申出税源生态系统，保持区域稳定、快速发展。

三、解放信息孤岛：信息也是生产力

在外部金融危机的环境下发展区域经济，特别重要的是清晰地掌握本区域内的经济结构、产业结构和企业运营状态。有针对性地出台经济扶持政策，帮助区域内的各类型企业稳住生产经营状况，增加资金流动性，渡过暂时的经济难关，为经济复苏准备好充足的发展后劲。

能不能确保区域内信息系统的畅通是提高经济管理水平、减少系统运营成本、扶持产业与企业成长的重要内容之一。但是，目前我国区域经济的信息系统集成化程度较低，反映出来的信息滞后性较强，准确性不够。信息从多种渠道产生，以本地区企业数量为例子，工商登记、税务登记、统计登记等多种登记手法，导致数据口径差异，对比困难，系统匹配度不高，难以获取最终准确数据。

按照部门职责，统计部门是提供经济社会发展数据的主责部门，应该负责核算区域的经济增加值，也就是GDP，反映区域内企业的财务状况和综合运营状况，了解社会零售品总额，观测居民的人均收入和家庭收入。

但是在实际工作中，统计部门并不完全掌握区域内企业增长变动的数量、新注册情况和注销情况；也不了解国地税部门所掌握的各个行业的税源分布以及重点企业和培育企业对区域税源的实时贡献。企业增减变动情况最集中反映在工商注册部门。区域内企业经营数的增加更多的是在行政、街区、县乡管理部门反映出来，比如各类型的街道办事处和乡村机构。它们能较好地掌握在本地区经营却在外区注册纳税的企业状况。而税收的准确数据，则分

布在国税和地税的信息库中。

在这种情况下，区域经济决策面对的是口径不一、信息对比困难的多部门数据源，难免出现相互之间的交叉、矛盾和冲突。因此，必须对现代化经济管理所需要的信息系统进行再造。这个再造就是要使得区域经济的信息系统实现信息集成。

区域经济的信息系统要集成，首先要做到信息的来源、规范而且可以问责。换句话说，就是要确保报送给决策者的信息具有良好的信息框架、清晰的信息指标和准确的信息口径。例如，政府通常需要掌握一个区域的经济总量、区域内企业按照大小规模划分的数量、区域内税源增加量、重点纳税户的缴税情况、区域内企业的用工情况、产业内人员的分布情况、员工薪酬状况以及产业的节能降耗水平。这些数据应该明确分配给相关的供应部门，使得数据的供应标准、供应口径、供应频率、供应质量得到相应的监督和控制。

其次，要做到数据的快速共享。因为除了专责的数据统计部门之外，政府的各主要部门都具有专门的信息统计岗位，来对各自分管领域内的重大事项和基础信息进行统计分析。这些数据通常叫做部门统计。部门统计往往按照年的频率来报送，构成一个地区的年鉴或者综合情况。但是，在应对金融危机影响实体经济的情况下，反映经济社会变化的部门快速报送数据的能力必须提升，部门之间共享数据的水平必须提高，加速信息在部门之间的传递，帮助部门之间实现信息共享。因此，需要建立一个超越部门的信息共享机制，明确信息处理的流程、分享的标准和调用数据的相应权限。使得相关部门都能够迅速掌握金融危机影响下本区域产业与企业经济发生变化的实际状况，从而采取有力措施来帮助区域经济保持稳定。

第三，要实现信息的多路径查询。当跨部门的信息库能够建立起来，就为针对性的信息查询创造了有利条件，使我们能够多维度、多角度地观察经济问题，发现运行中急需解决的矛盾，进而采取果断的措施。

总而言之，再造信息系统就是要做到以下四点。首先，从信息的采集框架上结合区域发展规划的特征，重点采集区域内各种生产要素环境的变化以及获取生产要素服务或者产品的成本的变化趋势，以观测区域内要素优势的演变情况；其次，重点关心区域内经营重点企业和抽样企业的运营情况和财务指标，以判断企业在经济危机中的变化取向和未来走势；再次，进一步检测区域内市场和区域能够覆盖市场的波动程度，以及在这些市场中本区域的企业所占的市场份额，以判断区域市场和区域影响市场对未来新增产业与企业的吸引程度；最后，始终观测区域内不同产业所构成的产业生态系统之间的推演过程，判断产业生态系统中主要推动力、辅助推动力、关键推动力和剩余推动力的运行情况，判断区域经济产业集聚程度和集群演变方向的重点变化，帮助区域经济决策部门了解经济情况，判断经济形势，采取应对措施。

四、金融办公室：警惕产业集群"火烧连营"

在区域经济发展过程中，我们鼓励形成产业集聚，进而形成区域中的若干产业集群。用产业集群的方式集聚生产要素，确立要素优势，进而吸引外部的生产要素源源不断地流入，形成区域经济可持续发展的重要基石。

在产业集群的形成过程中会出现区域经济资源配置相对集中的情况。因此，产业集群的出现既是区域经济成长的必由之路，又是区域经济风险集聚的重要阶段。例如，山东、江浙沿海地区以外向型经济为引导形成了若干产业集群。以青岛为例，其区域经济中有一个重点产业是电子产品，特别是家电产品的制造，该产业集群的方阵中有著名的海尔、海信等大型企业，其中70%的家电产品进入国内市场，另外有30%进入国际市场。当金融危机到来的时候，海外市场出现急剧萎缩，直接导致国内市场产生更加激烈的价格战，引起区域内全产业的业绩出现下滑，进而导致产业内所引导的配套企业，即辅助推动力和剩余推动力受到大幅度的冲击。这一过程如果处置不当，则会出现整个产业为数众多的企业陷入经济困境，出现资本短缺，进而产生企业之间的坏账风险，引发企业破产的多米诺骨牌效应。

所以，区域经济在培育产业集群的同时，应该特别重视经营风险，特别是产业金融风险的防范与化解。其可能采取的做法有以下几种。

首先是成立金融办公室，进一步清楚地掌握重点产业内企业的财务运营风险。金融办公室主要重点关注以下事项：第一，关注企业总资产和总收入的变化，观察经济危机中重点企业市场份额和市场总量的变动趋势，如果有大幅度下挫，则是危机出现的首要信号。第二，关注产业内企业两个重点指标，分别是应收账款和存货。这两项指标综合反映企业的资金需求状况和资金饥渴程度。存货反映企业运营过程中以半成品、产成品和原材料为代表的物化资产所占用的资金数量；应收账款则代表企业已销售出的产品未收回的账款数量，指的是企业外信用资产所占用的资金状况。物化资产和信用资产是企业运营资金最容易消耗的方向，这两个指标的迅速攀升意味着产业内的企业出现了严重的资金短缺情况。第三，观测企业的资产密集度，也就是观测企业在固定资产投资中所占用的流动资金数量，以及固定资产投资所占总资产比重的攀升幅度。如果一个企业出现资产密集度的迅速攀升，则意味着企业经营中投资所占的比重过大。如果后续融资速度跟不上或者市场现金流回流受阻，都会出现严重的投资失血，造成企业资金链的断裂，甚至面临破产风险。第四，观测企业运营中的紧急债务情况。看看企业是不是出现了债务负担过重、偿还压力较大的状态。第五，特别重视企业运营中的现金流状况，观察企业现金流量的变化方向，以判断企业是否具有较大的破产风险。这些综合指标的观测可以帮助我们了解一个区域产业内重点企业或者全产业链企业的经营风险，帮助区域政府进行风险控制和风险化解。

其次，在有效监测的基础之上，政府要加强与金融系统的沟通。一方面，防止金融系统前期贷出的款项因为经济的迅速衰退而成为坏账，导致金融系统风险的攀升；另一方面，也要防止金融系统为了防范自身风险减轻坏账损失而采取的收款行为，防止因为金融系统的收缩导致产业链条的资金紧张和产业链的风险加大。应该正确地分析产业运作情况，对市场前景较好、市场运作能力较强、企业基本面良好的市场主体予以更加稳健和有力的金融支撑，帮助产业内的主导企业和主要推动力稳住阵脚、持续发展，以推动产业在危机中能够生存，进而等待未来市场转暖的机会。

第三，金融办要筹建以政府财政资金为基础，金融部门和民间资金为辅助的产业救助基金。一旦某些产业中关键企业和主导企业出现金融问题的苗头，则在问题发生之始迅速用产业基金进行扶持，避免金融问题的蔓延和扩大，防止金融问题演绎成心理恐慌，造成不可挽回的后果。

第四，对区域内主要产业的劳动用工情况加强监测，尽可能减少经济性裁员。通过金融办公室的补贴和支持使企业能够尽最大努力保证员工的就业状态，增加危机状态下员工的信心，提高其技术竞争水平，防止大规模的失业裁员现象或者人才流失，导致本地区产业集聚群出现空心化趋势，为未来进一步的成长造成更大的隐患。

第五，金融办公室还应该加强对产业资源的整合和重组的行为。对于那些经营较好的企业和善于在危机中掉头调整升级的企业予以更大力度的扶持，通过它们调动生产要素资源；对于那些经营较差、市场适应度弱、但是又有良好的生产技术水平的企业实行联盟与并购。在危机中整合产业实力，去芜存菁，使产业的竞争力在外部市场收缩的情况下形成更大的整合动力，为区域内产业中的关键企业拥有同行业中更明显竞争优势多做工作。使经济危机消退之后本地区的产业集群能够获得更明显的产业链的支配能力，确立更大的生产要素吸引能力，推动整个产业在国际、国内的分工体系中拥有更有利的竞争位势。

第三部分

中国企业突围

　　帮助处于经济漩涡之中的中国企业拨开征程中的迷雾，看清未来产业的方向和商机所在，抓住历史性的机会，既不为外部的动荡波折所困惑，又能驾驭好自身的经营航船，内外双修，在风暴中集聚力量，在黎明中看到曙光。帮助成长中的中国企业恪守卓越企业所应秉承的金科玉律，坚持世界级企业公民的梦想，沉着冷静地面对可能的暗礁和诱惑，把握好机会，把握好自己，与中国经济共同实现新一轮的腾飞。

第十一章　产业思路决定产业出路

一、被夸大的金融危机

从 2007 年中期由美国次贷所引发的金融危机爆发到今天已经历时近两年了。回过头去看这场金融危机，我们感受到的，实际上是处在黑暗中人们的恐惧和紧张心理主宰了人们的思维方式。就像美国流行的一个笑话所说的一样，华尔街试图寻找这次金融风暴的底部在哪里，就仿佛一个人在黑夜中，在黑乎乎没有灯光的衣橱里寻找一双根本就不存在的黑皮鞋。

现代市场经济是一种信心经济，大量的经济活动需要通过信贷和信用来解决。一旦信心被冷冻，整个经济的增速必然减缓，经济的活力也将衰退。本次金融危机中，虽然美国虚拟经济部分所控制或者拥有的货币总量非常庞大，所造成的债券投资损失也非常巨大，但是，它涉及的就业人口占总就业人口数量的比例相当有限，并不是消费市场的主力。真正的问题在于，美国的金融危机从虚拟经济领域渗透到实体经济领域，给大量的实体经济造成了严重的信贷影响。因为会哭的孩子有奶喝，金融机构出现投资的坏账损失之后，急于把这些坏账进行冲销，拼命夸大坏账的损失程度，不断从美国政府拿到纳税人手中借来的大量国债。但是，这些国债并没有及时地冲销金融机构所拥有的坏账，而是再开始新的银行界的布局，对产业，特别是海外产业展开收购。

一方面，银行为了未来的发展需要布局、需要收购；另一方面，银行又对已经陷入危机的房地产行业、汽车行业、钢铁行业等产业充满警惕，为了避免银行坏账的进一步增加，限制和减少对这些产业的投资。然而，这些产业恰恰是劳动密集型产业，它们的衰退会引起实体经济的动荡。当失业人口上升到一定程度以后，就会加剧社会保障体系的压力，同时也会降低人们消费的信心，导致人们无法对未来充满期待，减少当期消费的愿望。

要想解开这个套环，美国政府必须设立专门的资产管理公司，将美国大型金融机构中由于次贷等垃圾债券所造成的抵押债券有毒资产剥离出来，进行认真的估值。至于输向金融机构的、有特定指向用途的政府资金，则专门用来冲销这些金融坏账。一方面，给金融坏账的投资者一定比例的补偿；另一方面，给那些拥有次贷房屋的购房者进行经济补偿或者帮助他们偿还房屋贷款，稳定住房市场。与此同时，更大规模的资金将会进入到实业领域。对实体经济而言，重要的是增加陷入危机或者困境的企业的流动性，保证他们不会产生经济性裁员，避免更多人陷于失业的困境，减少社会保障体系的压力。通过政府投资，进行基础建设，拉动对美国国内失业人口的帮助，使得更多的人能够有一份稳定的工作和可以预期的收入，从而恢复消费的信心。

在这一过程中，中国政府依然是美国最大的债主，也一定会是帮助美国走出金融危机的最大的支持者之一。中国政府不能停止对美国债券的收购，而是应该适时地与美国合作，停止对美国金融机构坏账拯救资金的输送，把提供资金的主要方向定位为还具有良好运营能力的商业银行以及具有发展前景的产业投资。作为交换的条件，中国将提出要求美国开放其资本市场，允许中国对美国的实业进行投资，并允许中国购买美国的高技术产品，减少在高技术环境资源领域对中国投资的限制。如果这些举措能够奏效，可以稳定住美国的消费市场和企业的运营状态，那么，中国的对外出口机器就可以持续运行，这一理想的结构就不会断裂。从这个意义上讲，中国有能力做到这一点，美国也需要中国做到这一点。

从更长期的角度来讲，中国需要通过产业升级提供具有更高附加值和不可替代的产品价值。美国政府也必须通过调整产业结构使过度依赖于虚拟经济中衍生金融市场的经济能够恢复到正常的轨道中来，把经济结构中实体经济、高技术产业和生产性服务业中的金融业继续推向新的高点，使3亿美国人中的大部分就业人口能够恢复其正常的生产、生活和工作秩序，并且建立起对消费的信心。

中国产品物美价廉，美国消费者虽然目前缺乏消费信心和支付能力，但他们对于日常生活用品的消费不会大幅下滑。中国政府在向美国提供的援助资金或者信贷资金时，可以与美国政府和民众做出一项约定：中国政府提供的外汇储备或者是以成品计价的债务，可以在美国的银行或者债券机构提供担保的前提下，对美国的家庭和居民进行赊销，帮助他们更快地获得自己所需要的商品。由于这种赊销的偿还由美国政府和银行系统进行担保，可以作为一种专项债券来补充美国债市因为次贷危机导致的债券产品供应不足，从而形成一个良性的循环。

中国对美国的援助是建立在相信美国及其消费者具有走出危机的信心、能够偿还消费债务的基础之上。美国政府或者银行可以用存放在美国纽约联邦储备委员会下的数以千吨计的黄金作为这些消费债务的抵押物。只要有这笔黄金作为信心担保，中国政府和中国庞大的海外销售机构便可以为美国提供持续不断的信贷支持。反过来，美国在资本、技术和生产性服务业的领域也可以与中国企业建立更加紧密的联系，通过跨国公司在中国的生产经营的扩张以及美国金融系统和更多的实体界对中国现有生产型企业的并购行为，或者投资中国具有实力、成规模的股份公司和民营企业，乃至中国国有企业的改组和整体上市工作，进一步紧密中美两国的经济联系。

对中国而言，如何解决相对过剩的产能和庞大的失业队伍是整个经济的关键问题。只要美国经济的引擎不熄灭，美国的消费愿望还在，则中国的失业问题就将变得不那么突出；如果能够借助美国的现有力量加快产业升级，抢占更高端的产品市场份额，进入到世界产业分工体系更高位置，则中国的经济运行质量将会更高，产业结构调整将会更加有效。这也符合中国政府在十七大报告中所提出来的走新型工业化道路之路，建立中国特色社会主义市场经济的基本模式。

由此可见，只要中美两国不走向贸易保护的漩涡，不进行相互之间无谓的贸易战，保持一种开放与合作的心态，寻求双方都有利的合作模式，充分利用美国多年来的资本运作经验，利用中国庞大的生产能力，通过双方在不同产业、区域和领域中的合作，不仅可以遏制住本轮的世界经济危机，还有可能使得中国和美国更大多数地区呈现前所未有的繁荣和开放。

从中国的角度来讲，这是一个重要契机，意味着不仅中国沿海地区过去能够通过与欧美的贸易先富起来，更重要的是通过这场金融危机，使得沿海地区成为中国中西部内陆地区与欧美发达国家市场的重要桥梁。通过不断的产业转移和技术输入、就业力量就地安置等生产要素手段的配置，中国的中西部地区在保证环境安全的前提下，迅速形成承接式的产业区域，并且帮助沿海地区从单纯的生产区域升级为生产性服务业占主导的领域；在未来的30年时间里持续地往前推进，形成一个更加紧密的中美国经济体。

中美经济体一旦形成，不仅有助于中国在东亚地区发挥更大的影响力，甚至能够帮助全球经济实现平衡。经济的单边主义已经成为过去，但中美两国的合作可以使现有经济秩序做出更大程度的调整，也可以吸引以西欧为中心的欧洲经济体和东亚的日本经济体，进一步加入这个良性循环的轨迹中来，为下一轮经济的新繁荣奠定必要的基础。

二、现金为王

从 2008 年的下半年开始，特别是奥运会之后，中国经济受到了美国金融危机的强烈影响，并且危机已经从虚拟经济体延伸到了实体经济。

对于中国的实体经济而言，目前最大的问题首先在于获得流动资金和扩张所需的资金变得充满压力。在中国外商融资自成体系，国有企业，特别是大型垄断性国企的融资从来不会是一个难题。真正困难的是民间经济体面临资金的缺口。由于它们多数属于中小企业，一旦出现严重的金融风暴，银行为了保全自身的资产，一定会收缩对这一类型企业资金的投放。第二个困难则在于，因为实体经济受到冲击，可能引发消费市场的波动，特别是海外消费市场出现严重的萎缩，从而导致订单的缺失和原来运行正常的海外应收账款的坏账率急剧升高。在这一情况下会导致企业的财务危机。

因此，大多数中国企业在金融危机泛滥的今天所需要采取的重要举措是保证现金为王。具体可采取以下五方面举措：

第一，加快与金融机构的磋商，寻求新的政策支持。过去中国企业贷款主要通过固定资产作为担保和抵押向银行申请贷款。在新的救市条件下，银行系统有可能通过对股权质押，包括对存货以及应收账款等流动性资金进行质押来给中小企业发放贷款。因此，如何更大程度地寻求金融系统及时、足额的流动资金的支持，是中国中小企业需要特别关注的问题。

第二，及时调整企业内部的库存结构和产品结构。企业经营需要准备一定的库存，其中包括原材料、在产品、半成品等等。这些产品本身占用了大量的经济资源，也使得企业的资金沉淀在企业内部，不能够及时地盘活。面对动荡不安的经济环境，中国企业必须重新审视内部的价值链和所处产业的供应链，尽可能用先进的管理方法对存货进行安全点控制和有效规划。这种规划的价值就在于，把沉淀在存货中的资金转化为企业的流动资金，减少外部资金缺口，降低资金使用成本。

第三，适当控制在危机期内的对外产能扩张，减少原本推行的并购行为。在经济景气时期，企业往往通过对外并购来扩大产能。但是，也必然背上财务包袱。因此，中国企业应该更多采取的措施是建立产业联盟，而不是通过并购去获得所有权，节约并购和扩产所需要的资金，以便周转所需。

第四，梳理企业的应收账款，建立更加有效的信用管理体系，减少因为赊销出现坏账而造成进一步的财务损失。另外，要特别谨慎企业的担保行为，避免因为相关联企业出现财务困境而牵连本企业的财务运行。

最后，在企业内部例行节俭，减少不必要的物资和人员消耗，保证用最有效的、最精干的力量面对危机的到来。随时调整策略，防止情况的恶化，一旦出现市场回暖的迹象，则可以迅速的抓住经营的机会。

三、并购在行动：卖还是不卖

无论是由于国际金融动荡不安的状态，还是产业融合的需要，未来一段时间内发生在中国市场上的国际并购会成增长趋势。这些并购案主要有三大类：第一类是境外资本会从产业层面进入中国，对已经在过去30年中发展成型的跨国公司在华企业、中国股份制公司及民营公司展开股权方面的争夺；第二类是拥有雄厚资本的中国大型国有企业，在所处的产业以及产业生态系统当中，通过对新兴的股份及民营企业的并购、控制产能、延伸产业链、获取超额回报；第三类是由股份公司和民营企业发起的对产业内经营遇到较大困难，流动资金不足的相关企业展开的并购行动。

收购的主体多种多样，被并购者主要是三类企业：第一类是拥有自有品牌和专有技术并且拥有自己的产品线和分销网络的企业。这类企业往往在某一产业中处于较为靠前的位置，能够被收购主要是因为其经营质量良好，拥有较大的市场潜力。应该说，这类并购是卖方市场。第二类是在经营中遇到一定困难，比如流动资金周转不足或者是扩张资本缺乏不能满足下一阶段发展迫切需要的企业。这类企业应该都有较大的增长潜力，但是自有资本难以为继。因此，这类企业更多的是寻求战略性资本或者经营资本的注入。第三类是产品市场遇到了较大的问题，虽然拥有完善的品牌和分销网络，但是在经营中间出现了某种挫折而导致财务遇到困境的企业。这类企业通常出售的都是生产设备和产能，资金注入方看中的不是企业的品牌、技术或产品本身，而是企业所拥有的某项要素、资源，比如土地、分销网络或者生产设备。

对于企业经营者到底该不该出售企业，业内有两种不同的观点。第一种观点认为，企业家用不着将产业当做事业，只要有合适的价格、合适的买方就应该趁势估价，将经营好的企业卖个好价钱。把企业当做产品来卖，变现之后再另外寻找商业机会，一样可以再有一番作为。第二种观点则认为，中国的企业不应该过早参与到并购中去，特别是不应该参与到由跨国公司主导的并购中去。一般认为，跨国公司在并购过程中经验丰富、手段多样，中国公司却缺少相应的应对之策，难免在纷繁复杂的并购活动中吃大亏。

实际上，对于不同的并购对象，并购过程所遇到的问题是有很大差别的。从产业并购来讲，通常源自欧美的要约收购金额较高，条件也较为宽松，相对尊重原有企业文化，对原来的经营班底保留相对完整。而来自日本、台湾地区等亚洲国家和地区的并购通常是吞并式的并购，对被并购企业进行全面整合，人员、架构、产品结构重组的情况较为常见。而且，即使欧美国家在并购过程中的表现也有区别。与美国企业谈判过程通常较为复杂，但是，一旦确立结果，相对条件都较为宽松，美国企业愿意用大幅度的收益来换取被并购企业方的让步；而欧洲企业则显得较为谨慎，在开始阶段会较为乐观，但是随着谈判越深入，要价越谨慎谈判越细致，导致了谈判前易后难，即使到了支付环节也有诸多法律条款进行约束，使得被并购方出现抗拒心理。

要将企业成功地出售给外资企业，要特别注意并购谈判中重要诀窍，注意并购方法的选择。任何一种谈判通常有三种谈判方式：其一是就结果进行谈判；其二是就过程进行谈判；其三是就前提进行谈判。所谓就结果进行谈判，主要是指对收购方报出的收购价格进行谈判和争论。通常，外资并购中国企业所用的收购方法是将财务的资产负债表的账面净资产价值作为谈判基数。跨国公司往往利用中国企业不善于谈判技巧提出账面价值法进行并购。这种方法对具有品牌技术和分销网络的中国企业是非常不利的。因为，按照账面价值法，净资产往往还不如固定资产总额高，在减去负债以后，实际净资产的价值是有限的。外资方按照净资产作为入股的标准提出控股权，实际上是用少量的资金就可以控制整个企业的股权。当然，这种方法对于跨国公司来讲也有所忌讳，因为中国的企业往往存在单保多投、信贷不清、税收拖欠等历史问题较多的状态。一旦用这种方法进行并购，则意味着跨国公司要全部承担被收购方的历史问题和法律遗留问题。所以，越来越多的跨国公司也对此持谨慎态度。而对于被并购方来讲，如果处于使用账面价值法，用资产负债表的净资产价值作为谈判的基础，本身已经处于不利地位。

所谓对过程进行谈判，是指不能简单地采用资产负债表的账面价值作为谈判的基数，而要使用对现有各项资产，包括现有流动资产、现有长期投资、现有固定资产、现有知识产权等无形资产等等各项资产，进行新的以市场价值为基础的公允评估，特别是对一些没有能够进入资产负债表，例如对自创品牌、经营中创造的各种成系列的产品结构以及目前所有的分销网点和分销网线都应该进行估值。因为，按照中国现行的会计准则，自创的品牌是不能进入商誉的。即使红塔山估出来高达数百亿的品牌价值，海尔集团高达百亿元的品牌价值，这些都只是纸上谈兵，并不能进入到账面价值里去。而在并购过程当中之所以采取对过程进行谈判，就是不能轻易地承认资产负债表最后的净资产价值作为企业估值的标准，而一定要采用类别资产估值的办法来进行确认。

对前提进行谈判是指既不接受对资产负债表账面价值估值的办法，也不接受按照企业类别资产分类重新按市场价值估值的办法，而是采用未来现金流估值的方法进行估值。也就是说，企业所出售的绝不仅仅是现有的静态的资产和各类会计要素，而是一部能够创造收益和价值的经营机器。企业的价值评估不能根据静态的资产价值，而必须考虑到企业未来的盈利能力。也就是根据未来若干年度内市场变化，将预测企业所能够带来的现金流量折成现值，并用这个现值作为双方并购谈判的基础。

由此可见，如果企业决定进行并购谈判，必须有充分的思想准备，采用最适合于企业的策略和方法。通常，一场跨国的并购谈判持续的时间不会少于半年。先是进行净值调查，并购方及跨国公司会委托相应的律师事务所和会计师事务所对需要并购的方面进行全面的资产、财务状况调查。许多老练的跨国企业在净值调查的同时，会向被并购方要求派出关键岗位员工，包括市场总监、生产总监、财务总监等，试图将被并购企业现有的产品结构摸清，并纳入到跨国公司总体运营架构当中。等谈判运行到中段时，跨国公司已经比较清楚被并购企业的情况，对它的产品结构和市场价值有了新的判断。一旦谈判破裂不能进行，将对被并购企业实施围困打法，对其主要产品采取价格困守的办法，使得被并购企业出现经营上的市场困境。

所以，如果没有签订并购协议书，不能够轻易接受对方派遣关键岗位员工的做法。中资企业不能认为对方派人自己是白用的，既不需要支付工资，又可以向人家学习所谓的管理经验。其实这是非常危险的木马计，表面上送给你一个大木马，送给你好几位年薪数十万的高级员工；实际上却是屠城的准备工作，很可能因此泄露商业机密，导致产业布局被对手摸清，兵不血刃，使企业最终不得不接受并购方的苛刻条件。

而如果企业自身财务状况比较混乱，税务历史状况难以理清，那么，在对外合作和并购过程中间，采取用固定资产或总资产作价，双方合作注册新公司，再由新公司来承租或者购买原公司品牌、产品、生产线的方法或许是一种比较简洁和容易被双方接受的方法。

总之，在并购过程中有这样或那样的许多困惑和陷阱。中国企业虽然成长了30年，但进步主要体现在生产和组织过程，而对于资本市场运作，包括对并购中金融条款的审核、并购后金融义务的承担等，都还非常陌生。所以，在今后的并购过程中，中国企业要具备足够的警惕性和较强的法律意识，避免因为并购而出现更大的损失。

四、远离震中：构筑经营防火墙

在中国，即使是大型企业，也往往很少涉入金融业务。目前，在这场金融风暴中，最终因为期货投资而造成损失的情况也仅存在于国航、东航、五矿等部分资源类企业，绝大多数企业仍然是把主要精力和资源集中在产业层面。

处于产业中的企业能不能建立经营防火墙，尽可能地减少这次金融危机对实体经济的冲击，使企业能够安然度过这场风波呢？实际上，在经济繁荣阶段，企业比的是谁的质量更高；在经营环境剧烈波动的时候，企业经营往往比的是谁能抗得更久、活得更长。为了避免巨大波动的外部环境造成的损失，企业必须深思熟虑寻找最安全的运营模式。

波动的外部环境给企业造成的损失主要有两种情况。第一种情况，因为环境出现急剧的收缩，导致企业经营中的实际销售情况远远糟于企业在计划初期的预计情况，从而产生巨大的过剩成本。所谓过剩成本指的是企业经营中准备的大量的生产要素，例如生产原材料、厂房、设备、技术工人、技术储备、对资源的收购等等。这些提前释放和准备出来的原材料都是具有财务成本的。如果企业不能达到预计的销售状况，则会导致这些财务成本变成沉没成本，整个企业因此出现现金流的短缺，经营困难，甚至不得不变卖、分拆部分资产，有的甚至还会因此出现破产和倒闭的情况。

第二种情况则正好相反。如果企业过度收缩了自身的产能准备过冬，但是经济却出现触底反弹，那么，企业面对一个快速回升的繁荣市场，却因为自身的生产能力、生产要素的储备工作不足，导致无法抓住这样一个迅速攀升的市场机会，错失了发展机会。这也可以称之为一种成本，即通常所说的短缺成本。

过剩成本和短缺成本共同构成企业面对外部动荡环境时候的战略成本。如何应对波动的经营环境，应对金融风暴对实体经济的冲击，在本质上讲，就是企业在不确定的经营环境中，如何尽可能地减小战略成本的空间。为了做到这一点，必须从两个维度上做相应的工作，我们简单称之为企业经营的时空转换。

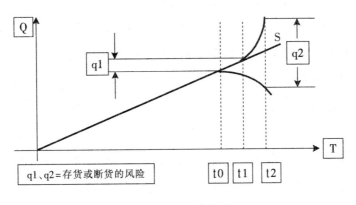

图 11-1　时空转换图

　　图 11-1 中的斜线 S 代表企业在对未来年度进行规划时的销售增长曲线。q1 代表企业在实际经营中，实际情况优于计划情况，从而出现因计划不足而不能满足市场消费需求的空间，即短缺成本。q2 代表实际经营情况要弱于企业规划情况，出现因为供给过量而导致的损失，即过剩成本。横坐标是时间概念，t0，t1，t2 分被指企业经营者通过各种信息手段观测到市场变动，进而采取后续行动的时间点。纵坐标 Q 在此指空间概念，从图 11-1 可以看出，企业在经营过程中，发现实际情况与规划情况出现差异的时间点越早，就可以获得越大的后台系统调整空间，减少战略成本开支，获得经营收益。

　　由此可见，企业要减少战略成本，一方面，要抓住企业的外部信息，通过提前获取外部市场波动和变化的第一手信息，来换取企业内部后台支持系统的调整空间。要获取企业外部的市场信息，应该从三个角度着手。

　　第一，解决有效出货的问题。无论是服务业企业以客户为中心进行规划，还是生产型企业以销售市场为中心进行规划，亦或是生产服务型综合企业以战略单位为中心进行规划，都必须对未来的分销和销售终端市场做必要的市场调查、分析、了解，清晰把握本企业特定产品面向的客户人群、分销组织结构、分销中间商以及销售终端的数量。通过更加准确地把握分销网络的行业状态变化情况，既了解自身的生产经营销售能力的波动，也明确主要竞争对手在面对同样艰难时候所采取的主要应对措施，以及他们对本企业产品和服务所构成的直接威胁，从而确立相应的应对之道。如果不能把这项工作做好，企业则难以预测未来一段时间到底需要增加还是减少产品和服务的供给，造成不必要的成本攀升。

第二，解决渠道中的存货问题。中国的企业以制造业为主体，大量的物流过程不仅局限于企业的内部，还发生在企业的外部。比如企业在采购环节会存在大量物流，再比如企业在分销环节，商品从企业仓库流出后会经历一批商、二批商，进入到分销终端，最后才从生产环节通过交换环节进入到流通领域，实现其最终销售。因此，企业必须清楚地知道商品在渠道中的存货量。也就是知道商品从企业的仓库运出以后，一直到消费者手中这一段距离，商品物流的流量、流速和流向。通过对这三者的准确判断和及时反馈来掌握渠道库存所占用的资金和财务成本。通过缩减、优化财务成本的金额来达到提高运营效率、降低综合成本，从而控制战略成本的作用。

第三，解决销售的市场定位问题。基于对分销网络的有效把控和对分销渠道流量、流向、流速的快速反馈，有的放矢和精准地使用销售费用，使得企业能够在销售市场上通过扼住竞争对手的喉咙以满足客户需求，实现自身市场份额的进一步扩大。通过这三种主要的方式，企业可以逐渐摸索出更加精准的制定销售计划、营销方法，特别是下达生产服务的总体规划，减少在生产经营中出现过剩和不足的战略成本。

另一方面，企业还必须根据相对准确的市场预测对产品和服务提供更有效的后台管理，使得生产、物流、采购、工程管理、人员绩效评价等一系列后台工作能够满足一线市场需要，用最低的成本最高效地来完成。对于生产制造业的企业而言，必须认真研究上世纪中叶发源于美国的三种主要生产型企业物流和供应链管理方法，以提高自身的效率。

第一种方法是 MRP，即物料需求规划。所谓 MRP，是指以相对准确的市场预测为中心，通过建立起内部的动态库存和物料清单，并通过配套相应工艺的生产过程计算，得出未来一段时期内的加工计划和采购计划，以此实现物流和资金成本在生产采购控制过程中的最优化。其中动态库存指的是库存中不仅包括现有静态库存，还包括现有库存中已经被未来若干周期征用的库存信息和尚未入库的在途库存资料信息。物料清单是指根据市场工艺过程和生产工艺流程，考虑到基于时间坐标的产品结构，要求企业在生产经营过程中并不是一次性把生产所需要的全部原材料、零部件、主辅材都采购回来；而是自动根据企业的生产流程，有计划地按时间进度采购、存货、管理半成品、输出产成品，由此使得存货系统占用财务成本最优化。

第二个方法是 MRP2，即制造资源规划。也就是根据有效地物流控制系统，增加相应的财务追踪体系，使得企业的生产经营环节中的每一个增加值都能够被有效地管理。而且把时间视为经营中非常重要的管理对象，得出一个重要的利润公式，即：利润=（品牌+服务水准+质量水平）/（成本+工作时间）×企业运行过程中的柔性系统。所谓柔性系统，指的是企业信息集成的水平。所谓信息集成，就是我们所说的中国新型工业化道路的重要标志。企业在经营过程中不仅要善于生产优质的产品，还要使生活过程做到信息集成。要做到这一点有三个重要的标志：一是实现企业内部信息入口的规范化和标准化，即谁提供信息就由谁来规范它，来对它负责；二是实现信息的跨部门实现共享；三是实现信息的多路径查询，即可以通过不同的维度来对某一项信息进行多角度的查询。

第三种方法是 ERP，即企业资源规划。ERP 指的是企业在内部价值链和物流体系相对完整，成本控制系统相对有效之后，能够把管理的触角延伸到企业的外部，进而对供应商和下游的分销环节进行信息化的控制，使得企业总体效能最优，也使得企业所引导的价值链效率最优，能够优于对手的表现，从而获得市场的褒奖。过去我们在教科书中常常看到，所谓优秀的企业往往采用零库存。也就是说，采用产品订单式生产模式，需要产品原料时临时订购，并不准备大规模库存。实际上，这是一种理想状态，真正做到零库存的企业往往都是实施了 ERP 的企业，也就是能够做到供应链管理。以日本丰田公司为例，所谓零库存的重要前提在于，首先，丰田公司具有强大的品牌和产品分销网络，能够使得客户提前订购；其次，它的内部供应链体系非常发达，能够做到对企业外部的供应商和物流分销环节进行充分有效的管理；第三，是企业在运营中有足够大的规模，所以使得相应的零部件配套商愿意围绕企业的生产组织部门进行就近配套，以帮助企业降低库存成本，增加专业化水准。只有做到这种水平，才可以称之为接近零库存，而并不是指单纯的企业不备原料等相应的库存设施。

如果企业能够把这两方面的工作做细，一方面更有效地获取市场变化信息，另一方面更高效地调动后台支持系统的服务，则能够做到尽最大可能地降低战略成本，来应对动态不确定的危机环境。

五、"沃尔玛"陷阱：小心大客户

当实体经济受到金融危机波及时，最大的特点在于市场出现骤然冷冻，许多中小企业，包括一些具有一定规模的外向型企业都突然之间订单消失，导致企业运行出现顿挫。这里除了环境恶劣变化的因素之外，还有一个很重要的原因在于，我国现有外贸出口企业，乃至许多以加工制造为中心的企业缺乏市场网络建设的理念，依赖单一经销商或大客户进行销售，没有市场渠道和销售终端的掌控权。一旦出现重大的形势变化则最先蒙受损失，不仅缺少订单，而且可能在分销网络的应收账款上出现重大坏账。一方面市场无着落，一方面账款无下文，会把企业推到经营困难的窘境。

有这样一个案例。东莞曾经有一家专门从事汽车倒车雷达生产的中型电子企业。该企业一年的生产产能是 10 万件，每一件产品的利润约达到 300 元，每年能够获得接近 3000 万元的毛利润。在经营过程中，来了一位台湾的客商，客商提出希望该企业能够帮助进行委托加工，也就是我们通常所说的

OEM——代工。提出的条件是一次性给予订单5万件，但要求每件产品只能保证200元的毛利润。

在该企业原有产品的利润结构里，尽管产品具有300元的毛利，但是还有销售成本和销售佣金的部分。虽然台湾客商只给出200元的毛利空间，但因为不再需要做下游的分销，所以颇让这家中等规模的企业老板动心。如果接下这样一个大客户，不就意味着未来的市场不用再操心了？但是，由于企业的现有产能肯定不能够满足新订单的需要，如果要满足台湾客户提出的要求，就必须迅速地扩大产能。无论是收购现成的电子企业，还是兴建电子企业都需要大量的资金投放。那么，企业到底该不该接下这个订单去扩大产能呢？

其实，这里面隐含着一个非常重要的命题，就是我们谈到的沃尔玛陷阱。所谓沃尔玛陷阱，指的是生产制造型企业在经营过程中，遇到大客户的超大订单，到底要不要为了接受这一订单而走向扩大产能的道路。沃尔玛公司在全球各地收购消费品，在沃尔玛超市内面向消费者出售，开始都是用品牌产品以百货公司的方式进行经营。但后来沃尔玛走出一条低价超市的路子，就是不再简单地销售品牌产品，而是针对某一类产品，以沃尔玛的名义要求生产企业进行代工。因为数量巨大，规模庞大，企业往往乐此不疲。而一旦代工达到一定规模之后，这样的大型企业往往通过对产品质量、供货条件和服务水准等方方面面的问题进行价格压制，迫使企业不得不调低产品的供货价，为商场提供更多的毛利。如果企业不调低相应的供货价，商场一旦停止采购，企业已经扩张起来的产能将无处释放，从而导致巨大的经营风险。

因此，如果东莞的这家企业接受了台湾客户的订单，就意味着需要迅速地把产能放大一半，而产能放大一半以后，产品的平均毛利率却没有相应提高。如果企业将产能放大之后，台湾的销售订单不能够按期到达，或者因为金融危机的原因导致客户突然消失，这家企业的经营就会遭遇严重的困境。

由此可见，对中国企业而言，千万不能轻易地把自己由自主品牌企业变成外包加工类企业，也不能轻易把自己的所有产品都委托给单一分销渠道或客户去代理；而要努力建立起相对完整的产业链条，争取通过产业链条之间的互助关系来实现互补，实现利润的保全，也避免下游消费市场出现大的波动时，经销商转嫁市场风险而迫使企业承担更大的代价。

第十二章　风雨过后是彩虹

一、企业的财务逻辑

　　紧缩的消费市场必然会导致企业出现营业收入下降、消费数量减少等短期状况。例如，某企业所属产品线共有三种主要产品在对外销售，分别是A、B、C。过去的一年中，董事会发现，A产品给企业带来利润20万元，B产品给企业带来利润30万元，C产品给企业带来的利润是负10万元。也就是说，A和B产品为盈利产品，而C产品出现了10万元的亏损。在这种情况下，董事会要求面对金融危机的年份，企业依然要保持向上的势头，在未来一年企业实现利润总额必须达到50万元。这时候，身为该企业的首席执行官应不应该把C产品作为一种亏损产品砍掉，以保证企业未来一年的盈利呢？

　　从账面上看，把C产品削减掉以后，A和B产品的利润分别是20万元和30万元，加起来正好50万元。因此，看起来最简单的办法就是拿掉亏损产品C，便可以保持企业处于盈利状态。

但是，在企业经营中，这实际上是典型的财务陷阱。因为，决定企业是增加还是去除某一类产品不能仅仅依靠它的利润情况来决定，而必须考虑到这个产品的成本结构和利润结构。也就是说，利润是一种财务指标，它是通过财务逻辑得到的。从财务的逻辑来讲，利润等于收入减去各项成本和费用。而成本和费用又可以分解为两种类型：一类为变动成本；一类为固定成本。所谓变动成本，指的是在企业生产经营过程中与企业的销售数量产生同比例关系成本，例如，企业经营中的原材料成本、生产制造环节的用工成本等等。而所谓固定成本指的是在企业运营过程中，不与企业的销售数量变化发生直接关系的成本，例如，企业在一定规模下的生产设备折旧或者企业整体行政成本。

我们将该企业 A、B、C 三种产品的收入、变动成本、固定成本和利润列出如下：

表 12-1 某企业各项产品成本利润

单位（万元）

	A	B	C
收入	90	80	70
变动成	40	25	40
固定成	30	25	40
利润	20	30	-10

从表 12-1 可以看出，虽然 A 产品有 20 万元的利润，但收入为 90 万元，变动成本为 40 万元，固定成本分摊为 30 万元。B 产品有 30 万元的利润，收入为 80 万元，变动成本为 25 万元，而固定成本也为 25 万元。而 C 产品虽然是亏损 10 万元，但是该产品的收入为 70 万元，变动成本为 40 万元，而固定成本分摊也是 40 万元。如果取消 C 产品的生产经营和销售，会带来的直接后果是什么呢？首先，该产品的收入不再存在，该企业减少 70 万元的收入；其

次，该产品的变动成本不会再发生，也就是减少40万元的成本；同时，该产品的利润也就不存在；最后，由这个产品所分摊的40万固定成本却无处抵消，必须由A和B两个产品来共同分担。因此，当亏损产品取消之后，企业的经营利润反而出现了下降。这就是财务的陷阱。

由此可见，决定一个产品是否需要继续生产有一个关键性的指标，就是不仅要看利润，而且要看收入减去变动成本的差额。这一差额在财务上有一个专用术语，叫做边际利润或者边际贡献。如果一个产品有边际贡献，即使它不能够带来经营利润也有保留的必要，因为它可以帮助公司分摊固定成本；而如果一个产品连边际贡献都是负数则一定要取消，因为它不仅不能够分摊固定成本，甚至连自身的成本都无法覆盖。

边际贡献是一个非常重要的概念，它使我们明确产品不仅可以用来销售，还是一种财务要素。企业经营的最终目的是获得财务上的平衡和自由，获得财务扩张上的收益。因此，不管企业从技术上和设计上有多少种产品的形态，在财务上实际上是三种产品，即图12-1所示的现金流量产品、边际贡献产品和利润产品。

图12-1　产品财务结构图

所谓现金流量产品，指的是企业选择的这一类产品，具有较好的市场空间和潜力，能够放大企业销售规模。但是，该产品因为竞争对手较多，价格难以拉高，所以只能获得非常微薄的毛利。

所谓利润产品，指的是企业能够从产品服务或项目中获得高于平均水平的利润。这是由于企业控制了某一类分销渠道，或者拥有某一种特有的技术或生产能力，或者垄断了某一类资源。但是，这一类产品因为它的垄断性也导致了它的产量有限。尽管单个产品或服务的利润丰厚，但因为规模无法拉升，所以不能使企业获得快速的、大规模的成长。

所谓边际贡献产品，指的企业每一个阶段推出的新产品。这一类新产品在推出的时候，因为定价的关系可以采用边际贡献定价法，也就是不需要这一类产品承担企业的固定成本，使得它可以迅速地抢占市场，成为未来的现金流量产品的基础；也可以采用高度定价法保持较大的利润空间，如果成功则成为一种利润产品。

一个在经济动态不确定环境下能够有效成长和生存的企业，一定是获得了一个良好产品财务结构的企业。从理想状态来讲，一个企业如果单独拥有现金流量产品或者利润产品都是有缺陷的，需要不断地发育边际贡献产品来充当未来利润产品和现金流量产品的重要补充。如果一个企业边际贡献产品所带来的收益能够占到每年新增收益的30%以上，我们则可以称这个企业具有良好的后劲和可持续发展的潜力。

企业选择不同的产品线选择不同的财务产品结构，也就意味着选择了不同的企业经营模式。但有一点非常重要，如果一个企业需要多种财务结构产品的存在，必须特别注意它的从业人员管理机制，薪酬体系应该有所差异。如果在一个企业的一套制度下运行多种不同类型的财务产品，则容易产生产品之间的资源争夺、内部消耗和绩效评价的内部争议，使得企业的资源难以投放到市场真正需要的地方，最终引起企业内部治理结构的混乱。因此，采用副品牌、分公司、子公司或者新设企业的方式，也许是对产品财务结构延伸较好的一种维护模式。

二、两把尖刀：存货和"三角债"

面对汹涌而来的金融风暴，实业界感受到了阵阵寒意。在经营中，无论是制造业的上游、中游还是下游，总有两个指标应该常常予以善记。它们就是应收账款、存货这一对重要的经营关联性指标。由它们构成的应收账款存货矩阵，可以清晰地反映出企业经营中的问题和风险，帮助经营者辨别未来的航线。

如果我们把企业财务报表中的应收账款增长率作为纵坐标，而把存货增长率作为横坐标，我们可以得到一个坐标系。其中，应收账款和存货的增长率是指用年度的期末数与期初数之间的差额除以期初数来计算。如果我们同时对应收账款的增长率和存货的增长率分别选择一个中位数，比如50%，约定超过50%则视同应收账款和存货的增长率进入高增长区间，低于50%则是在低增长区间。

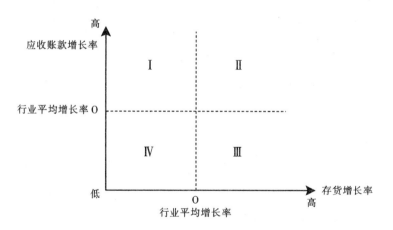

图 12-2 应收账款/存货矩阵

由图12-2可以看出，应收账款/存货矩阵中包括四个不同的象限。第一象限表明，企业从财务角度观察，存货增长率处于低增长阶段，而应收账款增长率处于高增长阶段。这一类型企业我们通俗的称之为泻肚子企业。它的典型特点在于，企业经营中最大的问题是现金流难以保证及时足额的回收，使得企业可能面对由此带来的经营风险。

造成企业处于第一象限的主要原因在于，首先，企业可能采用了过于宽松的信用政策，没有能够严格地对授信对象进行审核，界定授信条件，并且进行授信后的过程管理；其次，企业现有产品出现市场接受和认同度下降，无法成功地在经销商手中实现终端销售，当经销商难以汇款的时候，将会导致企业无法按时收回经营中的款项；第三，则可能是分销模式不能适应环境的变化、需要与调整。

当企业的财务指标显示企业处于泻肚子象限时，其能做的事情首先是收紧信用政策，通过重新界定授信对象，严格控制授信金额、加强授信过程管理来减少现有应收账款的存量，特别是控制其中的坏账损失量；其次是优化企业产品的结构，使其更能适应市场的需要，及时汇款；第三是重新审视现有的分销网络和经营模式，适应新环境、新变化。

第二象限我们通常称之为财务陷阱象限。因为在这一象限中，应收账款增长率处在高位区间，而同时存货增长率也出处在高位区间。这两个指标同时在高位运行，意味着企业出现了两个重要的恶化。一方面企业因难以正常收回放贷体外的相关货款而导致资金紧张；另一方面又出现存货，也就是原材料、半成品、产成品大量占用企业经营中的资金，导致整个企业出现经营困难、资金匮乏的情况。

企业处于第二象限是极度危险的信号。如果企业自身处于这一象限，则经营者应该考虑的事情，首先是进行紧急融资，通过银行信贷机构或者合作伙伴得到能够紧急融资的授信；其次是准备对长期资产进行出售，以获得帮助企业度过难关的必要现金；第三则是与主要供应商进行谈判，避免出现供货商挤提的危机状况，通过债务重组的方式来为企业获得一线生机。

如果是经营过程中有业务往来的单位出现类似的迹象，则企业一定要构建财务防火墙。必须立即清欠所有货款，终止所有重大合作，同时清理所有与该单位相关的担保、协议，避免卷入更深的漩涡。

如果处在矩阵的第三象限，则是存货增长率处于高位区间，而应收账款的增长率处在正常或者低位区间。这一类型的企业，通俗地可以称之为肠梗阻企业，也就是企业的货款回收没有出现太大障碍，但是，企业的存货积压令人担忧。而存货的积压有三种不同的可能性：其一是原材料库存的积压；其二是在产品或者办成品库存的积压；其三则是产成品库存的积压。

不同类别企业产品的库存的挤压反映出的问题也不一样。如果是因为原材料积压，则有可能是因为材料市场波动，企业为了避免涨价导致更大成本而采用增加库存屯量的办法。但是，这一办法同样冒着巨大的风险。一方面，企业需要投入更多的资金，要占用更多的现金流；另一方面，企业并不一定都能准确地预测原料市场价格的涨跌。如果在大规模购入原材料的同时原料市场出现大幅度跌价，则也会导致企业因为非经营活动而造成的财物损失。比如，2008年有许多钢铁企业和焦炭企业为了避免大宗原材料价格上涨过快所造成的成本压力，大量购进铁矿石和焦煤，在存放过程中却突然遇到了大宗商品急剧贬值的市场波动过程。这一贬值从会计上直接导致企业因为占有库存过多而出现巨大的财务亏损。

如果是在产品和半成品过多导致存货增长率过快，那么，一定要特别重视生产过程和物流过程的管理。通过管理要效益，减少资金的占用。

如果是产成品过剩而导致的存货增长率过快，则是要考虑企业的分销网络和产品属性是不是适应市场需要，加快产品结构和分销网络的调整。

如果企业处在第四象限，则说明应收账款和存货的增长率都是处于正常的区间，企业经营相对比较平稳。

抓住应收账款、存货这两个重要指标，我们可以初步判断企业运营中的主要风险，并且将经营中的风险控制在可以接受的程度内，腾出手来进行企业战略的规划和发展方向的研判，使得企业能够在相对安全的环境下进行扩张和发展。

三、重读《长寿公司》：企业长寿的四大特征

其实，金融风暴并不是今年才有的新现象。从资本主义诞生开始就伴随着经济危机的出现；而有经济危机就会有金融危机。所以，直面今天的金融风暴而不退缩才应该是一种正确的选择。

在危机发生的时候，往往令人想起那些在过去的风暴中脱颖而出，坚忍不拔，获得进一步成长的公司。壳牌公司的执行官阿里·德赫斯，曾经在 20 世纪 70 年代有一部著名的著作，叫《长寿公司——商业"竞争风暴"中的生存方式》。他在该书中披露了一个重要的研究，也就是探讨什么样的公司可以历经波折、穿越险境而到达成功的彼岸，并且能够渡过难关，从成功走向成功。

在经过对 40 多家超过 300 岁企业的研究之后，德赫斯认为，要想走过经济危机的暴风眼获得公司的新生，那些非同寻常的长寿公司们往往都有四个共同的关键要素。

第一个要素是所有长寿的公司都对自己周围的环境非常敏感。不论它们是通过技术的创新，例如杜邦公司的技术革命，还是通过获得自然的能源和资源来获取财富，例如我们所看到的壳牌和哈德森石油公司，它们与周围的世界都是非常和谐的。尽管战争、大萧条、技术和政治的变迁在它们的周围显得变化莫测，它们似乎总是善于调整自己，永远能够因时制宜。不论是在过去信息匮乏的时代，还是设备技术使它们具有了全球眼光的时代，它们都可以做到这一点。它们曾经只能依赖于远方驶来的轮船等传统运输工具获取信息，而过去的社会观念也并不看重公司的问题。即便如此，它们还是可以对周围的环境随时做出及时的反应。

要面对当前这场来势汹汹的金融危机，最重要的还是企业保持生存、谋求发展的信心。不用担心天会塌下来，也不用担心世界末日的到来，因为情况远远没有我们想象得那么糟。重要的是调整，通过公司内部结构、公司战

略行为、公司经营举措、公司管理控制系统的变革来使公司的有机体调整到最好的状态，避免外部环境冲击带来的损伤。在艰难时刻，谁能够坚持得更久，也许就更能够最早的迎来曙光。

第二个要素是长寿的公司需要有凝聚力。员工有较强的认同感，无论他们如何分化，雇员们（有时甚至包括供应商）都认为自己是一个整体的一部分。长寿公司把自己看做一支舰队，其中，每艘轮船都是独立的，而整个舰队的力量是大于每一部分的总和的。这种对某个组织的归属感与对其成就的认同感，可以被简单地视为变迁的、软弱的或抽象的物证而忽视掉。雇员间紧密的联系对于在变迁之中生存是关键的。雇员对组织负责，他们要从公司代代相传的链条中定位自己，要把自己看做公司长盛不衰的服务员。即使在危急时刻，管理者首先要关心的也依然是组织整体的健康发展。

中国的企业，即使是最年长者，也不过在市场经济中活了 30 年。因此，即使最年长的中国企业在世界商业史中也是最年轻的婴儿。现在这场灾难与其说是悲剧，不如说是中国企业和经济涅槃所需要的圣火。因为，正是这种灾难、这种考验，能够让我们的企业向内聚齐更多的人心，形成更大的合力，对外去迎接更多的洗礼、更大的挑战。要走出金融风暴重新回到光明的轨道上，保持员工的凝聚力和向心力也许比市场订单还要重要。

第三个要素是宽容。德赫斯最初为壳牌撰写报告的时候，把这一点称为"分权"。他认为，对于试图使公司经营多样化的任何努力，长寿的公司总是避免使用集权化的管理。它们总是包容创新，即使它与原来的政策会有那么一点格格不入；它们总是允许进入不同的领域，采用不同的方式，只要它们没有违背企业存在的基本原则，只要对企业的发展、对客户、对产品的升级有意义，它们都可以去尝试。而这种尝试是公司能够获得调整机会、能够长寿的重要原因。

我们失去了一些市场，失去了一些产品，失去了一些工作的岗位，这些都让我们很悲伤、很惶恐。但是，失去的必将用得到来补偿，我们又会看到一些机会，又会得到一些空间，还会有更多的希望。重要的是宽容，对现有不足的宽容，对过去失去的宽容，对未来希望的宽容。

第四个要素是财政上比较保守。德赫斯认为，长寿公司总是很节俭，不随便装大方。它们以一种很古老的方式思考钱的意义，它们知道在资产中保持一定结余的重要性。由于手中有钱，就有了一定的灵活性，而且可以独立于具体行为。它们可以寻求竞争对手不可能奢想的选择而不必讨好第三方出资。这场金融危机也告诉了我们重要的铁律，如果想成为一个长寿公司，不管是在现在最艰难的时候还是在将来最繁荣的时候，都记得采用稳健的财政政策。

四、80%的企业死于盲目扩张

在特殊的时期，企业必须建立面对动态不确定环境的特殊战略。一般来讲，在企业战略选择的范畴中有四个主要方向，即成本领先战略、产品差异化战略、细分市场战略和快速反应战略。其中，成本领先战略是努力使企业的某项业务成为该行业内所有竞争者中成本最低者的战略。成本领先战略是努力通过降低顾客成本，以提高顾客价值的战略。它可以获得两个方面的优势：一方面，如果行业中的企业以类似的价格销售各自的产品，成本领先者因为有低成本优势，可以得到比其他企业高的利润，从而增加企业价值；另一方面，如果随着行业的逐渐成熟，行业内企业展开价格战的时候，成本领先者可以凭借其低成本坚持到最后，直到其他企业入不敷出的时候，它仍然还可以获得利润，因而具有持久竞争优势。

目前，中国企业的竞争对象除了本土企业之外还有全球的竞争对手。中国企业之所以能够给中国经济带来如此大的惊喜和繁荣，最重要的原因就在于，在过去30年中它以低成本著称，为中国经济带来了足够多的红利。而现在，考验中国企业持久性的时间到了。全球的经济萧条最后带来的结果一定是价格战。谁能够具有成本优势，谁就能够活得更久。

那么，如何才能成为成本领先者呢？关键在于企业不能把主要精力和资源用在产品差异化上。也就是说，成本领先者只能提供标准产品，而并不率先进行研发或者提供新产品。比如，在彩电行业中，成本领先者不会率先推出液晶电视、高清电视，除非这种电视已经成为市场中的主流产品。因此，成本领先者通常并不采用针对每个细分市场提供不同产品的做法；而是选择一个规模较大的市场，提供较为单一的产品。因为，这样可以获得大量生产和大量销售的好处。但是，也正是因为这样，成本领先者最担心的是产品出现突然的升级换代或者出现替代品的趋势。所以，中国企业在拥有成本领先者身份的同时，还非常有必要关注市场技术的变化，避免被瞬间的骤变甩在潮流的后面。

对于中国企业来讲，目前主要是以成本领先战略为主。但是，这场全球范围内的金融危机使得我们认识到，企业必须有不同的战略选择。对于现在大量生产用于满足发展中国家、新兴市场标准化需求产品的企业而言，我们当然可以坚持成本领先策略。但是，对于那些狭小国度、狭小层级、狭小人群推出的特定产品的公司而言，产品差异化战略也许是可取的。同时，细分市场战略和快速反应战略都可以帮助区域性企业和中小企业获得自己的成功。无论采用哪种战略，都要认真分析所处的外部环境的变化趋势以及企业自身要素的配置能力。关键在于坚持自己的原则，把握前行的方向，走出自己的节奏。

在确定企业竞争战略的同时，企业还必须审视自己所处的生态系统。因为，任何一个产业都可以视作一个生态系统，就像我们所看到的小池塘里面可能会有大鱼、小鱼、虾米以及水草等等。任何一个良性循环的产业，都需要扮演不同角色的生态系统。生态系统越完整产业发育就越繁荣。

对于一个产业而言，一般有这样几种关键的生态角色。第一种可以称为主要推动力。任何一个产业都会有中心企业，它们的成长和兴衰决定着产业的繁荣与衰弱。但是，主要推动力企业并不能涵盖产业的所有方面，如果没有配合的产业力量，它们将难以推动产业的发展。

配合的产业力量包括关键推动力和辅助推动力。关键推动力并不一定在规模上和产值上与主要推动力相匹配。例如，它可能是一个技术研发公司，也可能是营销公司，或者是生产外包公司。这些公司都可能成为关键推动力，为主要推动力企业带来超越对手和意想不到的优势，撕开市场的缺口，推动产业的扩张。

产业要成长，还必须要有一种辅助推动力的企业。它并不是市场运行中的产业中心，甚至也并不能提供独特的生产、研发、技术、资本。它只是默默无闻地伴随着主体企业做配套，通过不断地降低自身成本、提高与主体企业的柔性和适应性来获取自身存在的价值与地位。这类企业虽然默默无闻，但是却为数众多，吸收了大量的就业，维持着庞大的生产，获取属于自己的利润。没有它们的存在，主要推动力企业将寸步难行。

因此，企业要明确自己到底是哪一类企业。因为，不同类型的企业所采取的竞争策略、所采用的竞争模式和财务结构都是大异其趣。如果是主要推动力企业，最重要的功能在于融资和市场，因为如果没有市场，则无法获取关键推动力提供的要素资源。只有市场足够大，主要推动力企业才能够迅速地扩张。而市场放大以后没有资金支持，企业也无法满足市场的需求。因此，主要推动力企业运营中间的核心命题一定是市场和资金。

关键推动力企业则不那么关心市场和资金。它们的主要任务在于形成自己的核心能力，形成一种不可替代的独特能力，而这种能力恰恰可以借助主要推动力企业庞大的市场夺取能力和资金融通能力形成产业合力。

而辅助推动力企业最重要的则是客户关系和生产的敏捷性。只有通过自身的敏捷性去推动主要推动力企业的信息化程度；通过客户关系的强化来促使整个供应链成本的最优化，才是产业进步的关键所在。

五、在萧条中成长：上海丹爱法公司的故事

上海丹爱法公司的创始人是一个安徽人，他的名字叫做陈永法，因为妻子和女儿的名字中分别有一个丹字，因此，将公司取名为"丹爱法"。

丹爱法公司的前身是一家纺织品公司，专门提供帆布等纺织面料。但是现在，它却成了一家卓有声誉的户外安全用品、设计与提供公司，每年销售额约在 5 亿人民币上下。短短的十多年时间，从销售额 300 余万元到 5 个亿，而且面对金融风暴对实体业的冲击岿然不动，获得了较快的成长。它的故事也许能够给我们重要的启迪。

早在上世纪 90 年代中期，丹爱法公司凭借帆布生意赚到第一桶金。它生产的帆布主要出售给欧洲企业，作为户外用品，特别是帐篷和户外登山服装的原料。在一段时间原料供应商的角色扮演之后，丹爱法公司看到这个行业完全可以从原料供应变成半成品或者产成品供应。因此，沿着产品产业链的自然规律，丹爱法公司从单纯的原料供应商进入到了原料与制造结合的半成品供应商，也就是帮助欧洲公司设计好的帐篷等户外用品进行代加工，以它们的设计需求为中心进行劳动密集型的生产。这个过程持续了三年。

在 20 世纪末期的时候，丹爱法公司发现，如果在国内进行代工，利润非常有限。但是，如果能够直接拿到海外零售商或者专卖店的订单，则可以免去中间的盘剥，利润相当可观。于是，丹爱法公司又努力地向前走了一步，从产品的代理商，逐渐变成了产品的外包商。也就是由欧洲的零售商和专卖店根据客户的需求提出新的产品结构，剩下的物流、生产、原料采购和品牌包装完全由丹爱法公司承接。

转眼到了 2003 年，丹爱法公司已经扩展到销售规模达到 2 个亿的中型企业。此时的丹爱法公司已经越来越具有户外用品行业的专业特质。很多时候，陈永法开始派出调查人员去了解欧洲市场登山顾客的各种需求。甚至有些时候，他能够比欧洲的零售商和专卖店更快地把握客户的需求。更重要的是，他具有一种天然的能力，可以用自己独特的方式来诠释和演绎客户的需求，并且总是能够找到满足客户需求的捷径。

当市场需求的变化与生产供应的调节能够形成默契与和谐的时候，中间所有的环节都变得多余了。因此，远在欧洲的经销商和专卖店不再把精力放到客户的需求调研上，因为丹爱法公司比他们更准确地知道客户的需求。关键是丹爱法公司还能够更精确地把满足客户需求的方案拿出来，并真正做到这一点。于是，欧洲的零售商和专卖店剩下的只有品牌了。它们只能通过品牌的强化不断地获取客户的忠诚度；通过订单的获取来吸引丹爱法公司的源源不断的供货。

丹爱法公司并没有满足于这一步的成长。它在2005年注册了一家欧洲的户外用品公司广告。当然，它想做的不仅仅是户外用品。丹爱法公司这时候已经清晰地提出了自己的战略，不仅是做户外用品的供应商，而是做户外安全用品的集成商。也就是说，丹爱法公司提供的并不仅是帐篷、防寒服、手套、背包、墨镜、帽子和水壶这些单纯的户外用品或设备，它要做的是户外运动安全保障系统的供应商。陈永法这样说道：如果我们在做制造的时候就想去做品牌，这并不现实。因为拥有一个品牌，拥有一个像样的专卖店或者要进入欧洲大的零售系统是不能够靠单一产品来支撑的。一个响亮的品牌一定是靠系列产品来维系的。产品线越丰富，品牌可以利用的挖掘度就越宽广，当然，财务风险也就越大。因此，要想获得运营品牌的商业资格，重要的是要在这之前已经拥有了足够长的产品线。

10年的代工生涯已经帮助丹爱法公司获得了足够自信的产品系列。而这种产品系列推动着丹爱法在欧洲的品牌注册。但是有了品牌不一定就有生意。2005年就注册了品牌的丹爱法公司，并没有急于在欧洲扩展自己的业务，也许时机并不成熟，它不希望与自己现有的客户正面冲突，也不希望盲目地出手。

2007年，丹爱法公司的海外订单数达到了新的高点，每年有超过5亿元的订单不断涌向丹爱法公司。但是，丹爱法公司的产能只有2个亿。按照一般的逻辑，它应该扩张产能满足顾客的需要。但是陈永法没有这样做。他的选择不是并购，也不是扩建，而是合作。他找到具有生产能力、符合生产标准的企业，对它们进行认证，然后把它们纳入自己的产业联盟，分给它们足够的订单，保证它们能够有所获利，能够持续的生存下去，但并不需要它们的股权。

陈永法的做法让很多人都不理解，认为他失去了应该属于自己的利益。但是 2008 年，汹涌而来的金融风暴让大家明白了这一点的深谋远虑。当订单急剧收缩的时候，丹爱法公司并不需要对其外围生产合作伙伴负责任，而只需要把订单迅速地集中到自己的企业。因此，对丹爱法公司来讲，根本不存在产能过剩的问题，只有合作伙伴以更低的价格为自己提供服务。在这一过程中，丹爱法还可以通过债务重组的方式来获得更多的加盟商，帮助自己扩大产能。与此同时，欧洲市场出现的不景气，很快吹到了零售商和专卖店那里。于是，丹爱法公司利用欧洲已经注册的品牌，开始对欧洲现有的户外用品和户外安全产品的品牌进行评估、整合与收购。而在 2008 年，收购这些具有竞争力的企业所需要花的代价，大概只需要 2007 年的 1/3。

2009 年初，丹爱法公司的业务继续成长，欧洲公司也已确立。原有的欧洲合作专卖店和零售商已经成为丹爱法公司在欧洲的分支机构；与原有的生产合作商形成了更大的生产同盟，共同致力于为欧洲市场提供标准化的户外安全产品与服务。而这种欧洲标准的产品与服务在中国大陆也持续不断地输入遍布各地的户外用品专卖店，成为中国市场中的高端品牌。

我们不能讲完丹爱法公司的故事，因为故事还没有结束。但是我们通过观察可以从中学到许多。首先，丹爱法公司不盲目扩张，始终保持着稳健的财务战略，使自己拥有回旋的空间。其次，它没有把自己锁定在产业链的某一个环节，而是利用自己的智慧，抓住市场的机遇，从产业的一端走向另外一端。尽管跋涉艰苦，但是前景诱人。第三，每个环节扮演不同的角色，做好不同的事情，都需要专业化。无论是代工、生产制造、物流、设计、研发、渠道建设和品牌建设，每一个环节都需要全力以赴，重要的是专业化的精神，而不是固守原有的园地。最后，是一定要有信心。如果没有了前面三点，但还有信心，我依然会成功。丹爱法的老总如是说。

中国人具有勤奋、智慧和商业的天分，我们看不到任何地方存在先天的缺陷。我们也不认为，30 年的学习过程表明西方的合作者比我们具有更独特、不可替代的优势。对于聪明、勤奋又有商业天赋的人来说，这样的故事演绎似乎都是正常的逻辑。我们拭目以待，看到丹爱法公司能够走向新的成功。我们也希望看到有更多的丹爱法公司能够在中国这片神奇的土地上迅速地繁衍起来。

知识链接

一、 有关次贷的金融术语

1. 次级贷款与次贷危机

次级贷款（subprime lending）又称次级按揭，是为信用评级较差、无法从正常渠道借贷的人所提供的贷款。这类贷款人俗称为 NINJNA，即无收入（No Income）、无工作（No Job）、无资产（No Asset）的"三无人员"。Subprime 则泛指有信用问题状况下的贷款。次贷利率一般比正常贷款高，而且常常可以随时间推移而大幅上调，因而对借款人来说有较大风险。由于次贷的违约率较高，贷款商也需要承担比正常贷款更高的信用风险。次级房屋贷款经过贷款机构及华尔街以金融工程的技术评估风险利率等方法，合并多笔贷款制作出债券，组合包装之后以债券或证券等金融产品形式在按揭二级市场上出卖给投资者。这些债券产品被称为次级债券。

次贷危机的全称是次级房屋信贷危机。它是一个正在进行中的、由美国国内抵押贷款违约和法院拍卖房屋急剧增加所引发的金融危机。次贷危机发源于 20 世纪末，于 2007 年浮上台面。它暴露出金融业监管与全球金融体系根深蒂固的弱点，对全球各地银行与金融市场产生了重大的不良后果。以次级贷款为基础的抵押债券曾受投资者的青睐和追捧。当美国房价在 2006 至 2007 年度开始下降，抵押违约率上升，而普遍由金融公司持有的住房抵押贷款证券（MBS）失去了其大部分的价值。结果是许多银行和投资者持有的资本大幅下降，造成世界各地紧缩信贷，最终次贷危机演变为全面的金融危机。

2. 商业票据

商业票据（Commercial Paper）是一种可转让的金融工具，是在商业活动中所出现的一切票据的统称。它是商业信用的工具，也是债权人以商业信用方式出售商品后，为保证其债权而持有的一种凭证。商业票据可以在市场中转让流通，但其流通范围受提供商业信用的企业的资信能力影响而有一定的限制。

商业票据主要包括：期票、汇票、支票、本票、商业承兑汇票、银行承兑汇票等。与存款单一样，商业票据是筹措流动资金的工具。从融资成本看，发行商业票据与存款单没有什么区别，因为两者的收益率相当；但商业票据的期限通常在 30 天以内，以避免与存款单市场竞争。

商业票据市场是货币市场中历史最悠久的短期金融市场，它是指买卖业绩卓著而极有信誉的工商企业所发出的期票的市场。商业票据市场上的交易对象是具有高信用等级的大企业发行的短期、无担保期票，期限一般为 2~270 天不等。由于商业票据偿还期很短，而且大多数票据发行人在面临投资者流动性压力时，常常在偿还期以前就买回商业票据。

商业票据的发行者主要有工商业大公司、公共事业公司、银行持股公司以及金融公司。发行者从商业票据市场筹措资金，一般是为解决临时性的资金需要。当预计在近期内可以用一些即将收到的资金来偿付时，他们不必向银行以较高的利率借款，而通过商业票据市场筹措资金。因为商业票据的成本费用一般低于银行的短期借款，而且大公司发行商业票据可以筹措到大笔资金而不需要登记注册。当商业票据到期时，公司亦可以发行新票据来偿还，以保证连续地大量借款。

商业票据的发行方式通常有两种：第一种是发行公司直接发行，卖给购买者，这样可节省付给中间商的费用，但手续较繁；第二种是委托交易商代售。非金融公司发行商业票据大都通过交易商，金融公司出售商业票据则采用上述两种方法。

商业票据的主要买主有商业银行、非金融公司、保险公司、私人年金基金、投资公司和其他单位。商业票据的流动性不如银行承兑票据，其安全性不如国库券，但利息率较高。而且，发行商业票据的大公司为了保证正常的资金来源和商业信誉，很少到期拒付本利，因而投资者愿意购买或持有商业票据。

3. 可调利率抵押贷款（ARM）

可调利率抵押贷款（Adjustable Rate Mortgages，简称 ARM）也被称为可变利率抵押贷款，是指在贷款期限内，允许根据一些事先选定的参考利率指数的变化，对合同利率进行定期调整的抵押贷款。调整间隔往往事先设定，包括 1 个月、6 个月、1 年、2 年、3 年或 5 年。参考利率大多包括两类：一是市场利率（一般特指国债基准利率）；二是基于储蓄机构资金成本计算出来的一些利率指数。利率调整的时候往往是根据参考利率再上浮一定的幅度。

可调利率抵押贷款的具体形式在数百种以上，但它们都有一个基本特征，就是贷款利率可变，只是变的基础、幅度、条件方面不一致。金融机构计算贷款利率采取分期结算的办法，在最初的"优惠"低利率到期之后，通常每 12 个月会重新设定一次。新的利率是在根据市场情况上下变动的指数利率上，增加一个固定的百分比，或称"收益率"。

为了吸引客户，可调利率抵押贷款的初始利率可低于固定利率抵押贷款，并且开始的时候只要求借款人归还利息。但是随着日后要求支付本金或贷款利率的上调，此类贷款的还款金额将有所增加，经常使借款人还不起贷款而导致坏账的产生。

次贷危机中抵押贷款公司往往采用可调利率抵押贷款与借款人签约，首付款甚至可以为零，贷款的头几年可以不支付月供，但随后会出现跳高还款情形，导致借款人还款压力大增。

4. 抵押贷款证券（MBS）

抵押贷款证券（Mortgage-Backed Security，简称MBS）产生于20世纪60年代的美国，是最早的资产证券化品种。它主要是由美国住房专业银行及储蓄机构，利用其贷出的住房抵押贷款发行的一种资产证券化商品。其基本结构是把贷出的住房抵押贷款中符合一定条件的贷款集中起来，形成一个抵押贷款池，利用贷款池定期发生的本金及利息的现金流入发行证券，并由政府机构或政府背景的金融保险机构对该证券进行担保。因此，美国的MBS实际上是一种具有浓厚的公共金融政策色彩的证券化商品。

MBS也被称为过手证券（pass-through securities），因为抵押贷款池所产生的本金与利息将原封不动地转移支付给MBS的投资者。

MBS在全球共有表外、表内和准表外三种模式。表外模式也称美国模式，是原始权益人（例如银行）把资产"真实出售"给特殊目的投资人（Special Purpose Vehicle，简称SPV），SPV购得资产后重新组建资产池，以资产池支撑发行证券；表内模式也称欧洲模式，是原始权益人不需要把资产出售给SPV而仍留在其资产负债表上，由发起人自己发行证券；准表外模式也称澳大利亚模式，是原权权益人成立全资或控股子公司作为SPV，然后把资产"真实出售"给SPV，子公司不但可以购买母公司的资产，也可以购买其他资产，子公司购得资产后组建资产池发行证券。

5. 担保债务凭证（CDO）

担保债务凭证（Collateralized Debt Obligation，简称 CDO）是一种固定收益证券，其现金流量的可预测性较高，不仅给投资人提供多元的投资管道以及增加投资收益，更强化了金融机构的资金运用效率，转移不确定风险。通常，创始银行将拥有现金流量的资产汇集群组，然后进行资产包装及分割，转给投资人（SPV），以私募或公开发行方式卖出固定收益证券或受益凭证。CDO 背后是一些债务工具，例如高收益的债券（high-yield bonds）、新兴市场公司债或国家债券（Emerging Market Corporate Debt、Sovereign），也可包含传统的资产抵押债券（Assets Backed Securities，简称 ABS）、住宅抵押贷款证券化（Residential Mortgage-Backed Securities，简称 RMBS）及商用不动产抵押贷款证券（Commercial Mortgage-Backed Securities，简称 CMBS）等资产证券化商品。

2007 年 6 月美国爆发次贷危机后，低评级 CDO 全军覆没，高等级 CDO 也出现大规模违约。投资者损失惨重，CDO 及 CDS 的发行量跌至历史低谷，不及高峰时期的 30%。

6. 信贷违约掉期（CDS）

信贷违约掉期（Credit Default Swap，简称 CDS）是信贷与保险的衍生工具之一，主要是为约定期内的信用违约提供一个高比率的保险业务。当买方（信贷违约时受保护的一方）在有抵押下给第三者（欠债人）借款，而又担心欠债人违约不还款，就可以向信贷违约掉期合约提供者（卖方）购买一份有关该欠债人的合约或保险。通常这份合约需定时供款，直至欠债人还款完成为止，否则合约失效。倘若欠债人违约不还款（包括欠债人无力或不打算按时还款），买方可以拿抵押物向卖方索偿，换取应得欠款。卖方所赚取的是倘若欠债人依约还款时的合约金或保险费。

有些信贷违约掉期合约不需要以抵押物向卖方索偿，而只需要欠债人破

知识链接

产（或合约指定的其他情况）即可。这些合约的功能不局限于风险转移（对冲），而是具有投机性质，例如买方可以通过合约赌博某家公司快破产，虽然他并未给该公司放债。

从表面上看，CDS 解决了持有金融资产方对违约风险的担心，同时也为愿意和有能力承担这种风险的保险公司或对冲基金提供了一个新的利润来源。CDS 一经问世，就引起了国际金融市场的热烈追捧，其规模从 2000 年的 1 万亿美元，暴涨到 2008 年 3 月的 26 万亿美元。这一数字还只包括商业银行向美联储报告的数据，并未涵盖投资银行和对冲基金的数据。据统计，仅对冲基金就发行了 31% 的信用违约掉期合约，而 2008 年被摩根大通收购的五大投行之一———贝尔斯登就是 13 万亿美元的信用违约掉期的风险对家。

问题是，在保证金充足的情况下，CDS 的意义在于为信贷机构提供被违约时的本金保障；但是如果担保方没有足够的保证金，CDS 将会带来很大的投机行为。实际上，CDS 市场存在重大的制度性缺陷，26 万亿美元的规模将整个世界金融市场暴露在一个无法估量的系统性风险之下。其中最大的风险是缺乏政府监管。美联储前主席格林斯潘曾反复称赞 CDS 是一项重大的金融创新，在全球范围分散了美国的信用风险，并增加了整个金融系统的抗风险韧性。格林斯潘认为，银行比政府更有动力和能力来自我监管 CDS 的风险，因此他坚决反对政府对金融衍生品市场的监管。然而，CDS 已经发展成为一枚"金融定时核炸弹"，随时威胁着整个世界的金融市场安全。

CDS 的另一个巨大风险是没有中央清算系统，没有集中交易的报价系统，没有准备金保证要求，也没有风险对家的监控追踪，一切都是在一个不透明的圈子里，以一种信息不对称的形式在运作，目的就是为交易商们创造最高收益。

实际上，CDS 早已不再是金融资产持有方为违约风险购买保险的保守范畴，它已经异化成为信用保险合约买卖双方的对赌行为。双方其实都可以与需要信用保险的金融资产毫无关系，仅仅赌博信用违约事件是否出现。这种对赌的行为和规模早已远远超出信用违约掉期设计的初衷。

7. 资产证券化

自 1970 年美国的政府国民抵押协会（Government National Mortgage Association，简称 GNMA，俗称 Ginnie Mae）首次发行以抵押贷款组合为基础资产的抵押支持证券——房贷转付证券（Mortgage Pass Through Certificate，简称 MPT），完成首笔资产证券化交易以来，资产证券化（Asset Securitization）逐渐成为一种被广泛采用的金融创新工具而得到了迅猛发展。

所谓资产证券化，广义上是指某一资产或资产组合采取证券资产这一价值形态的资产运营方式。它包括以下四类：（1）实体资产证券化，即实体资产向证券资产的转换，是以实物资产和无形资产为基础发行证券并上市的过程。（2）信贷资产证券化，是指把欠流动性但有未来现金流的信贷资产(如银行的贷款、企业的应收账款等）经过重组形成资产池，并以此为基础发行证券。（3）证券资产证券化，是将证券或证券组合作为基础资产，再以其产生的现金流或与现金流相关的变量为基础发行证券。（4）现金资产证券化，是指现金的持有者通过投资将现金转化成证券的过程。

狭义的资产证券化是指信贷资产证券化，即将一组流动性较差但在一定阶段具有某种相对稳定收益的资产经过一系列组合，通过一定的结构安排(例如成立一个特殊目的的载体)，分离和重组资产的收益和风险要素，保持资产组合在可预见的未来有相对稳定的现金流，并将预期现金流的收益权转变为可在金融市场流动的证券技术和过程。其核心是对资产的收益和风险要素进行分离和重组。

狭义的资产证券化根据产生现金流的证券化资产的类型不同，可分为住房抵押贷款证券化（MBS）和资产支撑证券化（ABS）两大类。二者的区别在于，前者的基础资产是住房抵押贷款，而后者的基础资产则是除住房抵押贷款以外的其他资产。

资产证券化的目的在于将缺乏流动性的资产提前变现，解决流动性风险。由于银行有短存长贷的矛盾，资产管理公司有回收不良资产的压力，因此目

知
识
链
接

前在我国，资产证券化得到了银行和资产管理公司的青睐，中国建设银行、中国工商银行、国家开发银行、信达资产管理公司、华融资产管理公司等都在进行资产证券化的筹划工作。

二、 美国的央行和证券监管部门

1. 联邦储备银行与美联储

联邦储备银行是由美国国会组建的、作为国家的中心银行系统的操作力量。按照 1913 年国会通过的联邦储备法，在全国划分 12 个储备区，每区设立一个联邦储备银行分行。每家区域性储备银行都是一个法人机构，拥有自己的董事会。会员银行是美国的私人银行，除国民银行必须是会员银行外，其余银行是否加入全凭自愿而定。加入联邦储备系统就由该系统为会员银行的私人存款提供担保，但必须缴纳一定数量的存款准备金。对于这部分资金，美联储不支付利息。

美国联邦储备委员会 (The Federal Reserve System 或者 Federal Reserve) 简称美联储，是美国的中央银行。美联储由位于华盛顿特区的中央管理委员会和 12 家分布全国各主要城市的地区性联邦储备银行组成。本·伯南克 (Ben Shalom Bernanke) 为现任美联储管理委员会主席，他以研究 1933 年金融危机及其对策蜚声学界，绰号"直升机先生"，其主要学术观点是通过大量制造流动性来克服金融危机。

美联储是由美国国会在通过欧文-格拉斯法案 (Owen-Glass Act，又称联邦储备法案) 的基础上建立的，由伍德罗·威尔逊总统于 1913 年 12 月 23 日签字。美联储包括一个管理委员会，七名委员会成员由美国总统指定并由议会通过。成员任期 14 年，并且不能连任。一个成员可以在本身任期之余接任另一个成员剩余的任期。其主要任务是：管理及规范银行业；通过买入及售出美国国债来执行货币政策 (不包括发行美国国债)；维持一个坚挺的支付系统等。

在克林顿竞选总统之前，美联储就已经运用货币政策这一"唯一杆杆"对经济进行调控，把确定货币供应量作为调控经济的主要手段，并正式决定每 6 个月修订一次货币供应量目标。1993 年 7 月，美联储主席艾伦·格林斯潘（Alan Greenspan）突然宣布，此后以实际利率作为对经济进行宏观调控的主要手段。这是由于美国社会投资方式发生了很大变化，大量流动资金很难被包括在货币供应量之内。货币供应量与经济增长之间的必然联系被打破，因此以"中性"的货币政策促使利率水平保持中性，对经济既不起刺激、也不起抑制作用，从而使经济以其自身的潜在增长率在低通胀预期下增长。美联储的主要任务就是通过调控利率，使年经济增长率基本稳定在 2.5% 左右以解除通胀之忧。在本轮金融危机中，美联储前任主席格林斯潘饱受指责，责难者认为他所采用的鼓励流动性政策和对金融衍生产品的放任态度很大程度上导致了当前的困境。

2. 美国证券交易委员会

美国证券交易委员会（United States Securities and Exchange Commission，简称 SEC）是根据《1934 年证券交易法》成立的、直属美国联邦政府的独立准司法机构。它主要负责美国的证券监督和管理工作，是美国证券行业的最高机构。

美国证券交易委员会的总部在华盛顿特区，拥有 5 名总统提名、国会通过的委员，4 个部门，18 个办公室，在全国还有 11 个分支机构。美国证券交易委员会现今的主席是玛丽·沙皮诺，她是历史上第一位女性主席。其他四位委员由两位共和党人和两位民主党人担任。

在上个世纪 20 年代，由于证券市场上的公司通过不公开向投资者提供相关信息的手段来获得巨额利益，导致了美国 1929 年 10 月的股市崩盘，投资者的利益遭到巨大的损失。于是，美国国会分别通过了《1933 年证券法》（the Securities Act of 1933）和《1934 年证券交易法》（the Securities Exchange Act of 1934），确认在证券交易中要公允地公开企业状况、证券情况等，以投资者利益为首。美国总统富兰克林·德拉诺·罗斯福（Franklin D. Roosevelt）任命约瑟夫·肯尼迪为首任证券交易委员会主席。

证券交易委员会行使由国会授予的权利，保证公共公司不存在财务欺诈、提供误导性的信息、内幕交易或者其他违反各项证券交易法的行为。目前，证券交易委员会负责七部证券相关法律的执行工作，包括：《1933年证券法》、《1934年证券交易法》、《1939年信托契约条例》、《1940年投资公司法案》、《1940年投资咨询法》、《2002年萨班斯法案》以及《2006年信用评级机构改革法案》。

3. 联邦基金利率

联邦基金利率（Federal Funds Rate）即美国各家银行间的隔夜拆款利率，代表短期市场利率水准。通常联邦公开市场委员会（Federal Open Market Committee，简称FOMC）会对联邦基金利率设定目标区间，透过公开市场操作，以确保利率维持在此区间内。观察FOMC未来利率政策调整方向的最好指标，是FOMC会议后所发表的"政策声明"（Policy Statement）。

按规定，会员银行在以每周三为结束日的两周内必须保持一定的准备金额度。联邦基金由超额准备金和票据交换轧差的盈余组成。会员银行由于存款余额时常变化，其准备金或有盈余或有不足，不足则可以拆入联邦基金以补足准备金额度或用于票据交换轧差。方式可以通过联储帐户相互划拨，在约定时间内将利息汇总清算或随时利随本清。

联邦基金的借贷以日拆为主，利率水平由市场资金供求决定，变动十分频繁。联邦基金利率比较低，通常低于官方贴现率。这种低利率和高效率使联邦基金的交易量相当大，联邦基金利率也就成为美国金融市场上最重要的短期利率，是官方贴现率和商业银行优惠利率的重要参数。

联邦基金利率是反映货币市场银根松紧的风向标。从20世纪50年代开始，联邦基金利率逐步成为美国货币政策的短期目标，联储当局通过公开市场业务，调整联邦基金利率直至预定目标。60年代后期，货币当局的注意力转向货币总量和信贷总额的控制，联邦基金利率不再是货币政策的目标，而是成为控制货币总量目标的手段。当货币总量和信贷总额超出或不足预定水平时，便调高或压低联邦基金利率，以抽紧或放松银根。这就是所谓的联邦基金利率战略。

三、 美国五大投资银行和重要金融机构

1. 商业银行与投资银行

"商业银行"（Commercial Bank）主要是指以经营工商业存、放款为主要业务，并以获取利润为目的的货币经营企业。而"投资银行"（Investment Bank）是主要经营证券业务的金融机构，按照严格的定义，它并不属于银行的范畴，而更像是金融事务代办事务所。

通常来讲，商业银行是经营间接融资业务的，通过储户存款与企业贷款之间的利息差距赚取利润。而投资银行却是经营直接融资业务的，它既不接受存款也不发放贷款，而是为企业提供发行股票、发行债券或重组、清算业务，从中抽取佣金。此外，投资银行还向投资者提供证券经纪服务和资产管理服务，并运用自有资本在资本市场上进行投资或投机交易。

投资银行一词的具体内涵，根据国家和时代的不同有所差别。在中国、日本等亚洲国家，投资银行也被称为证券公司，在欧洲则称为商人银行。由于欧洲金融业在历史上多采取混业经营，事实上独立的商人银行数量不多，大部分都是综合性银行或"全能银行"，即同时经营商业银行和投资银行业务。

在美国，投资银行往往有两个来源：一是由商业银行分解而来，例如摩根士丹利；二是由证券经纪人发展而来，例如美林证券。美国投资银行与商业银行的分离发生在 1929 年的大股灾之后，当时联邦政府认为投资银行业务有较高的风险，禁止商业银行利用储户的资金参加投行业务，结果一大批综合性银行被迫分解为商业银行和投资银行。但是在欧洲，各国政府一直没有

颁布这样的限制，投资银行业务一般都是由商业银行来完成，所以形成了许多所谓的"全能银行"（Universal Bank）或"商人银行"（Merchant Bank），如德意志银行、荷兰银行、瑞士银行、瑞士信贷银行等等。事实证明，商业银行和投资银行由同一金融机构完成，在欧洲不但没有引起金融危机，反而在一定程度上加强了融资效率，降低了金融系统的风险。

投资银行业务的利润率一般很高。以最常见的股票发行业务为例，投资银行一般要抽取2%~5%的佣金，也就是说，如果客户发行价值100亿美元的股票，投资银行就要抽取2亿~5亿美元的佣金。债券发行业务的利润相对较少，但风险也较小。除此之外，兼并重组与破产清算是投资银行近年来的主要利润增长点，近年来欧美发生的大型兼并案，背后往往都有投资银行的推波助澜。

上世纪90年代以后，世界投资银行的格局逐渐发生了变化。一方面，兼并风潮席卷美国金融界，出现了花旗集团、摩根大通（即JP摩根）、美国银行等大型金融集团，它们都希望进入利润丰厚的投资银行领域；另一方面，华尔街的投资银行与证券分析业务离得太近，投资银行和证券分析业务如果真的完全分离，投资银行业务将成为无源之水，证券分析业务则会丧失丰厚的利润提成，两者都难以生存。相比之下，商业银行经营投资银行业务有先天优势，它可以利用与各大企业的存款、贷款关系网争取到许多客户，不用像传统的投资银行那样依靠证券分析和咨询吸引客户。商业银行拥有更充足的资金和更良好的信誉，它只是缺乏投资银行领域的业务经验。

经历了2008年的次贷危机，美国的独立投资银行或是被收购（美林证券、贝尔斯登），或是破产（雷曼），或是转型为金融控股公司可以兼营商业银行业务以吸收存款并受美联储监管（高盛、摩根士丹利）。美国传统五大投资银行已不复存在。

2. 五大投行之———高盛

高盛集团（Goldman Sachs）是一家国际领先的投资银行和证券公司，向全球提供广泛的投资、咨询和金融服务，拥有大量的多行业客户，包括私营公司，金融企业，政府机构以及个人。高盛公司是纽约联邦储备银行的股东，其与华盛顿的渊源极深，小布什政府财政部长保尔森曾担任高盛公司董事长。

高盛集团成立于 1869 年，是全世界历史最悠久及规模最大的投资银行之一，总部设在纽约，并在东京、伦敦和香港设有分部，在 23 个国家拥有 41 个办事处。其所有运作都建立于紧密一体的全球基础上，由优秀的专家为客户提供服务。

19 世纪 90 年代到第一次世界大战期间，投资银行业务开始形成，但与商业银行没有区分。高盛公司在此阶段最初从事商业票据交易，创业时只有一个办公人员和一个兼职记账员。创始人马可斯·戈德门每天沿街打折收购商人们的本票，然后在某个约定日期里由原出售本票的商人按票面金额支付现金，其中差额便是马可斯的收入。

1929 年，高盛公司还是一个很保守的家族企业。当时公司领袖威迪奥·凯琴斯想把高盛公司由单一的票据业务发展成一个全面的投资银行。他做的第一步就是引入股票业务，成立了高盛股票交易公司。在他狂热的推动下，高盛以每日成立一家信托投资公司的速度，进入并迅速扩张类似今天互助基金的业务，股票发行量短期膨胀 1 亿美元。公司股票由每股几美元，快速涨到 100 多美元，最后涨到了 200 多美元。但是好景不长，1929 年的全球金融危机，华尔街股市大崩盘，使得股价一落千丈，跌到一块多钱，使公司损失了 92% 的原始投资，公司的声誉也在华尔街一落千丈，成为华尔街的笑柄、错误的代名词，公司濒临倒闭。这之后，继任者西德尼·文伯格一直保持着保守、稳健的经营作风，用了整整 30 年，使遭受金融危机而惨败的高盛恢复了元气。

20 世纪 70 年代，高盛开始在投资银行界异军突起。当时资本市场上兴起"恶意收购"，使投资行业彻底打破了传统的格局，催发了新的行业秩序。高盛率先打出"反收购顾问"的旗帜，帮助那些遭受恶意收购的公司请来友好竞价者参与竞价、抬高收购价格或采取反托拉斯诉讼，用以狙击恶意收购者。

高盛一下子成了遭受恶意收购者的天使。

公司管理委员会决定由文伯格和怀特黑特两人共同作为高盛产业的联合执行官。1966 年高盛并购部门的业务收入是 60 万美元，到了 1980 年并购部门的收入已升至大约 9 000 万美元。1989 年，并购部门的年收入是 3.5 亿美元，仅仅 8 年之后，这一指标再度上升至 10 亿美元。高盛由此真正成为投资银行界的世界级"选手"。

1981 年，高盛公司收购 J·阿朗公司，进入外汇交易、咖啡交易、贵金属交易的新领域。这标志着高盛多元化的开始，超越传统的投资银行代理、顾问范围，有了固定收入。到 1989 年，高盛公司 7.5 亿美元的总利润中，阿朗公司贡献了 30%。

20 世纪 90 年代，高盛高层意识到只靠做代理人和咨询顾问，公司不会持久繁荣。于是他们又开设资本投资业务，成立 GS 资本合作投资基金，依靠股权包销、债券包销或公司自身基金，进行 5~7 年的长期投资，然后出售获利。

在本次金融危机中，高盛公司也未能幸免，其做空信用违约掉期金融衍生产品的行为迫使贝尔斯登和雷曼兄弟等公司追加保证金从而坠入清盘的深渊。2008 年底，高盛公司为获得美国政府资金资助，转为银行控股公司。这标志着华尔街投资银行的巅峰时代结束。

3. 五大投行之二——摩根斯坦利

摩根士丹利（Morgan Stanley），财经界俗称"大摩"，是一家成立于美国纽约的国际金融服务公司，提供包括证券、资产管理、企业合并重组和信用卡等多种金融服务，目前在全球 27 个国家的 600 多个城市设有代表处，雇员总数超过 5 万人。2008 年 9 月，由于受到次贷危机的冲击，摩根士丹利也由投资银行转为银行控股公司。

摩根士丹利原是摩根大通的投资部门。1933 年美国大萧条之后，国会通过《格拉斯–斯蒂格尔法案》，禁止公司同时提供商业银行与投资银行服务，摩根士丹利于是作为一家投资银行于 1935 年 9 月 16 日在纽约成立，而 JP 摩根则转为一家纯商业银行。1941 年摩根士丹利与纽约证券交易所合作，成为该证交所的合作伙伴。公司在 20 世纪 70 年代迅速扩张，雇员从 250 多人迅速增长到超过 1 700 人，并开始在全球范围内发展业务。1986 年摩根士丹利在纽约证券交易所挂牌交易。

进入 20 世纪 90 年代，摩根士丹利进一步扩张，于 1997 年兼并了西尔斯公司下设的投资银行添惠公司（Dean Witter），并更名为摩根士丹利添惠公司。1997 年的合并使得美国金融界两位最具个性的银行家带到了一起：摩根士丹利的麦晋桁（John Mack）与添惠的裴熙亮（Philip Purcell）。2001 年 7 月麦晋桁离职，公司改回原来的名字摩根士丹利，由裴熙亮担任摩根士丹利主席兼全球首席执行官的职务。在他的带领下，摩根士丹利逐渐发展成为全方位的金融服务公司，提供一站式的多种金融产品。2005 年麦晋桁重返摩根士丹利，并接替裴熙亮再度出任主席兼首席执行官。

2009 年 1 月 12 日摩根士丹利、花旗宣布成立新合资公司"摩根士丹利美邦公司"，史上最大券商降生。摩根士丹利向花旗支付 27 亿美元，收购美邦、美邦澳大利亚公司和英国 Quilter 公司（不含花旗私人银行以及日本的 Nikko Cordial 证券），换得新公司 51% 的股份。新公司将拥有近 20 390 位经纪业务人员和近 17 000 亿美元客户资产。

4. 五大投行之三——美林证券

美林证券（Merrill Lynch）是世界最大的证券零售商和投资银行之一，总部位于美国纽约市。美林集团在世界超过 40 个国家经营，为个人、机构投资者和政府客户提供多元化的金融服务：除了传统的投资银行和经纪业务外，还包括共同基金、保险、信托、年金和清算服务。

美林集团前身创办于 1885 年。1914 年 1 月 7 日美里尔（Charles E. Merrill）在纽约市华尔街 7 号开始了他的事业。几个月后，美瑞尔的朋友林奇 (Edmund C. Lynch) 加入公司，于是公司改名为美林证券。上世纪 20 年代，美林集团纽约办公室坐落于百老汇 120 号，并且它在底特律、芝加哥、丹佛、洛杉矶和都柏林都有办公室。

美林成立初期，也是一家仅仅专注于投资银行业务的证券公司，上世纪60年代开始转型成为一家以经纪业务为主的证券公司，成为全美经纪人最多的证券公司。70年代，美林也开始涉足资产管理和投资领域。1976年，美林集团在纽约证券交易所上市。80年代美林花重金挖来大批研究员和投资银行业务人员，使得美林的购并和研究业务蒸蒸日上，在业内享有盛誉。1997年11月24日，美林投资管理公司（MLIM）以53亿美元收购英国水星资产管理公司，使美林投资管理（MLIM）成为全球最大资产管理机构之一。2006年9月26日，美林投资管理公司（MLIM）与著名的贝莱德合并，在合并前美林投资管理公司（MLIM）管理资产规模将近6 000亿美元，而贝莱德管理的资产规模超过1万亿美元。

2008年9月14日，在美国金融海啸的冲击下，美国银行与美林达成协议，以约440亿美元收购后者，从此世界最大券商步入历史。2009年1月1日，美国银行并购美林证券完成。

5. 五大投行之四——雷曼兄弟

雷曼兄弟控股公司（Lehman Brothers Holdings Inc.）于1850年创办，是一家国际性金融机构及投资银行，业务包括证券、债券、市场研究、证券交易业务、投资管理、私募基金及私人银行服务，亦是美国国库债券的主要交易商。环球总部设于美国纽约市，地区总部则位于伦敦及东京，在世界各地也设有办事处。雷曼兄弟曾经被美国《财富杂志》选为财富500强公司之一，是美国第四大投资银行（2008年）。

雷曼兄弟公司成立于1850年，最初的合伙人即雷曼家族三兄弟：亨利·雷曼（Henry Lehman）、伊曼纽尔·雷曼（Emanuel Lehman）、迈尔·雷曼（Mayer Lehman）。公司地点在阿拉巴马州的蒙哥马利。19世纪50年代的美国南部地区，棉花是最重要的农产品之一。利用棉花的高市场价值，三兄弟开始定期接受由客户付款的原棉贸易，最终开始棉花的二次商业贸易。几年之间这项业务的增长成为他们经营的主力项目。在 1855 年，亨利因罹患黄热病而过世后，另外两兄弟继续从事农产品期货生意和经纪商业务。

1858 年，棉花贸易中心由美国南方转移到纽约。雷曼在纽约市曼哈顿区自由大街 119 号开设第一家分支机构的办事处，当年 32 岁的伊曼纽尔负责办事处业务。1862 年遭逢美国内战，雷曼公司和一个名为约翰·杜尔的棉商合并，组建了雷曼杜尔公司 (Lehman, Durr & Co.)。

内战结束后，公司为阿拉巴马州提供财务支持以协助重建。公司总部最终也搬到纽约市。1884 年伊曼纽尔设置了公司理事会，公司还在新兴市场从事铁路债券业务并进军金融咨询业务。

早在 1883 年，雷曼已成为咖啡交易所成员之一，到了 1887 年公司还加入纽约证券交易所。1899 年，雷曼开始首笔公开招股生意，为国际蒸汽泵公司招募优先股和普通股。

知识链接

尽管提供国际蒸汽，但一直到 1906 年，公司才从一个贸易商真正转变成为证券发行公司。同一年，在菲利普·雷曼的掌管下，雷曼公司与高盛公司合作，协助西尔斯·罗巴克公司与通用雪茄公司上市。随后的 20 年间，差不多有上百家新公司的上市都由雷曼兄弟协助，其中多次是与高盛公司合作。

菲利普·雷曼于 1925 年退休，由他儿子罗伯特·雷曼（昵称"波比"）接手担任公司领导。波比领导期间，公司在股票市场复苏时由于侧重风险资本而渡过了资本危机大萧条。1928 年，公司搬到现在鼎鼎有名的威廉一街。

1924 年，约翰·M·汉考克以首位非家庭成员身份加入雷曼兄弟公司，接着在 1927 年门罗·C·古特曼和保罗·马祖尔也相继加盟。

20 世纪 30 代，雷曼兄弟签署了第一电视制造商杜蒙的首次公开招股，并为美国广播公司 (RCA) 提供资金协助。它也为快速增长的石油工业提供金融协助，其中包括哈利伯顿公司 (Halliburton) 和科麦奇公司 (Kerr-McGee)。

20 世纪 50 年代，雷曼兄弟签署了数字设备公司的首次公开上市(IPO)。稍后，它又协助了康柏公司上市。罗伯特·雷曼于 1969 年去世，当时已经没有雷曼家族任何一位成员在公司任职。罗伯特的死给公司留下了领导真空，加之当时经济不景气，把公司带进困难期。1973 年，贝尔豪威尔公司主席和首席执行官皮特·彼得森受聘挽救公司。

1984 年，雷曼兄弟被美国运通公司收购，并与舍尔森（Shearson）公司合并。1994 年，美国运通将雷曼兄弟剥离，迪克·傅德接管了雷曼兄弟并将其运作上市。1998 年，雷曼兄弟加入标准普尔500 指数；2000 年成为标准普尔100 指数成员；2005 年被《欧洲货币》评为 "最佳投资银行"；2007 年，《福布斯》将其评为 "最受尊重的证券公司"。从 1994 年到 2007 年，雷曼兄弟的市场价值从 20 亿美元增长到 450 亿美元，股票价格从 5 美元涨到 86 美元每股。

然而好景不长，2008 年受到次级房贷风暴连锁效应波及，雷曼兄弟深陷次级贷款抵押债券和信用违约掉期业务之中。雷曼兄弟在财务方面受到重大打击而亏损，致使股价从 2007 年最高接近 90 美元下跌到低于 1 美元（2008 年 9 月 17 日最低时仅 0.10 美元），陆续裁员 6 000 人以上，并寻求国际间的资金进驻。2008 年 9 月 15 日，在美国财政部、美国银行及英国巴克莱银行相继放弃收购谈判后，雷曼兄弟公司宣布申请破产保护，负债达 6 130 亿美元，创下美国史上最大金额的破产案。

2008 年 9 月 22 日，日资的野村证券宣布收购雷曼兄弟在欧洲、中东、亚洲区包括日本、澳洲和香港的业务，但没有公布收购价，市场传闻指收购价为 2.25 亿美元。巴克莱银行则收购雷曼兄弟在美洲的业务。

6. 五大投行之五——贝尔斯登

贝尔斯登公司（The Bear Stearns Companies, Inc.）成立于 1923 年，总部位于美国纽约市，曾是美国第五大的投资银行与主要证券交易公司之一（2008 年），主要从事资本市场、财富管理等领域的金融服务。有 85 年历史的贝尔斯登，历经了美国 20 世纪 30 年代的大萧条和多次经济起落，终于在 2008 年的美国次级按揭风暴中严重亏损，濒临破产而被收购。

2008 年 3 月 16 日，在美国联邦储备局（联储局）紧急出手，同意 "包底"

300 亿美元，贷款支持美国摩根大通公司后，摩根大通公司随即宣布将以总值约 2.36 亿美元（每股 2 美元的初步建议价格）收购次级按揭风暴中濒临破产的贝尔斯登公司。收购价是贝尔斯登 1985 年上市时股价的三分一，和 2007 年高峰期的 159 美元更有天壤之别。贝尔斯登股价于被收购前几日大幅急跌：由 3 月 12 日的收市价 61.58 美元急跌至 3 月 17 日的收市价 4.81 美元（当日最低更曾见 2.84 美元，接近是次摩根大通提出之初步收购价 2 美元）。收购消息落实后，贝尔斯登股价已见回稳，3 月 18 日收报 5.91 美元；并于 3 月 24 日，摩根大通提高收购价至约 10 美元后，稳定在 10 美元以上。

2008 年 3 月 17 日美国财政部长保尔森在白宫与总统布什及其经济顾问的会议后，对媒体表示，确保美国金融市场的有序运行是现行首要任务，与其让这家美国第五大投资银行申请破产，不如安排其被并购。为促进摩根大通达成交易，美国联储局承诺将为贝尔斯登"流动性较差的资产"提供不超过 300 亿美元的资金。

2008 年 3 月 24 日，摩根大通与及贝尔斯登联合公布"经修订后的收购协议"：根据修订条款，每一股贝尔斯登公司的普通股将可兑换 0.21753 股的摩根大通普通股（比修订前的 0.05473 股高约 4 倍），以摩根大通普通股 3 月 20 日于纽约证券交易所收市价计算，收购价相当于 10 美元。两家公司的董事会，已批准了修订后的收购协议。而全体贝尔斯登公司的董事会董事，均已表示他们会表决支持该修订后的收购协议。

与此同时，摩根大通与贝尔斯登达成一份股份购买协议。根据协议，摩根大通将以现金方式认购 9 500 万股贝尔斯登新发行的普通股，相当于贝尔斯登经扩大后的 39.5% 的股权，价格与 3 月 24 日公布之经修订后收购价相同（即每股新股作价 10 美元）。有关新股认购，会于 2008 年 4 月 8 日完成。款项将作为应急资金，支持贝尔斯登应付本次金融危机。

而美国纽约联邦储备银行的 300 亿美元（与贝尔斯登收购相关的）特别融资亦同时做出修订：纽约联邦储备银行将接管及控制贝尔斯登价值 300 亿美元的资产组合，为摩根大通的收购提供便利，这些资产产生的任何收益都将归联储局所有。而上述资产的任何相关损失之中，10 亿美元将由摩根大通承担，而剩余 290 亿美元的融资，将由联储局按目前 2.5% 的贴现率水平，给摩根大通提供融资。

2008 年 3 月 28 日，贝尔斯登和摩根大通达成临时借款协议，以便在双方的收购交易失败时保障摩根大通的利益。据呈交美国证交会（SEC）的材料显示，对于在收购交易完成前摩根大通向贝尔斯登提供的贷款或信贷额度，以及摩根大通替贝尔斯登偿还的债务，一旦收购交易失败，贝尔斯登将会如数奉还。贝尔斯登获得上述资助，是以其接近全部的资产作为担保。交易完成后，两公司会合为一体，而这份临时借款协议也就失去意义了。

7. 花旗集团

花旗集团（Citigroup）是当今世界资产规模最大、利润最多、全球连锁性最高、业务门类最齐全的金融服务集团。它是由花旗公司与旅行者集团于 1998 年合并而成、并于同期换牌上市的。换牌上市后，花旗集团运用增发新股集资于股市收购、或定向股权置换等方式进行大规模股权运作与扩张，并对收购的企业进行花旗式战略输出和全球化业务整合，成为美国第一家集商业银行、投资银行、保险、共同基金、证券交易等诸多金融服务业务于一身的金融集团。合并后的花旗集团总资产达 7 000 亿美元，在 100 个国家有 1 亿客户，拥有 6 000 万张信用卡的消费客户，从而成为世界上规模最大的全能金融集团之一。

花旗集团作为全球卓越的金融服务公司，业务包括个人、机构、企业和政府部门，提供广泛的金融产品服务从消费银行服务及信贷、企业和投资银行服务、以至经纪、保险和资产管理，非任何其他金融机构可以比拟。现汇集在花旗集团下的主要有花旗银行、旅行者人寿和养老保险、美邦、Citifinancial、Banamex 和 Primerica。

然而，花旗银行也在次贷危机和随后的金融危机中损失惨重。2009 年 1 月 16 日，花旗集团提早数天发布的季报显示，该行去年第四季度巨亏82.9 亿

美元，为连续第五个季度亏损。至此，花旗 2008 年全年的亏损可能超过 180
亿美元，为有史以来最大年度亏损。花旗股票价格从高点的 56 美元暴跌至
0.97 美元每股。为了缓解压力，花旗 16 日同时宣布了传闻中的重大资产重组
计划。为了减轻压力和改善盈利能力，花旗当天宣布将把旗下业务一分为二，
并有意最终将部分非核心业务剥离出去。根据声明，花旗集团将拆分为"花
旗银行"和"花旗控股"两部分。花旗银行将保留集团在 100 多个国家的传
统银行业务；花旗控股则将纳入一些"非核心"的资产管理、消费金融业务
和经纪业务等，主要包括 CitiFinancial、 Primerica 金融公司以及花旗在日本
的子公司——日兴资产管理公司。花旗 CEO 潘伟迪表示，按照他的计划，最
终集团会把这两项业务完全剥离出去。花旗控股还包括一个"特别资产池"，
其中主要是一些 2008 年 11 月获得联邦政府担保的非优质资产。

有评论认为，花旗银行将很有可能成为下一轮全球金融海啸的牺牲品，
它的存续将成为检验美国金融系统能否度过金融危机的试金石。

8. 美国国际集团（AIG）

美国国际集团（American International Group，简称 AIG）是一家以美国
为基地的国际性跨国保险及金融服务机构集团。AIG 最初于 1919 年在中国上
海由史带先生创办，名为友邦保险，又于 1931 年在香港成立四海保险公司，
并于 1948 年更名为美国友邦保险有限公司。

经多年发展 AIG 业务已经分布于 130 多个国家及地区，也由保险业务扩
展至其他金融服务类，包括退休金服务、非人寿保险类的产物保险、资产
管理及相关投资等，这些业务均居世界前列。美国国际集团成员公司通过
保险业内最为庞大的全球化财产保险及人寿保险服务网路，为各商业、机
构和个人客户提供服务。美国国际集团成员公司是美国最大的工商保险机
构，旗下的 AIG American General 更是全美最顶尖人寿保险机构之一。美国国
际集团不断发展的全球消费者信贷（信用卡）业务主要由 American General
Finance 管理。

同时，通过旗下的 AIG Sun America 和 AIG VALIC，集团现已成为全美首屈一指的退休金管理服务机构之一。美国国际集团亦是个人和大型企业投资管理市场中的翘楚，为客户提供专业的股票、定息证券、地产及其他投资管理服务。

美国国际集团的股票在纽约证券交易所、美国 ArcaEx 电子证券交易市场、伦敦、巴黎、瑞士及东京的股票市场均有上市。在香港，美国友邦保险（AIA）以及美亚保险是美国国际集团的附属公司。

在次贷危机中，AIG 公司为次贷抵押债券提供担保，并且大量推出以保单为基础的债券以及信用违约掉期交易，作为大量无券卖空交易的对赌目标，AIG 公司蒙受巨大损失。2008 年 9 月 16 日，美国政府同意向保险巨头——美国国际集团 AIG 提供 850 亿美元紧急贷款，以控股 79.9%方式接管 AIG。2009 年 2 月，AIG 宣布 2008 年亏损 900 亿美元，其中第四季度巨亏 620 亿美元，再度向美国政府求援。2009 年 3 月，AIG 宣布将对高管层发放 1.65 亿美元的奖金，引发舆论大哗，纷纷指责这一行为，甚至有议员提出财政部长盖特纳应该为此引咎辞职。曾经辉煌的 AIG 成为世人眼中贪婪自私华尔街的代名词。

9. 房地美与房利美

房利美（Fannie Mae，旧名联邦国民抵押贷款协会），是最大一家美国政府赞助企业（GSE, Government Sponsored Enterprise）。主要业务是在美国房屋抵押贷款（按揭贷款）二级市场中收购贷款，并通过向投资者发行机构债券或证券化的按揭抵押债券，以较低成本集资，赚取利差。

房利美公司成立于 1938 年，是政府出资创建，从事金融业务，用以扩大资金在二级房屋消费市场上流动的资金。1944 年，房利美的权限扩大到贷款担保，公司主要由退伍军人负责管理。1954 年，房利美发展成为股份制公司。1970 年，房利美股票在纽约交易股票所上市。1984 年，房利美首次在海外发放公司债券，从此公司的业务进入国外金融市场。房利美是一家在美国纽约股市挂牌交易的公司，也是全球最大的非银行金融服务公司。该公司的业务依据联邦制订章程营运，而规模则为全国最大的房屋贷款融资资金来源。从1968年以来，房利美已为5 800万个家庭，提供了超过美金5.7兆元的抵押贷款融资。

房地美（Freddie Mac，又译房贷美，旧名联邦住房抵押贷款公司），是美国政府赞助企业中第二大的一家，商业规模仅次于房利美，主要业务与房利美一样。房地美公司1970年由国会成立，总部设在华盛顿，旨在开拓美国第二抵押市场，增加家庭贷款所有权与房屋贷款租金收入。

在次贷危机持续、房贷市场低迷、法院拍卖屋大幅增加的情况下，美国政府于2008年9月7日宣布以高达2000亿美元的可能代价，接管了濒临破产的房利美和房地美。美国政府对房利美的原直接监管单位为联邦住屋企业督察局（OFHEO），现为新成立的联邦住房金融局（Federal Housing Finance Agency）。

10. 长期资本管理公司

美国长期资本管理公司（Long-Term Capital Management，简称LTCM）成立于1994年2月，总部设在格林威治，是一家主要从事定息债务工具套利活动的对冲基金。

自创立以来，LTCM一直保持骄人的业绩。公司的交易策略是"市场中性套利"，即买入被低估的有价证券，卖出被高估的有价证券。LTCM将金融市场的历史资料、相关理论学术报告及研究资料和市场信息有机地结合在一起，通过计算机进行大量数据的处理，形成一套较为完整的电脑数学自动投资系统模型，建立起庞大的债券及衍生产品的投资组合，进行投资套利活动。LTCM凭借这个优势，在市场上高歌猛进。1996年，LTCM大量持有意大利、丹麦、希腊政府债券，而沽空德国债券。LTCM模型预测，随着欧元的启动，上述国家的债券与德国债券的息差将缩减。结果市场表现与LTCM的预测惊人一致，LTCM获得巨大收益。

由于 LTCM 的数学模型建立在历史数据的基础上，在数据的统计过程中，一些概率很小的事件常常被忽略掉，由此埋下了隐患。长期资本公司将一项赌注下在美国 29 年国库券和 30 年国库券的价格收敛上（卖空前者，买入后者），本以为可以不论价格升降都稳操胜券。不料，亚洲和俄国的金融危机使惊恐的投资者一窝蜂地涌向看似更安全的 29 年国库券，结果造成 29 年国库券和 30 年国库券的价格发散而非收敛。类似的其他几个"收敛交易"也都以发散而告终。

1998 年，东南亚金融危机爆发。LTCM 模型认为，发展中国家债券和美国政府债券之间利率相差过大，因此预测发展中国家债券利率将逐渐恢复稳定，二者之间差距会缩小。

同年 8 月，由于国际石油价格下滑，俄罗斯国内经济不断恶化，俄政府宣布卢布贬值，停止国债交易，投资者纷纷从发展中市场退出，转而持有美国、德国等风险小、质量高的债券品种。这给 LTCM 带来了巨大的损失。它的电脑自动投资系统面对这种原本忽略不计的小概率事件，错误地不断放大金融衍生产品的运作规模。LTCM 利用投资者那儿筹来的 22 亿美元作为资本抵押，买入价值为 3 250 亿美元的债券，杠杆比例高达 60 倍，由此造成公司的巨额亏损。有关数据显示，1998 年 8 月 21 日当天，LTCM 的交易损失达到 5.5 亿美元。8 月 31 日，LTCM 的净资产降到 23 亿美元。9 月 2 日，LTCM 向投资者致函，宣布截至 8 月 31 日，它已损失了 52% 的资本金。

从 5 月俄罗斯金融风暴到 9 月全面溃败，短短 150 天 LTCM 资产净值下降 90%，仅余 5 亿美元。至此，LTCM 走到了破产的边缘。而此时距 LTCM 成立还不足 5 年。

1998 年 9 月 23 日，由美联储出面组织安排，最终以美林、摩根为首的 15 家国际性金融机构共同注资 37.25 亿美元购买了 LTCM90% 股权，从而避免了 LTCM 倒闭的厄运。

四、世界经济体系与经济组织

1. 布雷顿森林体系的建立与崩溃

1944 年 7 月，44 个国家的代表在美国新罕布什尔州"布雷顿森林"召开联合国与联盟国家国际货币金融会议，由此得名"布雷顿森林会议"。这次会议通过了以"怀特计划"为基础的《联合国货币金融协议最后决议书》，以及《国际货币基金组织协定》和《国际复兴开发银行协定》两个附件。这是第二次世界大战后以美元为中心的国际货币体系协定，统称为《布雷顿森林协定》。

布雷顿森林体系（Bretton Woods System）是该协定对各国就货币的兑换、国际收支的调节、国际储备资产的构成等问题共同作出的安排所确定的规则、采取的措施及相应的组织机构形式的总和。它主要体现在两个方面：第一，美元与黄金直接挂钩；第二，其他会员国货币与美元挂钩，即同美元保持固定汇率关系。布雷顿森林体系实际上是一种国际金汇兑本位制，又称美元-黄金本位制。它使美元在战后国际货币体系中处于中心地位，美元成了黄金的"等价物"，各国货币只有通过美元才能同黄金发生关系。从此，美元就成了国际清算的支付手段和各国的主要储备货币。

以美元为中心的布雷顿森林体系的建立，使国际货币金融关系又有了统一的标准和基础，结束了战前货币金融领域里的混乱局面，并在相对稳定的情况下扩大了世界贸易。美国通过赠与、信贷、购买外国商品和劳务等形式，向世界散发了大量美元，客观上起到扩大世界购买力的作用。同时，固定汇率制在很大程度上消除了由于汇率波动而引起的动荡，在一定程度上稳定了主要国家的货币汇率，这有利于国际贸易的发展。基金组织要求成员国取消外汇管制，也有利于国际贸易和国际金融的发展，因为它可以使国际贸易和国际金融在实务中减少许多干扰或障碍。

知
识
链
接

然而，布雷顿森林体系是以美元和黄金为基础的金汇兑本位制。它必须具备两个基本前提：一是美国国际收支能保持平衡；二是美国拥有绝对的黄金储备优势。进入 20 世纪 60 年代后，各国经济实力对比发生了变化，美国经济实力相对减弱。1950 年以后，国际收支除个别年度略有顺差外，其余各年度都是逆差，并且有逐年增加的趋势。至 1971 年，仅上半年，逆差就高达 83 亿美元。随着国际收支逆差的逐步增加，美国的黄金储备也日益减少。1949 年，美国的黄金储备为 246 亿美元，占当时整个资本主义世界黄金储备总额的 73.4%。此后逐年减少，至 1971 年 8 月尼克松宣布"新经济政策"时，美国的黄金储备只剩下 102 亿美元，而短期外债为 520 亿美元，黄金储备只相当于积欠外债的 1/5。美元大量流出美国，导致美元过剩，1973 年底，游荡在各国金融市场上的"欧洲美元"就达 1 000 多亿。

于是，美元国际信用严重下降，各国争先向美国挤兑黄金，而美国的黄金储备已难于应付，直接导致从 1960 年起，美元危机迭起，货币金融领域陷入日益混乱的局面。布雷顿森林体系发生动摇。为此，美国于 1971 年宣布实行"新经济政策"，停止各国政府用美元向美国兑换黄金。1973 年美元危机中，美国再次宣布美元贬值，导致各国相继实行浮动汇率制代替固定汇率制。美元停止兑换黄金和固定汇率制的垮台，标志着二战后以美元为单一中心的货币体系瓦解。

2.《格拉斯–斯蒂格尔法案》的诞生与废除

《格拉斯–斯蒂格尔法案》（Glass-Steagall Act），也称作《1933 年银行法》。20 世纪 30 年代大危机后的美国立法，将投资银行业务和商业银行业务严格地划分开，保证商业银行避免证券业的风险。该法案禁止银行包销和经营公司证券，只能购买由美联储批准的债券。该法案实施以后，美国金融业形成了银行、证券分业经营的模式。

随着时间的推移，《格拉斯–斯蒂格尔法案》形成的分业格局使得商业银行利润下滑，非银行的公司集团纷纷侵入商业银行的贷款业务，与金融发展形势不相符合，成为银行向其他金融领域拓展的主要障碍。商业银行不满足于低利润的银行零售业，开始向投资银行渗透，很多商业银行都有变相的投资银行部门。自 80 年代起，《格拉斯–斯蒂格尔法案》遭到很多商业银行的反对。

1988 年美国第一次尝试废除《格拉斯–斯蒂格尔法案》未成功。1991 年，老布什政府经过研究推出了监管改革绿皮书 (Green Book)。1998 年，花旗银行和旅行者集团合并，这标志着《格拉斯–斯蒂格尔法案》名存实亡。1999 年，由克林顿政府提交由 1991 年老布什政府推出的监管改革绿皮书，并经国会通过，形成了《金融服务现代化法案》 (Financial Services Modernization Act)，也称《格雷姆–里奇–比利雷法案》 (Gramm-Leach-Bliley Act)，废除了 1933 年制定的《格拉斯–斯蒂格尔法案》有关条款，从法律上消除了银行、证券、保险机构在业务范围上的边界，结束了美国长达 66 年之久的金融分业经营的历史。其结果是商业银行开始同时大规模从事投资银行的活动，如花旗集团和摩根大通。

废除该法案的直接后果是次贷危机的积聚和爆发。在美国，金融企业的利润占全部上市公司利润的份额从 20 年前的 5%上升至 40%。金融扩张的幅度明显大于其所服务的实体经济，而且随着监管的绊脚石被移走，越来越多的商业银行加入到衍生品的盛宴当中，从而使隐患一步步扩大。这种放松管制的爆发性增长是不可持续的，一旦房地产泡沫破裂，多重委托代理关系的链条便从根本上断裂了，危机便不可避免地发生了。

3. 巴塞尔协定

巴塞尔协定是指巴塞尔银行监理委员会 (The Basel Committee on Banking Supervision) 为了规范国际型银行的资本适足性而于 1988 年及 2003年制订的协定。其中 1988 年制订的协定称为旧巴塞尔协定 (The Basel Capital Accord)，2003 年制订的协定称为新巴塞尔协定 (The New Basel Capital Accord)。

巴塞尔银行监理委员会是由世界十大工业国（G-10）的中央银行于1974年组成。20世纪80年代以后，银行业国际化的趋势越来越明显，为了强化国际银行体系的稳定，并避免各国对银行业资本比例的规范不同而造成不公平竞争，巴塞尔委员会于1988年公布巴塞尔协定，规定会员国银行的自有资本占风险性资产的比率在1992年时应该达到8%。

旧巴塞尔协定的优点在于：第一，根据银行资产的风险程度来规范银行应有自有资本，可以提高银行经营的安全性，防止银行盲目从事高风险的投资与放款；第二，统一的国际规范可以让各国银行在平等的基础上竞争；第三，为发展中国家的银行管制提供一套参考架构。

但是旧巴塞尔协定也存在很多缺陷。首先，该协定并没有区分不同国家政府的信用风险，所以土耳其政府发行的公债与美国政府发行的公债风险权重都是0%。其次，该协定并没有区分企业的信用风险，所以不论是AAA评级的公司债或是垃圾债券的风险权重都是100%。最后，该协定并没有考虑银行集中放款或分散放款对风险的影响，所以银行不论是承做1亿美元的单一放款或是承做1 000件10万美元的放款，得到的风险权重都相同。这三个缺陷让一些银行可以持有风险比较高的资产而不需要增加自有资本。

为了改善旧巴塞尔协定的缺点，巴塞尔银行监理委员会在2003年公布新巴塞尔协定。新协定主要进行了三项修正：（1）修正资本适足率的计算方式，以信用评级取代过去粗略划分的信用风险权数，例如，银行持有的资产如果是信用评级较高的公司所发行的债券，其风险权重为20%，如果是垃圾债券，其风险权重则为150%。（2）敦促各国金融监理机关检验银行对风险的评估与风险控管的方法是否恰当。（3）透过市场制约让银行的经营更加稳健，要求银行公开揭露其风险暴露程度与自有资本水准。风险暴露程度低而自有资本水准高的银行应该会获得比较好的信用评级，股票也会获得比较高的评价。

4. 《斯穆特-霍利关税法》的出台与后果

美国建国以来，尤其是南北战争后至20世纪初，一直奉行贸易保护主义的高关税政策。一战结束后，各交战国在经济短期通货膨胀的景气后便发生了经济危机。为保护国内市场，各国相继开征起新关税，并实行进口配额等非关税壁垒。美国的出口市场也受到沉重打击，不少工厂纷纷停工或关闭。先是橡胶、汽车、造丝工业的不景气，然后又波及各个部门，农业遭受的打击最大，并陷入长期慢性萧条之中。

农业的萧条对政府产生了很大的政治压力。1921 年 5 月，来自各农业州的两院议员组成一个"农业集团"，要求政府立法保护农民的利益。当月，政府召开特别会议，通过紧急关税法，对小麦、玉米、肉类、羊毛、食糖等农产品的进口课以高关税。1922 年 9 月 19 日，国会又通过了《福德尼-麦坎伯关税法》，恢复了 1909 年的高额关税和早期一些关税，例如恢复对钢铁的关税，提高纺织品的进口税，包括农产品和工业品在内的许多部门受到高关税的保护。1927 年，美国平均关税税率达 35% 以上，是仅次于西班牙的世界第二高关税国。

1929 年，随着大危机的到来，美国国内要求提高关税的呼声再次高涨。当年 4 月，国会议员霍利和斯穆特联名提出关税议案。10 月，美国爆发经济大危机。此时，不仅农业部门要求保护关税，许多工业企业也要求增加关税保护以刺激就业。为了阻止《斯穆特-霍利关税法》的通过，1930 年 5 月，1 028 位美国经济学家联名签署了一份请愿书，但遭拒绝。1930 年 6 月，美国历史上最高关税法——《斯穆特-霍利关税法》得以诞生。

《斯穆特-霍利关税法》修订了 1125 种商品的进口税率，其中增加税率的商品有 890 种，有 50 种商品由过去的免税改为征税。就总体来看，农作物原料的平均税率由 38.1% 提高到 48.92%；其他商品的税率由 31.02% 提高到 34.3%，根据 1932 年进口情况看，估计实际上税物品的平均税率达到 53.2%。这项法律的出台引起了国际市场的报复，加剧了危机的恶化。为了阻止危机蔓延，各国对进口都采取严管，竞相提高关税，以保护本国产业。

由此，《斯穆特-霍利关税法》引发了一场声势浩大的国际贸易战，其结果是将美国股市进一步推向深渊。道琼斯指数 1932 年 7 月跌至 41 点的历史最低水平时，美国股市总市值比 1929 年 9 月时的高点缩水了 89%。1931 年英镑贬值，1934 年美元跟着贬值，为保护本国通货，欧洲各国纷纷实行进口管制。原先寄希望通过扩大贸易来恢复全球经济的幻想在各国严格的外贸管制下破灭了，世界经济状况进一步恶化。1929~1933 年经济危机后，整个资本主义世界陷入全面大萧条，这一状况直到 1936 年才略有好转，对外贸易的恢复则比生产复苏还要滞后。以世界进口总额为例，1928 年时已达到 601 亿美元，但到 1938 年仅为 246 亿美元，不足大危机前的一半。

可见，正是美国通过《斯穆特—霍利关税法》引起各国竞相报复，把全世界拖进了贸易保护与贸易萎缩的恶性循环之中。描绘这一恶性循环的"金德尔伯格螺旋图"不仅让美国经济学家战栗，也给贸易保护主义者敲响了警钟。

5. 广场协议与日本"失去的十年"

1985 年 9 月，美国财政部长詹姆斯·贝克、日本财长竹下登、前联邦德国财长杰哈特·斯托登伯（Gerhard Stoltenberg）、法国财长皮埃尔·贝格伯（Pierre Beregovoy）、英国财长尼格尔·劳森（Nigel Lawson）等五个发达工业国家财政部长及五国中央银行行长在纽约广场饭店（Plaza Hotel）举行会议，达成五国政府联合干预外汇市场，使美元对主要货币有秩序地下调，以解决美国巨额的贸易赤字。因协议在广场饭店签署，故该协议又被称为"广场协议"（Plaza Accord）。协议中规定日元与马克应大幅升值以挽回被过分高估的美元价格。

"广场协议"对日本经济则产生难以估量的影响。广场协议之后，日元大幅度地升值，对日本以出口为主导的产业产生相当大的影响。为了要达到经济成长的目的，日本政府便以调降利率等宽松的货币政策来维持国内经济的景气。从 1986 年起，日本的基准利率大幅下降，这使得国内剩余资金大量投入股市及房地产等非生产工具上，从而形成了上世纪 90 年代著名的日本泡沫经济。1990 年 4 月，大藏省（现财务省）颁布《土地融资限令》，对房地产市场进行干预，随之引发泡沫经济崩溃。经济泡沫在 1991 年破灭之后，日本经济便陷入战后最大的不景气状态，一直持续了十几年，日本经济仍然没有复苏之迹象。这被日本国内称为"失去的十年"。

6. 国际货币基金组织

国际货币基金组织（International Monetary Fund，简称 IMF）是政府间国际金融组织。1945 年 12 月 27 日正式成立，1947 年 3 月 1 日开始工作。1947 年 11 月 15 日成为联合国的专门机构，在经营上有其独立性。总部设在华盛顿。截至 2007 年 1 月有成员 185 个。目前，多米尼克·斯特劳斯·卡恩为该组织新总裁。

中国是 IMF 的创始国之一。1980 年 4 月 17 日，该组织正式恢复中国的代表权。中国在该组织中的份额为 33.852 亿特别提款权，占总份额的 2.34%。中国共拥有 34 102 张选票，占总投票权的 2.28%。2008 年中国获增特别提款权后提升至 3.997%。美国的份额为 17.674%。

7. 世界银行

世界银行于 1944 年 7 月 1 日在新罕布什尔州布雷顿森林召开的 44 国会议期间成立，1946 年 6 月 25 日正式开始运行。总部设在华盛顿哥伦比亚特区，是一个非营利性的国际组织，其成员国拥有其所有权。

世界银行是全世界发展中国家获得资金和技术援助的一个重要来源。它不是通常意义上的银行，而是联合国的专门机构之一，拥有 185 个成员国。世界银行由两个独特的发展机构——国际复兴开发银行（IBRD）和国际开发协会（IDA）组成，在这两个机构中，每个机构都对全球减贫使命及提高生活水平发挥着不同的支持作用。国际复兴开发银行侧重帮助中等收入国家和信誉良好的贫困国家，而国际开发协会则侧重帮助世界上最贫困的国家。世界银行向发展中国家提供低息贷款、无息信贷以及赠款，以支持发展教育、卫生、基础设施、交通等项事业。

世界银行的管理结构与联合国相差很大：每个世界银行集团的机构的拥

有权在于其成员国政府，这些成员国的表决权按其所占股份的比例不同。每个成员国的表决权分两个部分：第一个部分是所有成员国相同的，第二个部分按每个成员国缴纳的会费而不同，因此虽然世界银行的大多数成员国是发展中国家，却受主要发达国家控制。这个结构始终受着批评。批评家认为一个更民主的管理方式可以更加符合发展中国家的需要。2004年11月1日美国拥有16.4%的表决权，日本7.9%，德国4.5%，英国和法国各4.3%。由于任何重要的决议必须由85%以上的表决权决定，美国一国可以否决任何改革。

8. 世界贸易组织

建立世界贸易组织（World Trade Organization，简称WTO或"世贸组织"）的设想是在1944年7月举行的布雷顿森林会议上提出的，当时设想在成立世界银行和国际货币基金组织的同时，成立一个国际性贸易组织，从而使它们成为二次大战后左右世界经济的"货币-金融-贸易"三位一体的机构。1947年联合国贸易及就业会议签署的《哈瓦那宪章》同意成立世贸组织，后来由于美国的反对，世贸组织未能成立。同年，美国发起拟订了关贸总协定（GATT），作为推行贸易自由化的临时契约。1986年关贸总协定乌拉圭回合谈判启动后，欧共体和加拿大于1990年分别正式提出成立世贸组织的议案，1994年4月在摩洛哥马拉喀什举行的关贸总协定部长级会议才正式决定成立世贸组织。

世贸组织是一个独立于联合国的永久性国际组织。1995年1月1日正式开始运作，负责管理世界经济和贸易秩序，总部设在瑞士日内瓦莱蒙湖畔。1996年1月1日，它正式取代关贸总协定临时机构。

世贸组织是具有法人地位的国际组织，在调解成员争端方面具有更高的权威性。与关贸总协定相比，世贸组织涵盖货物贸易、服务贸易以及知识产权贸易，而关贸总协定只适用于商品货物贸易。世贸组织与世界银行、国际货币基金组织一起，并称为当今世界经济体制的"三大支柱"。

9. 国际清算银行

国际清算银行是英、法、德、意、比、日等国的中央银行与代表美国银行界利益的摩根银行、纽约和芝加哥的花旗银行组成的银团，根据海牙国际协定于1930年5月共同组建的。总部位于瑞士巴塞尔，还有两个办事处位于香港和墨西哥城。主要决策机构是会员中央银行大会。

国际清算银行刚建立时只有7个成员国，现成员国已发展至41个。其最初创办的目的是为了处理第一次世界大战后德国的赔偿支付及其有关的清算等业务问题。二次大战后，它成为经济合作与发展组织成员国之间的结算机构，该行的宗旨也逐渐转变为促进各国中央银行之间的合作，为国际金融业务提供便利，并接受委托或作为代理人办理国际清算业务等。国际清算银行不是政府间的金融决策机构，亦非发展援助机构，实际上是西方中央银行的银行。

国际清算银行成立的实质就是美国要利用这个机构作为掌握德国财政的手段，并将欧洲债务国清偿还美国债务问题置于自己的监督之下。1944年，根据布雷顿森林会议的决议，国际清算银行的使命已经完成，应当解散，但美国仍把它保留下来，作为国际货币基金组织和世界银行的附属机构。

10. 贸易保护主义与自由贸易

贸易保护主义是一种为了保护本国制造业免受国外竞争压力而对进口产品设定极高关税、限定进口配额或其他减少进口额的经济政策。它与自由贸易模式正好相反，后者使进口产品免除关税，让外国的产品可以与国内市场接轨，而不使它们负担国内制造厂商背负的重税。

贸易保护主义在对外贸易中实行限制进口以保护本国商品在国内市场免受外国商品竞争，并向本国商品提供各种优惠以增强其国际竞争力的主张和政策。在限制进口方面，主要是采取关税壁垒和非关税壁垒两种措施。前者主要是通过征收高额进口关税阻止外国商品的大量进口；后者则包括采取进口许可证制、进口配额制等一系列非关税措施来限制外国商品自由进口。这些措施也是经济不发达国家保护民族工业、发展国民经济的一项重要手段。对发达国家来说则是调整国际收支、纠正贸易逆差的一个重要工具。

自由贸易则指政府不采用关税、配额或其他形式来干预国际贸易的政策，是保护贸易的对称。国家对进出口贸易不进行干涉，不加以限制，允许商品自由地输入和输出。19世纪，英国凭借它的工业优势，实行此项政策有60年之久。以后，实行这种政策的国家极少。第二次世界大战后，《联合国宪章》规定了自由贸易原则，但保护贸易盛行。

自由贸易是没有进口关税、出口补贴、国内生产补贴、贸易配额或进口许可证等因素限制下进行的贸易或商业活动。自由贸易理论产生的基本依据是比较优势理论：各地区应致力于生产成本低效率高的商品，来交换那些无法低成本生产的商品。

自由贸易的静态利益包括两方面：（1）通过国际交换获得本国不能生产或生产成本太高的产品，从而使消费者得到更高水平的满足。（2）通过国际分工、发挥比较优势使本国资源得到最佳配置。

自由贸易的动态利益则在于：通过国际分工和交换，一国可以获得规模效应、竞争效应和学习效应，从而促进就业扩大、收入提高，推动产业升级换代和经济的持续增长。

国际金融危机大事记

2007 年

·4 月 2 日，全美第二大次级抵押贷款机构——新世纪金融申请破产保护。

·6 月，美国第五大投资银行贝尔斯登公司旗下两只基金因次级抵押债券出现严重亏损，成为次贷危机中最先倒掉的一批基金。

·8 月，美联储、欧洲央行、日本央行和澳大利亚央行等向市场注入资金。

·8 月 6 日，美国第十大抵押贷款机构美国住房抵押贷款投资公司正式向法院申请破产保护。

·8 月 9 日，巴黎银行暂停美国房贷业务的基金交易；欧洲央行向相关银行提供 948 亿欧元资金。

·8 月 9 日至 30 日，美联储已累计向金融系统注资 1 472.5 亿美元。

·9 月，英国第五大抵押贷款机构诺森罗克银行，因美国次级住房抵押贷款危机出现融资困难，该银行遭遇挤兑风潮。

·9 月 18 日，为应对次贷危机以及可能的经济衰退后果，美联储决定降息 0.5 个百分点。从此，美联储进入"降息周期"。

·10 月，全球最大券商美林证券财报称，第三季度由于次贷在相关领域遭受约 80 亿美元损失。

·10 月 30 日，美林证券首席执行官斯坦·奥尼尔成为华尔街首位直接受次贷危机影响丢掉饭碗的 CEO。

·11 月，阿联酋主权基金阿布扎比投资管理局宣布将投资 75 亿美元购入花旗集团 4.9%的股份，全球最大金融机构花旗因次贷事件受到重创，董事长兼首席执行官查尔斯·普林斯宣布辞职。

·12 月，美、欧、英、加、瑞士央行宣布，将联手向短期拆借市场注资。

2008 年

·3 月，贝尔斯登被摩根大通以 2.4 亿美元低价收购，次贷危机持续加剧震动华尔街。

·7 月 13 日，美财政部和美联储宣布救助"两房"，并承诺必要情况下购入两公司股份。

·7 月 26 日，美国参议院批准总额 3 000 亿美元的住房援助议案，授权财政部无限度提高"两房"贷款信用额度，必要时可不定量收购"两房"股票。

·9 月 7 日，美国政府宣布接管"两房"。

·9 月 14 日，有着 158 年历史的美国第四大投行雷曼兄弟宣布申请破产保护。美联储联合美国十大银行成立 700 亿美元平准基金，用来为存在破产风险的金融机构提供资金保障。

·9 月 15 日，美国第一大零售银行美国银行宣布以 440 亿美元协议收购美林公司。

·9月16日，美国政府同意向保险巨头——美国国际集团AIG提供850亿美元紧急贷款，以控股79.9%方式接管AIG。

·9月18日，美联储、加拿大银行、欧洲中央银行、英格兰银行、瑞士国民银行和日本银行，罕见地宣布联手救市。美联储表示，将向全球五大央行新增1 800亿美元货币互换额度。

·9月19日，日本银行再向短期金融市场注资3万亿日元；欧洲中央银行以及英国和瑞士的中央银行也再向金融系统注资900亿美元。

·9月20日，美国政府公布的巨额救市方案，拟动用7 000亿美元购入"不流动"按揭证券，并将国债法定上限提升至11.3万亿美元，成为经济大萧条以来美国最大型的救市方案。

·9月21日，华尔街仅存的两大投行高盛和摩根士丹利发布公告，将接受美联储监管，转型成为银行控股公司。

·9月25日，华盛顿互惠银行25日被美国联邦存款保险公司FDIC接管，成为美国历史上倒闭的最大规模银行。

·10月3日，美国众议院投票表决通过《2008年紧急经济稳定法案》，7000亿美元救市方案获批准。

·11月，美国三大汽车公司面临破产保护，申请政府注资。

国际金融危机大事记

2009 年

·1月20日，奥巴马上台，提出一揽子救市方案。

·2月，AIG宣布2008年亏损900亿美元，其中第四季度巨亏620亿美元，再度求援。

·3月，通用电气（GE）股价重挫至6美元，市值缩水80%。美国道琼斯指数从2007年10月11日的历史最高点14198.1，跌破6 600点。

参考文献

1. Alan Greenspan, "The age of turbulence—Adventures in a new world", The penguin press, New York,2007.

2. Jim Collins, "Good to Great", Harper Business, An Imprint of Harper Collins Publishers, 2001.

3.【美】巴顿·比格斯著：《对冲基金风云录》，中信出版社，2007 年版。

4.【美】本·伯南克著，宋芳秀等译：《大萧条》，东北财经大学出版社，2007 年版。

5.【美】彼得·哈契著，范立夫等译：《泡沫先生——艾伦·格林斯潘与小时的七万亿美元》，东北财经大学出版社，2007 年版。

6.【美】戴维·B·西西利亚，杰弗里·L·克鲁克香克著，谢毅斌等译：《格林斯潘效应》，机械工业出版社，2000 年版。

7.【美】克莱顿·M·克里斯坦森，迈克尔·E·雷纳著：《困境与出路》，中信出版社，2004 年版。

8.【美】劳伦斯·J·克特里考夫，斯科特·伯恩斯著，李靖野等译：《即将到来的世代风暴——美国经济的未来》，东北财经大学出版社，2007年版。

9.【美】理查德·比特纳著：《贪婪、欺诈和无知——美国次贷危机真相》，中信出版社，2008年版。

10.【美】罗伯特·斯雷特著，黄铮译：《索罗斯旋风》，海南出版社，1998年版。

11.【美】罗格·洛温斯坦著，孟立慧译：《赌金者——长期资本管理公司(LTCM) 的升腾与陨落》，上海远东出版社，2006年版。

12.【美】迈克尔·波特著：《国家竞争优势》，中信出版社，2007年版。

13.【美】詹姆士·D·斯科劳克著：《破产的美国——美国这样搞跨全球经济》，中国青年出版社，2008年版。

14.【美】约翰·R·塔伯特著，夏愉、罗雷译：《奥巴马经济学——公平的经济前景如何改变贫富差异》，中国轻工业出版社，2008年版。

15.【英】特里·卡罗尔著，郝绍伦译：《财务主管的角色转变》，电子工业出版社，2002年版。

16. 本力主编：《崛起?! 中国未来10年经济发展的两种可能》，社会科学文献出版社，2007年版。

17. 次贷风波研究课题组著：《次贷风波启示录》，中国金融出版社，2008年版。

18. 胡鞍钢著：《中国：新发展观》，浙江人民出版社，2004年版。

19. 李濛、黄晓军、赵燕洁、李勇著：《别了，雷曼兄弟》，中信出版社，2009年版。

20. 刘伟、蔡志洲著：《走下神坛的GDP》，中信出版社，2006年版。

21. 单忠东、綦建红编著：《国际金融》（第二版），北京大学出版社，2005年版。

22. 吴敬琏著：《中国增长模式抉择》，上海远东出版社，2006年版。

23. 吴敬琏著：《转轨中国》，四川人民出版社，2002年版。

234

China's Style Breakthrough

24. 杨坚白主编：《中国宏观经济政策选择》，社会科学文献出版社，2003 年版。

25. 张新著：《中国经济的增长和价值创造》，上海三联书店，2003 年版。

26. 赵良、刘克、高松涛著：《一江祸水向东流——东南亚金融动荡的回顾与防范》，改革出版社，1998 年版。

27. 赵忆宁著：《转轨中的日本》，中信出版社，2007 年版。

28. 钟庆著：《刷盘子还是读书？反思中日强国之路》，当代中国出版社，2005 年版。

后　记

当在电脑键盘上敲下这本书的最后一个字，我仿佛回到了博士论文的杀青阶段。一段时间的紧张和压力突然释放出来，让人有失重的感觉。

这本书写作的缘起是一种兴趣。作为经济和金融领域的研究者，我总是难以摆脱对来自媒体各种各样新闻报道背后真相追究和探索的敏感性和好奇心，总在自觉和不自觉地将来源于各种渠道的信息，将自己的知识积累和事情本身的逻辑脉络联系在一起，构成一幅一幅生动鲜活的图景。

随着时光的推移，2006年就露出端倪的金融危机在我眼前变得越来越清晰。而与一位老师的一次深谈让我感到，知识工作者的爱好应该变成现代社会知识分子的责任。我有责任将扑朔迷离的次贷危机和金融风暴，用大众读者能够接受和乐见的语言表达出来，让更多的非专业人士有机会不那么沉重和刻板地去了解整个金融危机的来龙去脉，去探求它对全球化进程中的中国、对中国不同区域、对成长中的中国企业会带来哪些影响、我们可以选择哪些应对之策。我也想通过这本书告诉关心世界经济和中国经济的同仁们，无论身处何方，保持理性的态度和乐观的精神，但行好事，莫问前程，做好中国自己的事情永远是正确的。

尽管得到了许多的帮助和鼓励，这次写作过程对我而言依然是一场严峻的挑战。从 2008 年 12 月到 2009 年 3 月，在 8 小时工作之余，我只能利用晚上 8 点至凌晨来构思和创作。父母始终如一地支持和关爱，使我拥有内心的动力；妻子不计劳苦地帮助查找资料和协助处理大量文本，使这本书得以最终面世。

感谢所有帮助过我小结这一段思想的人们，感谢所有帮助这本书出版的人们。特别想把这本书作为生日礼物，送给即将在 4 月满两周岁的儿子，告诉他：永远不要因为贪图安逸而选择，更不要因为畏惧艰难而放弃！

2009 年 3 月 25 日